蔡森12招投资稳定获利的
「赢家秘技」

◎ 29年实战经验教你真正有用的方法，不多走冤枉路；

◎ 12招判断多空转折的方法，让你聪明掌握进出场点时机！

多空转折
一手抓

蔡森◎著

广东经济出版社
·广州·

图书在版编目（CIP）数据

多空转折一手抓 / 蔡森著. —广州：广东经济出版社，2016.9
（2022.8重印）
ISBN 978-7-5454-4764-4

Ⅰ.①多… Ⅱ.①蔡… Ⅲ.①股票投资—基本知识
Ⅳ.①F830.91

中国版本图书馆CIP数据核字（2016）第199320号

责任编辑：陈念庄　李　璐　李雨昕
责任技编：陆俊帆

多空转折一手抓
DUOKONG ZHUANZHE YISHOUZHUA

出版人	刘卫平
出版发行	广东经济出版社（广州市环市东路水荫路11号11～12楼）
经销	全国新华书店
印刷	珠海市国彩印刷有限公司 （珠海市金湾区红旗镇永安一路国彩工业园）
开本	730毫米×1020毫米　1/16
印张	15.5
字数	349千字
版次	2016年9月第1版
印次	2022年8月第5次
书号	ISBN 978-7-5454-4764-4
定价	68.00元

图书营销中心地址：广州市环市东路水荫路11号11楼
电话：（020）87393830　邮政编码：510075
如发现印装质量问题，影响阅读，请与本社联系
·版权所有　翻印必究·

推荐序
精通量价观念　进出股市将如探囊取物

"天下武功出少林，少林武功出佛宗"。在技术分析领域，所有指标（KD、RSI、MACD、DMI）皆来自于K线图，一如"天下武功出少林"，懂得K线图，便已然具备进出股市不败境界。量是因，价是果，量价是因果，量价是技术指标中的精髓，其意义正如"少林武功出佛宗"。精通量价观念，进出股市将如探囊取物，无所不能。

对于技术分析，我的见解是"钻进去，跳出来，不断实证，始终在悟字上下功夫"。持之以恒，悟的东西多了，就可以跳出书中理论，有所创新，自成一家了。很显然，在师其法而不泥其方，灵活变化而不逾越规矩的技术分析领域中，蔡森已成一方大家。

"外行看热闹，内行看门道"。坊间技术分析书籍林林总总，几乎都在指标上下功夫，花俏有余实用不足，而对量价深入的探讨者寥寥可数。能写出一本以台湾地区股市作为实例，循序渐进由浅而深，一步一步地诠释前因（量）后果

（价）的技术分析书籍，蔡森算是开路先锋。

蔡森在技术分析领域里，是一位彻底的专注（Focus）者，正因为这种专注，让蔡森有了扎实的专业发展，历经了台湾地区股市三次的万点崩盘多空大循环，累积了20多年的实践经验与有形的财富，过着闲云野鹤的半退休生活。一朝佛心来著，起心动念将他20多年的心血结晶集结成册，嘉惠技术分析后进，书中对于"用"的突破，和对"表达"的突破，都是具体而微的。个人忝为技术分析领域的同好，十分认同蔡森的理念、作法，将此书推荐给读者，相信此书定能为技术分析的学习者奠立良好的基础与完整的操作逻辑。

知名专职投资人 萧明道

自 序
量价做指标　靠严谨纪律拉长红

技术分析的指标繁多，自接触至今约29年来的实战操作，发现唯有量价关系才是所有指标的最先行指标。商品的涨跌都是市场主力作量作价的结果，因此无论底部承接布局、攻击拉抬、盘头出货、高档压低出货等，大多可以从量价结构产生的型态来做判断，例如主力进货盘底完成后，出现突破底部整理区的攻击量后，所有短中长期指标才会陆续出现翻多信号。既然量价结构为最先行指标，何必浪费时间去学习其他一堆落后指标，毕竟现实上钱（量）才能真正决定商品的价格（价），因此价格的方向是由量来决定的。除了量价，其他一切都是空谈，懂得量价结构产生的型态，便能尽量做到先知先觉，领先市场察觉主力的动向随势而为，也才能掌握多空方向的波段利润。出书的目的是希望以自身的经验帮助投资人能以正确的方式尽快了解市场。当然成功没有捷径，但正确的学习方式才能避免走冤枉路，打好基础才能发展出适合自己操作的成功模式。

这本书是本人多年来大赚小赔经验累积的操作模式，重点在从量价结构所产生的型态来判断多空趋势："随势操作善设停损，多头看支撑，空头看压力，严格执行停损才能小赔出场。反之，达设定的涨跌幅满足，则波段获利了结，以达大赚小赔的目的。"当然成功率影响操作绩效，除了学习外，经验绝对是对量价结构了解的关键，历史是学习最好的教材，现在软件普及方便取得，多研究以往的量价结构产生的型态后的发展有绝对的帮助，等累积一定的基础再开始操作，实战经验一多，便能逐渐体会了解其中秘诀，当你顿悟时便会有把握，一旦有把握，便有机会掌握时机，届时就是你大展身手之时。

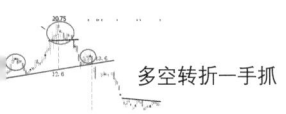

  当你有把握，成功率便会大大提高，如一档股票底部完成出现买进信号时，多单进场停损设在5%～7%以内，有底部的型态支撑保护多头，经验上跌破支撑停损的概率在两至三成，相对的获利概率有七至八成，而一个波段至少有20%或以上的获利概率（通常主力作价一波至少20%），反之，头部完成时的做空亦然，如此以较小的概率小赔，较大的概率大赚，自然长期操作下来便容易大赚小赔。

  操作不要急躁，行情是等来的，当机会来时胆大心细，如台北股市即使一年才出现一次大多头买进时机或大空头放空时机，只要掌握住就够了，就会让你的资金快速累积，记得达预估的波段满足就好，莫再贪心才能持盈保泰，多数人都败在贪心，以致于前功尽弃。时机来之前只需做观望等待，如此波段操作轻松惬意。

  我在任何场合都会强调"切忌短线操作"，短线操作能获利只是一时的运气，长期操作短线必败，能在市场上数十年长期成功的经验都是波段操作，千万别相信短短几年就有机会短线操作快速成功的经验，这些少数人再过几年的考验几乎也都消失了，要记得那句常见的标语"滚石不生苔，短线不聚财"。

  本书由简入繁，第一部分介绍一些常见的基本型态，并配合实际的例证，第二部分则是实际盘势训练，看似为复杂的延伸，其实只是一般基本型态的变换，经过第一部分的基础学习后便不难理解，对已有些程度者，更容易上手。

前　言

关于技术分析日线、周线、月线甚至短至小时线、五分钟线选择，以及型态的判别，尤其是量价结构，是学习的重点。有基本的认识后，当然还需要一段时间的经验累积，从基础到进阶，除了研读历史外，还要不断累积实务经验，才能慢慢研究出适合自己的成功模式。

长久以来，我坚守的操作方法是"严设停损，资金控管，波段随势操作"。波段操作是以长线为基础，时间短至数月，长至数年，拉长格局来看才知道空间有多大，迷失在短线当中如井底之蛙，则永远无法进步，跳出井口才能知道世界有多广。

短线的格局太短，会陷入主力设局的陷阱框框中，无法了解真正的趋势，当然容易任人宰割赚小钱赔大钱。假若时间拉长来看，主力便是在你的眼下，变成是在你的框框当中，相对容易掌握趋势，再搭配适时的停损，犯的只会是小错，对的时候大多是波段的大利润，便能实现大赚小赔。

既然是波段操作，当然就是尽量使用半年以上的日线或周线来做趋势上的判断，当型态上的结构有机会到达转折时，小时线或五分钟线便是掌握先机的重要参考指标，所以看五分钟线或小时线并不是为了要做短线，而是因为判断长线的趋势，即将出现转折的时候，可利用较短的五分钟线或小时线，抢得先机做积极的介入。而此时的五分钟线或小时线，也大多是拉长至两三个月来看量价变化是否出现契机，例如K线型态上作出约三个月的底部。当来到上缘颈线量缩关前整理判断时机已成熟时，一旦五分钟线或小时线带量突破颈线，便作积极介入同时设好停损即可，主要看的还是波段的大利润。

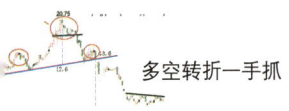
多空转折一手抓

　　无论基础到进阶，历史线图的型态与量价结构所产生的变化是绝对要研读的，尤其是初学者。这是历史演进的活教材，主力盘底进货、拉抬作价、盘头出货凡走过必留下痕迹。每个时期（最好还能配合当时的事件）主力的战术运用，作价模式，除了大盘外，同时期的各类股及个股琳琅满目非常丰富，虽然不外乎进货、拉抬、出货，但过程千变万化，多练习、多了解便能增进盘感，逐渐熟悉，至精益求精后终究能够化繁为简，进货期（买进）、拉抬期（初期加码后坐轿）、出货期（卖出甚至翻空操作），简单的操作却是长期学习的经验及磨练才能了解的成果。

　　建议一段时间的学习稍有把握后，开始以少量资金作实务上的操作累积经验，精确的设定停损固然重要，但是能够"严格果断"执行停损又是一回事。学习一段时间后，在有把握的一次机会中，拟定好策略积极投入资金并获得成功的波段操作后，恭喜你的模式已进入成功的开始，这是你应得的，但往后的路还是要持续坚持在你的成功模式中精进，甚至演化配合相关的衍生性金融商品，莫让一次的迟疑毁了你长久的努力，严设停损是长期成功的根本，资金管控及波段操作则是成功的体现。

1. 本书的个股技术分析图均为填权息图。
2. 本技术分析皆假设任何商品可以交易，且不受任何影响的情况下（如无信用交易或融券强迫回补等）。
3. 本书使用的是自创的4色K线软件，但量价结构与型态完全相同，没有影响，读者不必在意颜色的不同。

目 录

1 技术篇

一、W底涨幅满足计算：多头买进信号 …………………… 2

二、破底翻：多头买进信号 ………………………………… 4

三、破底翻（W底）：多头买进信号 ……………………… 6

 （一）2001矽统日线 …………………………………… 8

 （二）2008-2009爱之味日线 ………………………… 10

 （三）2008-2009新光金日线 ………………………… 12

四、波段涨幅满足计算——下飘旗形：多头买进信号 …… 14

 （一）2001-2004中华（中华车）周线 ……………… 16

 （二）2005-2006台股日线 …………………………… 18

 （三）2008-2011佳格周线 …………………………… 19

 （四）2006-2007机电类日线 ………………………… 20

 （五）2009运输类日线 ………………………………… 22

 （六）2012广丰周线 …………………………………… 23

五、波段跌幅满足计算——上飘旗形：空单进场信号 …… 24

 （一）2000台苯日线 …………………………………… 26

 （二）2000台达化日线 ………………………………… 27

 （三）2008远东新周线 ………………………………… 28

（四）2011亚聚日线 ………………………………………… 29
　　　（五）2010-2011台股小时趋势线 ……………………………… 30

六、M头跌幅满足计算：空单进场信号 ……………………… 32

　　　（一）1993-1996华纸周线 ……………………………………… 34
　　　（二）1998-2000仁宝周线 ……………………………………… 35
　　　（三）2006-2009中钢周线 ……………………………………… 36
　　　（四）2009-2011永光周线 ……………………………………… 38

七、假突破：空单进场信号 …………………………………… 40

　　　（一）2007-2008中纤日线 ……………………………………… 42
　　　（二）2007-2008运输类指数周线 ……………………………… 44
　　　（三）2007-2008苹果日线 ……………………………………… 46
　　　（四）1997日月光日线 ………………………………………… 48
　　　（五）2011正峰新日线 ………………………………………… 50
　　　（六）2011晟铭电日线 ………………………………………… 54
　　　（七）2010-2011晶电日线 ……………………………………… 56
　　　（八）1993-2011微软月线 ……………………………………… 58

八、头肩顶跌幅满足计算：空单进场信号 …………………… 60

　　　（一）1996-1997日月光日线 …………………………………… 62
　　　（二）2009-2011中釉周线 ……………………………………… 63
　　　（三）1995-1999营建类指数周线 ……………………………… 64

九、假突破（头肩顶）：空单进场信号 ……………………… 66

　　　（一）2000-2001华邦电日线 …………………………………… 68

（二）2008大统益日线 ………………………………… 70
　　（三）2010-2011塑胶类日线 …………………………… 72

十、头肩底涨幅满足计算：多头买进信号 ………… 74

　　（一）1998-2000东元日线 ……………………………… 76
　　（二）2008-2009蓝天日线 ……………………………… 78
　　（三）2010扬明光日线 ………………………………… 80
　　（四）2011-2012广宇日线 ……………………………… 81

十一、收敛三角形头部跌幅满足计算：空单进场信号 ………… 82

　　（一）2002仁宝日线 …………………………………… 84
　　（二）2007-2008台玻日线 ……………………………… 85
　　（三）2011扬明光日线 ………………………………… 86
　　（四）2009-2010所罗门日线 …………………………… 88
　　（五）2011华硕日线 …………………………………… 89

十二、收敛三角形底部涨幅满足计算：多头买进信号 ………… 90

　　（一）1990-1994荣化周线 ……………………………… 92
　　（二）2008-2009联电日线 ……………………………… 94
　　（三）2009中航周线 …………………………………… 96
　　（四）2011-2012新兴日线 ……………………………… 98

附注：时间波 ………………………………………… 100

　　（一）2013华邦电日线 ………………………………… 100
　　（二）2011-2012大盘日线 ……………………………… 102
　　（三）2013法国日线 …………………………………… 103

（四）2011大盘周线 ⋯⋯⋯⋯⋯⋯⋯⋯⋯⋯⋯⋯⋯⋯⋯⋯ 104

（五）2011-2012爝华日线 ⋯⋯⋯⋯⋯⋯⋯⋯⋯⋯⋯⋯⋯ 105

2 进阶篇

一、大盘⋯⋯⋯⋯⋯⋯⋯⋯⋯⋯⋯⋯⋯⋯⋯⋯⋯⋯⋯⋯⋯⋯⋯ 108

（一）1997-1998台股日线 ⋯⋯⋯⋯⋯⋯⋯⋯⋯⋯⋯⋯⋯ 108

（二）1997-1999台股周线 ⋯⋯⋯⋯⋯⋯⋯⋯⋯⋯⋯⋯⋯ 110

（三）1998台股日线 ⋯⋯⋯⋯⋯⋯⋯⋯⋯⋯⋯⋯⋯⋯⋯⋯ 112

（四）1999台股日线 ⋯⋯⋯⋯⋯⋯⋯⋯⋯⋯⋯⋯⋯⋯⋯⋯ 114

（五）1999-2001台股周线 ⋯⋯⋯⋯⋯⋯⋯⋯⋯⋯⋯⋯⋯ 116

（六）2001台股日线 ⋯⋯⋯⋯⋯⋯⋯⋯⋯⋯⋯⋯⋯⋯⋯⋯ 118

（七）2002台股日线 ⋯⋯⋯⋯⋯⋯⋯⋯⋯⋯⋯⋯⋯⋯⋯⋯ 120

（八）2002-2004台股周线 ⋯⋯⋯⋯⋯⋯⋯⋯⋯⋯⋯⋯⋯ 122

（九）2004台股日线 ⋯⋯⋯⋯⋯⋯⋯⋯⋯⋯⋯⋯⋯⋯⋯⋯ 124

（十）2005台股日线 ⋯⋯⋯⋯⋯⋯⋯⋯⋯⋯⋯⋯⋯⋯⋯⋯ 126

（十一）2005-2006台股日线 ⋯⋯⋯⋯⋯⋯⋯⋯⋯⋯⋯⋯ 128

（十二）2006台股日线 ⋯⋯⋯⋯⋯⋯⋯⋯⋯⋯⋯⋯⋯⋯⋯ 130

（十三）2006-2007台股周线 ⋯⋯⋯⋯⋯⋯⋯⋯⋯⋯⋯⋯ 132

（十四）2006-2007台股日线 ⋯⋯⋯⋯⋯⋯⋯⋯⋯⋯⋯⋯ 134

（十五）2007台股日线❶ ⋯⋯⋯⋯⋯⋯⋯⋯⋯⋯⋯⋯⋯⋯ 136

（十六）2007台股日线❷ ⋯⋯⋯⋯⋯⋯⋯⋯⋯⋯⋯⋯⋯⋯ 138

（十七）2007-2008台股日线 ⋯⋯⋯⋯⋯⋯⋯⋯⋯⋯⋯⋯ 140

（十八）2008台股日线 ⋯⋯⋯⋯⋯⋯⋯⋯⋯⋯⋯⋯⋯⋯⋯ 142

（十九）2008-2009台股日线 ⋯⋯⋯⋯⋯⋯⋯⋯⋯⋯⋯⋯ 144

（二十）2007-2009台股周线…………………………………… 146

（二十一）2009-2010台股日线………………………………… 148

（二十二）2009-2011台股周线………………………………… 152

（二十三）2011-2012台股周线………………………………… 154

二、个股………………………………………………… 157

（一）1997-1998华泰日线……………………………………… 158

（二）1997-1998联电日线……………………………………… 162

（三）1998-2000友讯周线……………………………………… 164

（四）1998-2001茂矽周线……………………………………… 166

（五）1998-2003台积电周线…………………………………… 168

（六）1999-2002金宝周线……………………………………… 172

（七）2002-2004友达周线……………………………………… 174

（八）2003-2008光磊周线……………………………………… 176

（九）2003-2013宏碁日线……………………………………… 178

（十）2004-2012台达电周线…………………………………… 180

（十一）2006-2008神达日线…………………………………… 182

（十二）2006-2009友讯周线…………………………………… 184

（十三）2007-2008鸿准周线…………………………………… 186

（十四）2007-2011台泥周线…………………………………… 188

（十五）2008-2009彩晶日线…………………………………… 190

（十六）2008-2011台化周线…………………………………… 194

（十七）2008-2012元太日线…………………………………… 196

（十八）2009裕日车日线……………………………………… 200

（十九）2009-2012宏达电周线………………………………… 202

（二十）2010苹果日线………………………………………… 204

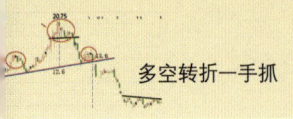

（二十一）2012苹果日线 …………………………………… 206

附　　录 …………………………………………………… 208

一、认识投机股结构——2012普格日线 ……………………… 208

二、压低出货陷阱——1997-2001思科日线 …………………… 210

三、崛起的大国——中国大陆股市 ……………………………… 212

（一）上证月线 ……………………………………………… 212

（二）上证周线 ……………………………………………… 213

（三）上证日线 ……………………………………………… 214

四、关于A股的看法 …………………………………………… 216

后　　记 …………………………………………………… 230

技术篇

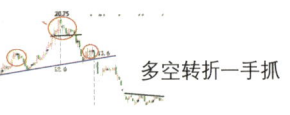

多空转折一手抓

一、W底涨幅满足计算：多头买进信号

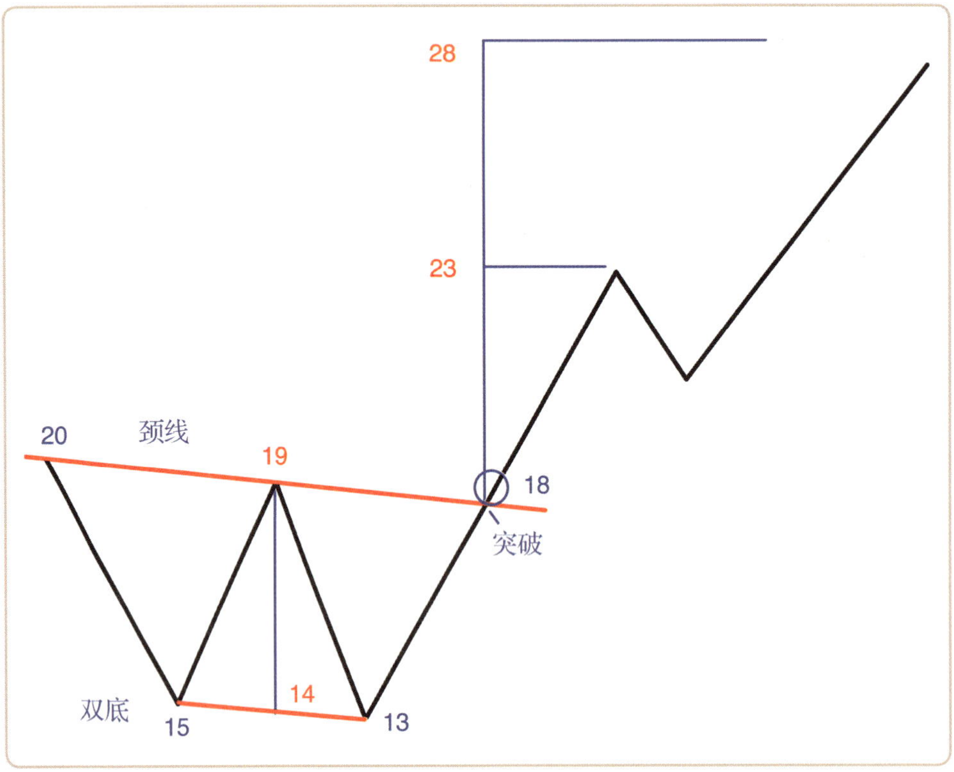

◆ **内容说明：**

　　这一个多头型态，如上图，可看到当突破18颈线位置后，确立W双底的型态，便可计算涨幅满足。技术面颈线突破，便不能再跌破颈线之下，因此突破颈线多单进场，停损设在跌破颈线时，反之，颈线不破，看涨幅满足附近。这就是波段操作获利大于停损风险的大赚小赔方式。

◆ 计算方式：

❶ 底部至颈线的距离＝突破颈线后的等幅距离。
❷ 颈线中间的值约19，双底中间的值约14（中间值会有点误差但只要线画得精准些差异不大），19-14＝距离5。
❸ 突破颈线的位置约在18+距离5＝等幅计算的涨幅满足23。

通常到达涨幅满足附近大多会进入整理，然后再看当时的情况，若多头结构较强，则在整理过后再创波段新高时，再计算第二波涨幅满足。

❹ 第二波的涨幅满足直接从第一波涨幅满足再加等幅距离，第一波涨幅满足23+等幅距离5＝等幅计算的第二波涨幅满足28。

◆ 操作方式：

突破颈线18双底确立多单进场，如买在18.2附近，停损设在5%～7%以内，也是跌落颈线之下时，颈线支撑不破，看一至两波涨幅满足附近，多单获利了结，可获利26%～53%。

通常无论底部或头部型态，达两波段满足大多会做获利了结的动作。

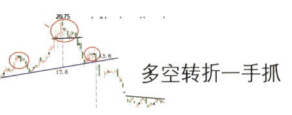

二、破底翻：多头买进信号

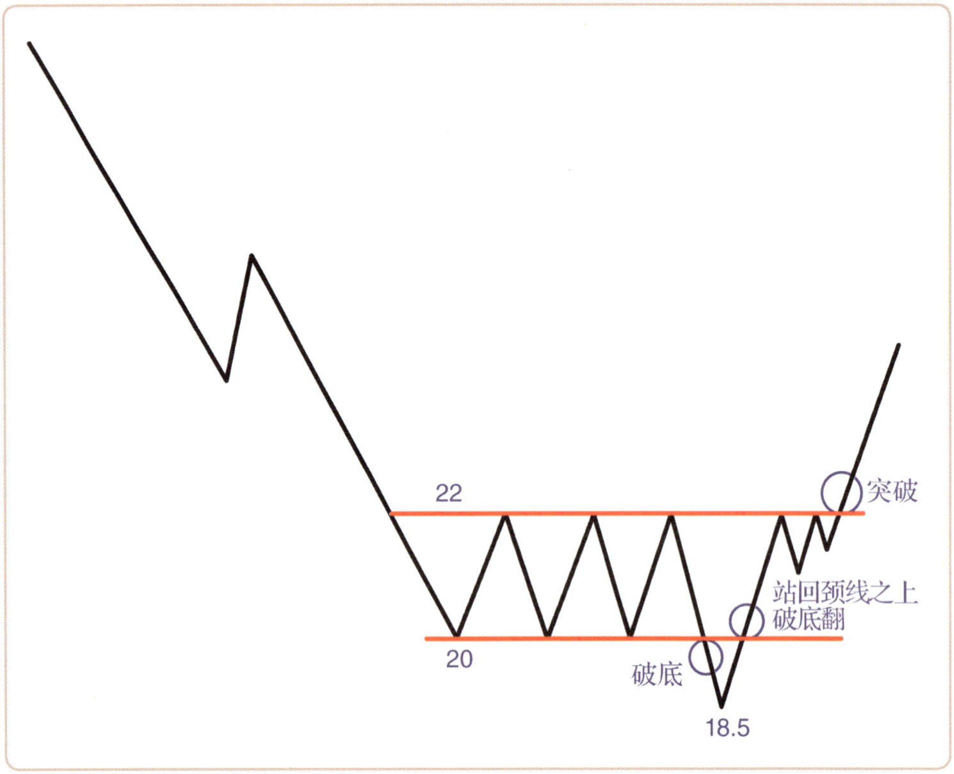

[图示：股价走势图，标注"22"、"20"、"18.5"、"破底"、"站回颈线之上 破底翻"、"突破"]

◆ **内容说明：**

如上图，股价在盘跌一段进入筑底的过程中，出现跌破底部区下缘颈线，随后又翻升站回颈线，这是属于破底翻的结构。技术面出现破底翻时，大多是相当难得的多头企稳买进信号。

出现这种情况大多是主力在低档筑底进货期，刻意或藉由基本面或消息面的利空随势破底，但既然是主力进货，一旦破底，便很容易拉升站回颈线（股价经过盘跌筑底后，筹码已清），这就是市场所谓的"甩轿"清洗浮额动作的一种。

可想而知，有甩轿动作的破底翻，大多表示有主力在场，随主力进场获利的概率，自然大幅提高。

图示经过盘跌后进入20～22整理，跌破整理区下缘颈线20后，再拉升站回颈线20，便属破底翻。

◆ **操作方式：**

❶ 破底翻后随之买进，破底翻后的支撑仍是在整理区下缘颈线20，因此买进后的停损价设在20附近，如果低点不远，属可承受的风险范围，则可设在低点18.5跌破后停损，增加成功率，待突破整理区上缘颈线22做最后加码。

❷ 整理区上缘突破，表示主力攻击发起，通常都是价位波动最快的时候，因此整理区上缘22，突破后便不能再拉回跌破。

❸ 一旦跌破22，则加码多单停损及破底翻布局的多单停利，反之，多头看支撑，支撑不破续抱波段，如此便能低档布局，以有限的风险获取大波段利润。

MEMO

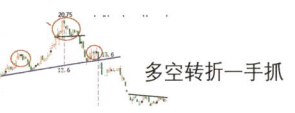

三、破底翻（W底）：多头买进信号

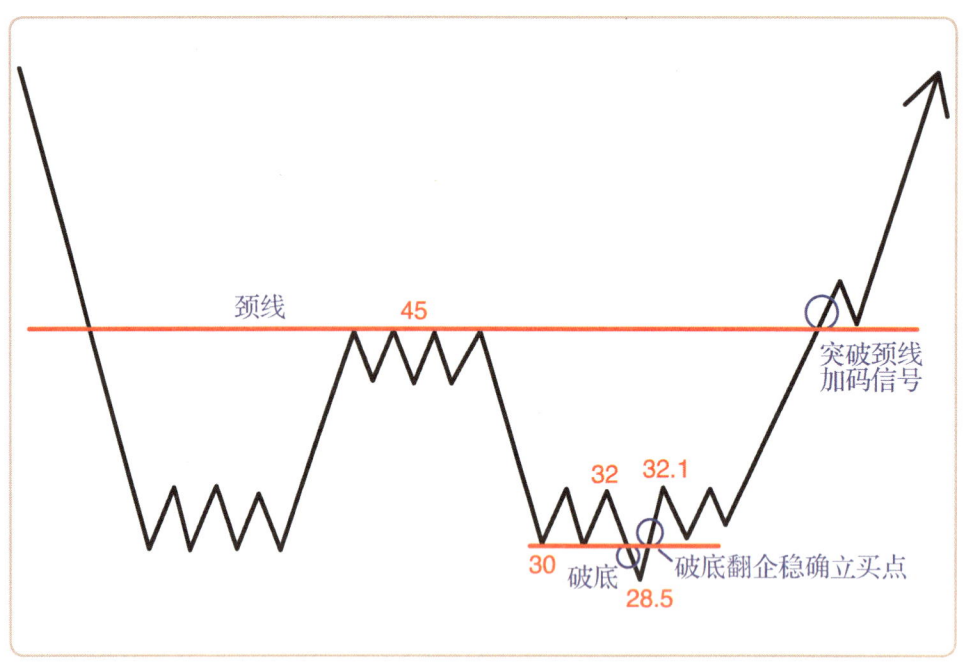

◆ 内容说明：

这是另一种底部型态的破底翻——W底，可藉由破底翻的结构，掌握底部的相对低点，介入布局波段多单。

图示为W底型态，当第二只脚在30～32区间震荡时，突然出现破底动作，随后又拉回站上30颈线之上，便属破底翻买进信号，尤其是突破起跌前高32时，为破底翻确立，拉回皆低档布局买点。当破底翻出现后，支撑仍是颈线30附近而非最低28.5，这是因为30才是主力成本区的下缘。操作上若买进的成本在30附近距最低点28.5风险有限，可将停损设在破28.5时；若破底的距离太远（非图示的28.5），便可将停损设在跌破30时（停损点太近则设在约7%的距离，避免被洗掉），如此便能以有限的风险，获取最大的波段利润。

◆ **操作方式：**

技术面当突破颈线45时，为波段加码信号，颈线突破变支撑，表示压回跌破颈线为停损利点（破底翻低档买进的多单获利了结，突破颈线加码的多单停损），颈线不破，看W底等幅计算的涨幅满足附近。

MEMO

注　一般技术分析大多在突破颈线时，确立多头攻击信号为买进最佳时机，破底翻则是更进阶更安全的底部布局方式，通常等待的时间较长，相对获利的空间更大。

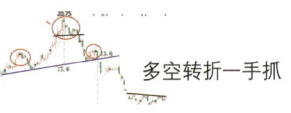多空转折一手抓

（一）2001矽统日线

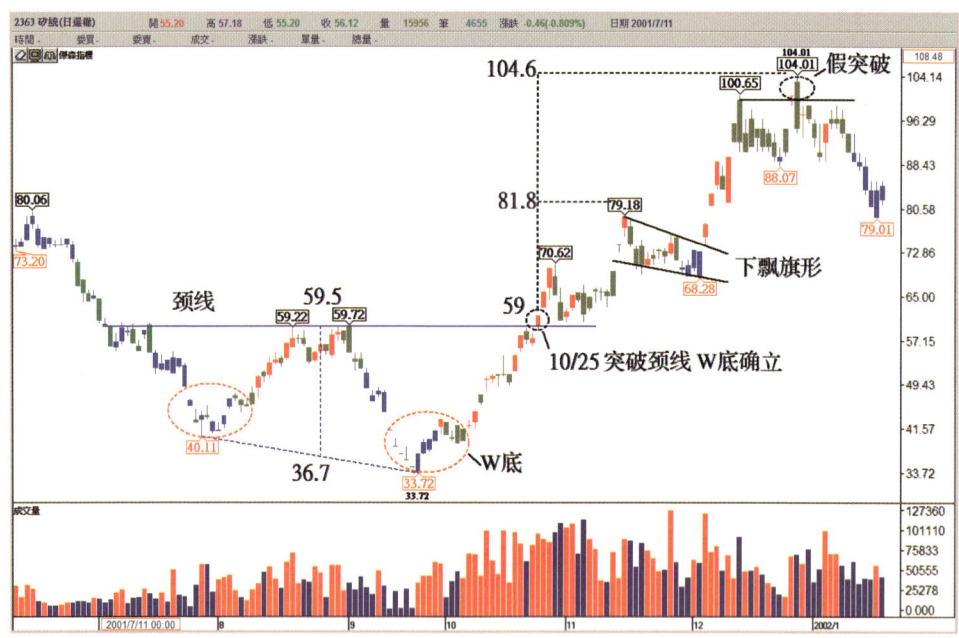

➡ **重点提示**：W底、涨幅满足、假突破。

2001年10月25日矽统日线长红突破颈线W底确立，便能计算涨幅满足。

◆ 观察重点一：

❶ 双底的均值约在36.7元至颈线约在59.5元，距离约22.8元。

❷ 突破颈线的位置约59元+22.8元＝等幅计算的涨幅满足81.8元。

矽统达涨幅满足附近（最高79.18元）拉回作高档震荡整理，至突破下飘旗形上缘颈线时，进入第二波涨势。

◆ 观察重点二：

第二波涨幅满足：
第一波涨幅满足81.8元+22.8元＝等幅计算的涨幅满足104.6元。
矽统达第二波涨幅满足附近（最高104.01元），便出现假突破波段卖出信号盘头反转。

◆ 操作方式：

2001年10月25日突破颈线W底确立多单进场，约可买在59.8元（越过前高59.72元确定突破时），停损设在57元附近，也就是跌落颈线下时，风险约4.7%，达两波段涨幅满足，尤其是出现假突破卖出信号时，多单获利了结约60%。

> **大师语录**
>
> "你的投资要集中。要是你有四十个小老婆，那么你对谁都不会深入了解。"
>
> 沃伦·巴菲特（Warren Buffett）

图中下飘旗形的结构判断于下一章"波段涨幅满足计算——下飘旗形"说明。

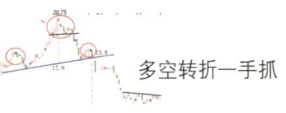

（二）2008-2009爱之味日线

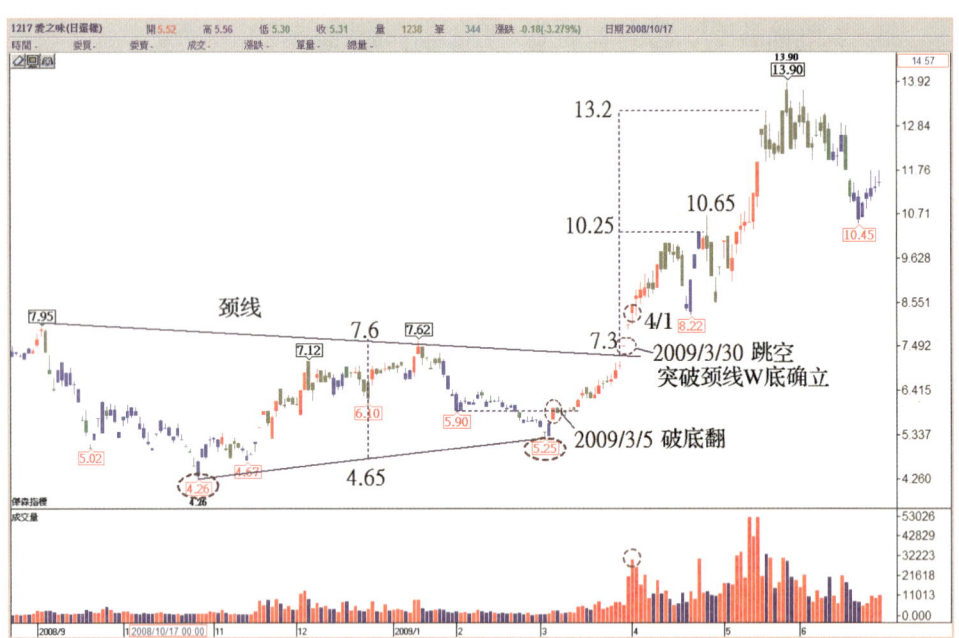

➡ **重点提示**：破底翻W底、涨幅满足。

爱之味日线2009年3月5日长红站回颈线，破底翻确立，3月30日跳空涨停突破颈线，双底（W底）确立，便可计算涨幅满足。

◆ **观察重点一：**

❶ W底型颈线中间位置约7.6元，至双底连线的位置约4.65元，距离2.95元。
❷ 突破颈线的位置约7.3元+2.95元＝等幅计算的涨幅满足10.25元。

爱之味达涨幅满足附近（10.65元）拉回。

以当时爱之味约半年的底部规模来看，通常不会只涨不到一个月，便一波结束，因此拉回不破4月1日大量低点8.01元支撑，续看第二波涨幅满足。

◆ **观察重点二：**

第一波涨幅满足10.25元+2.95元＝等幅计算的第二波涨幅满足13.2元。爱之味达第二波涨幅满足附近（最高13.9元），便盘头压回。

◆ **操作方式：**

2009年3月5日破底翻多单进场，可买在5.9元附近，停损可设在5.6元，也就是破底前的前低附近，风险约5%，3月30日突破颈线为多单加码信号，但因跳空涨停应难介入，隔日续跳空涨停虽盘中打开，但风险已高（若盘中打开买进多单，则停损设前一根涨停价7.49元，风险约7%）。通常不建议加码，续抱破底翻时买入的多单即可，颈线不破，看两波段涨幅满足附近，多单获利了结约123%。

> **大师语录**
>
> "很多交易员碰上商品（或股票）仓位下跌时，就采取对冲避险来保护自己，也就是说抛空某些商品（或股票）以弥补亏损。这实在是大错特错。"
>
> 威廉·江恩（W. D. Gann）

（三）2008-2009 新光金日线

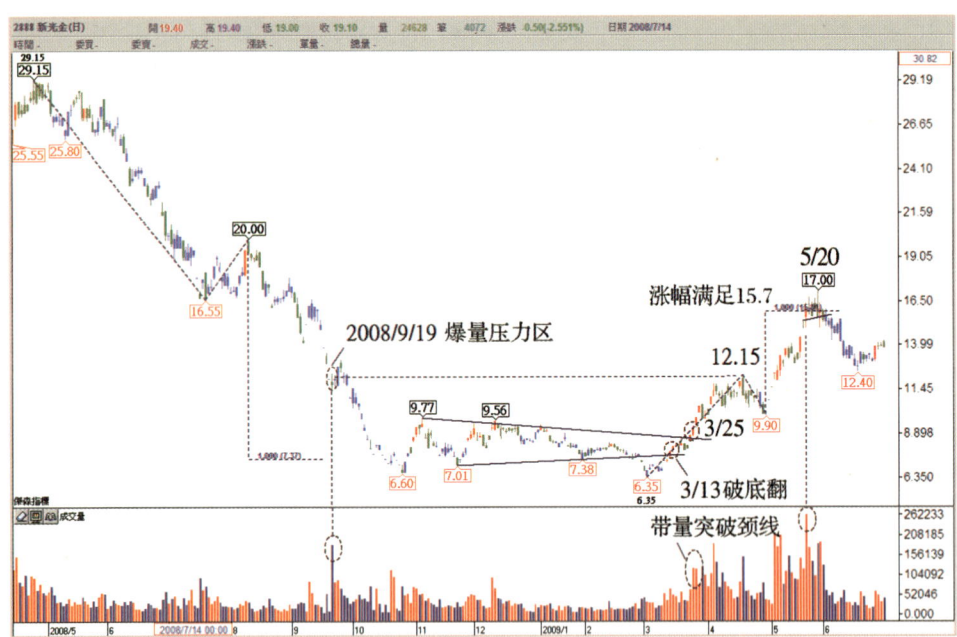

➡ **重点提示**：破底翻、涨幅满足。

新光金日线在2009在3月13日破底翻，确立首见买进信号；3月25日带量突破颈线为多头加码信号，盘涨至4月达前一年2008年9月19日爆量区（当日高点12.3元，低点11.3元），关前震荡整理约一个月。2009年5月5日突破前高12.15元，便可计算涨幅满足。

◆ **观察重点**：

涨幅满足计算（计算请参考P28）：
❶ 自低点6.35元涨至12.15元高点，共涨5.8元。
❷ 低点9.9元+5.8元＝等幅计算的涨幅满足15.7元。

新光金5月20日爆量进入涨幅满足附近（技术面爆量还会有高点）后盘头而下，结束一波涨幅逾倍的多头行情。

◆ 操作方式：

2009年3月13日破底翻确立多单进场，可买在7.7元附近，停损设在7.15元也就是跌落线下转弱时，风险约7.2%。3月25日带量突破颈线多单加码，约可买在9.2元，停损设在8.8元，风险约5%，达涨幅满足附近，多单获利了结，可获利70%～104%。

◆ 小叮咛：

量价结构所产生的型态是主要观察与判断的依据，如新光金低档震荡整理约五个月后，3月25日的带量突破颈线，便是技术面所谓的量先价行。随后便突破整理区高点9.77元，到达2008年9月19日的爆量套牢压力区，以及爆量后大多还有高点，等等。这些量价关系都是在研究历史图形时要特别观察的，有助于对未来的判断。

MEMO

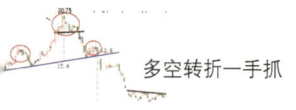

四、波段涨幅满足计算——下飘旗形：多头买进信号

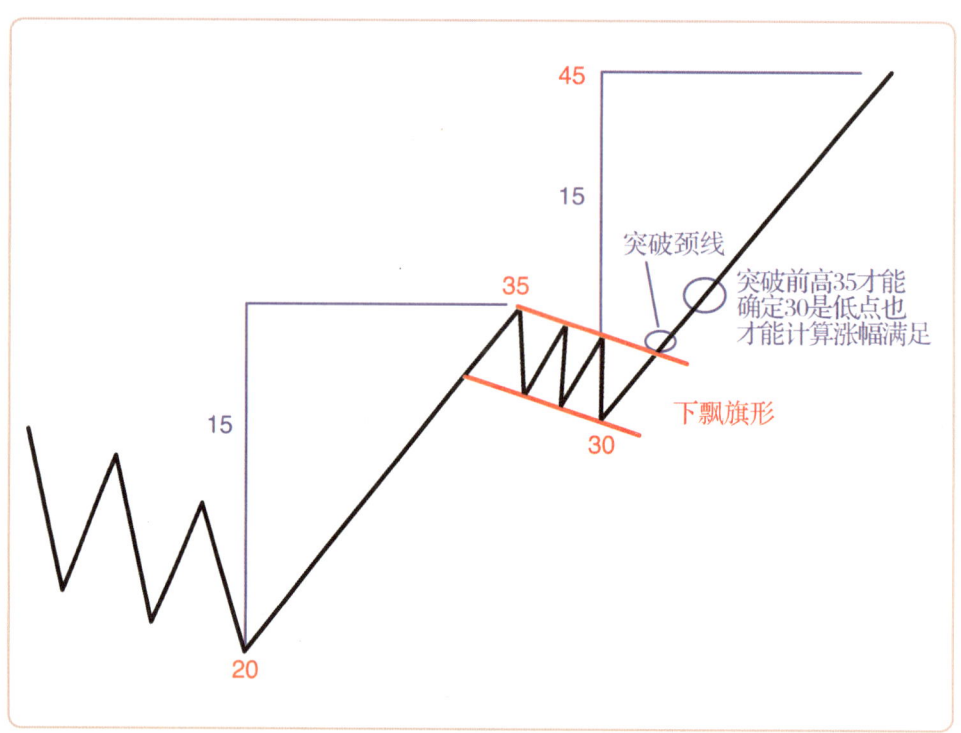

◆ 内容说明：

　　首先要了解波段涨幅满足不是从图示20开始起涨后就能计算，而是做对波段方向涨完一波回档整理后，再突破前高35，才能确定回档的低点是30，方能计算波段涨幅满足。

　　如图示，自波段高点35拉回整理一段时期，回升再突破前高35，便能确定30为回档的低点，此时才能计算波段涨幅满足。

◆ 波段涨幅满足计算方法：

❶ 自20低点涨至35高点，共涨15。
❷ 低点30+15＝等幅计算的涨幅满足45。

◆ 操作方法：

型态上自35高点回档整理属于下飘旗形。通常下飘旗形为多头波段的中继站结构，当突破下飘旗形上缘颈线时，便可视为结束整理的多头再度攻击信号，当然颈线突破就不能再跌破。因此若照图示突破颈线上缘的位置是33，约可买在33.5，设5%～7%停损，也就是跌落线下时，表示当越过前高35，可以计算涨幅满足后33便是多头支撑，也就可以设停损利点在跌破33时，操作上就是支撑33不破，看涨幅满足45附近，获利约34%，这便是大赚小赔的操作方式。

MEMO

注　多头波与空头波的整理中继站，还有矩形、三角形（正三角形、倒三角形）等，这里仅以上下飘旗形举例说明。

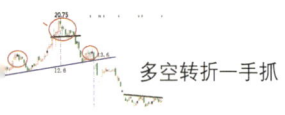
多空转折一手抓

（一）2001-2004 中华（中华车）周线

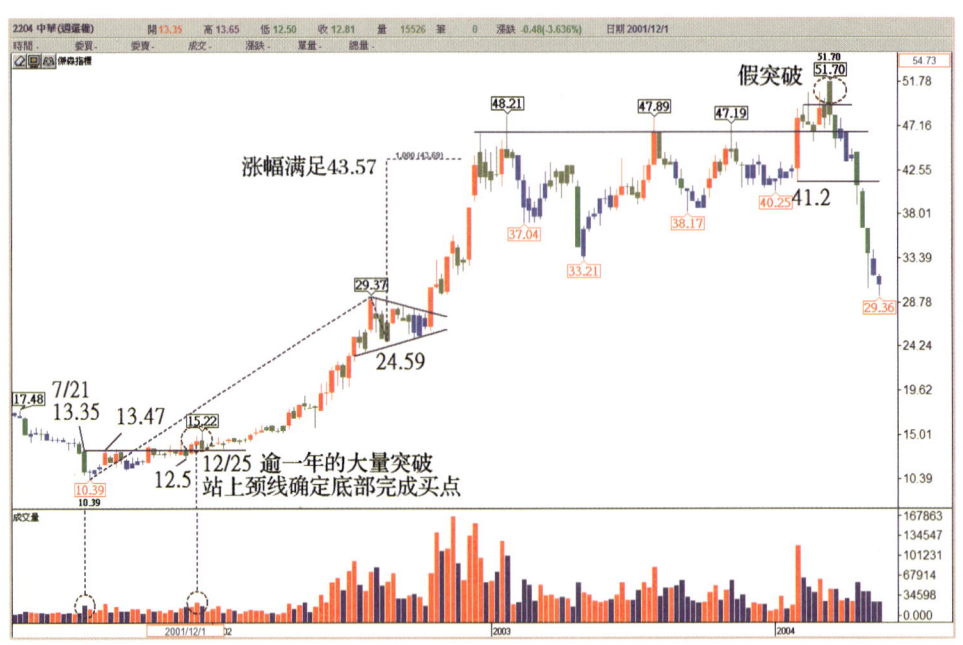

➡ **重点提示**：底形、涨幅满足。

2001年7月21日中华（中华车）周线带量长黑破底，4周后翻红突破长黑高点反压进入打底（长黑高点13.35元，翻红高点13.47元），同年12月25日逾一年的大量突破站上颈线为确定底部完成的买点，技术面带量翻红前的起涨低点12.5元为买进后的停损点。

◆ **观察重点**：

中华（中华车）首波涨至29.37元压回整理两个多月后再突破高点时，便可计算涨幅满足。

❶ 自低点10.39元涨至29.37元，共涨18.98元。

16

❷低点24.59元+18.98元＝等幅计算的涨幅满足43.57元。

中华（中华车）达大波段涨幅满足附近后，长期大区间整理，超过一年，直到2004年2月7日当周才带量突破整理区，6周后出现假突破的长线卖出信号，同年4月24日当周跌破带量长红低点41.2元，翻空确立。

◆ 操作方式：

❶ 12月25日带量突破颈线买进，可买在13.9元附近，停损设在12.5元，风险太高达10%，可设跌破13.2元停损也就是跌落线下时风险约5%，达大波段涨幅满足43.57元附近，或假突破确立，多单获利了结，获利约200%。

❷ 上下飘旗形、距形、收敛三角形、正三角形、倒三角形、上升楔形、下降楔形等都是中继整理的一种，中华（中华车）周线为收敛三角形整理型态。

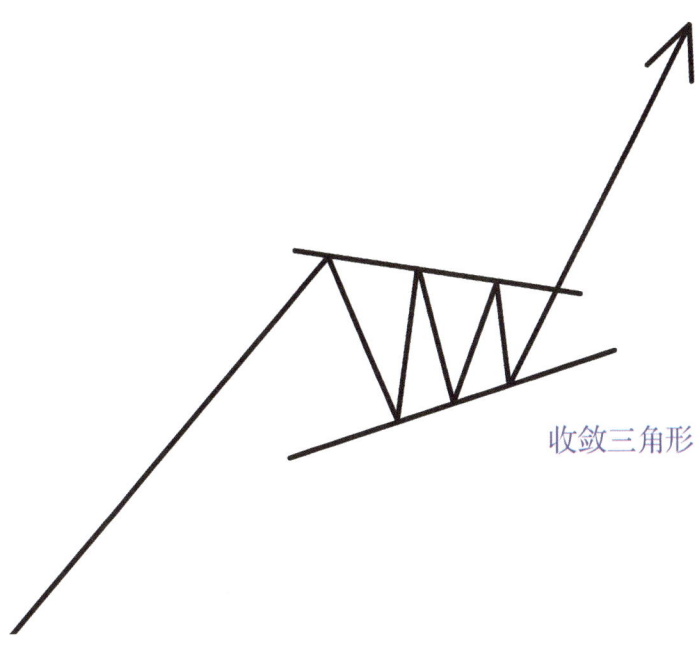

收敛三角形

（二）2005-2006台股日线

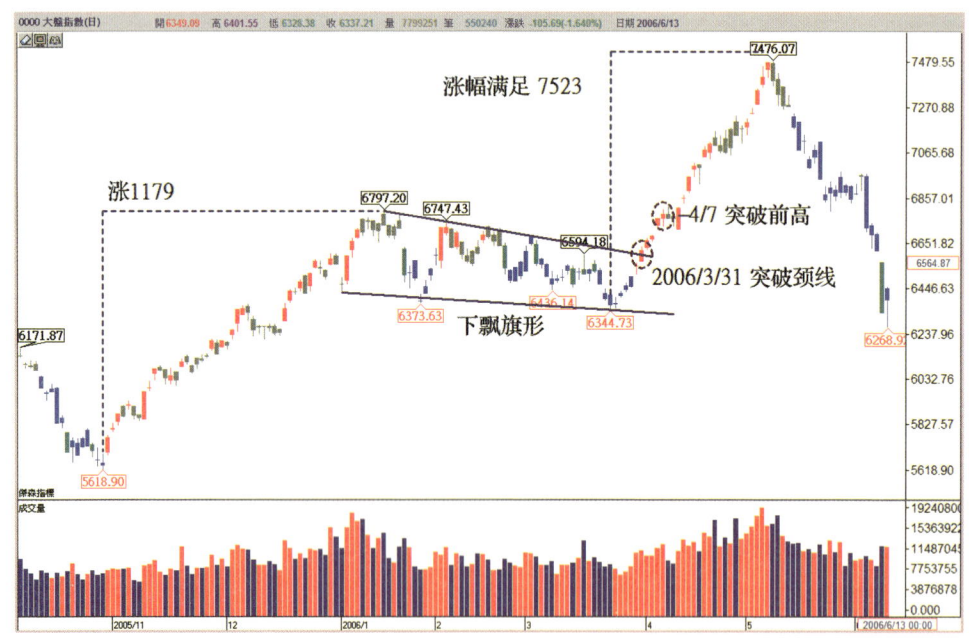

➡️ **重点提示**：涨幅满足、下飘旗形。

2006年3月31日台股日线突破颈线，下飘旗形确立。4月7日突破前高6797点，确立6344为低点，便能计算涨幅满足。

◆ **观察重点：**

❶ 自5618低点涨至6797高点，共涨1179点。
❷ 低点6344点+1179点＝等幅计算的波段涨幅满足7523点。

◆ **操作方式：**

2006年3月31日突破颈线多单进场，可买在6630点附近，停损设在前两日开始带量上涨的低点6504点附近，也是跌落颈线下时，风险约2%，达涨幅满足附近，多单获利了结约10%。

（三）2008-2011佳格周线

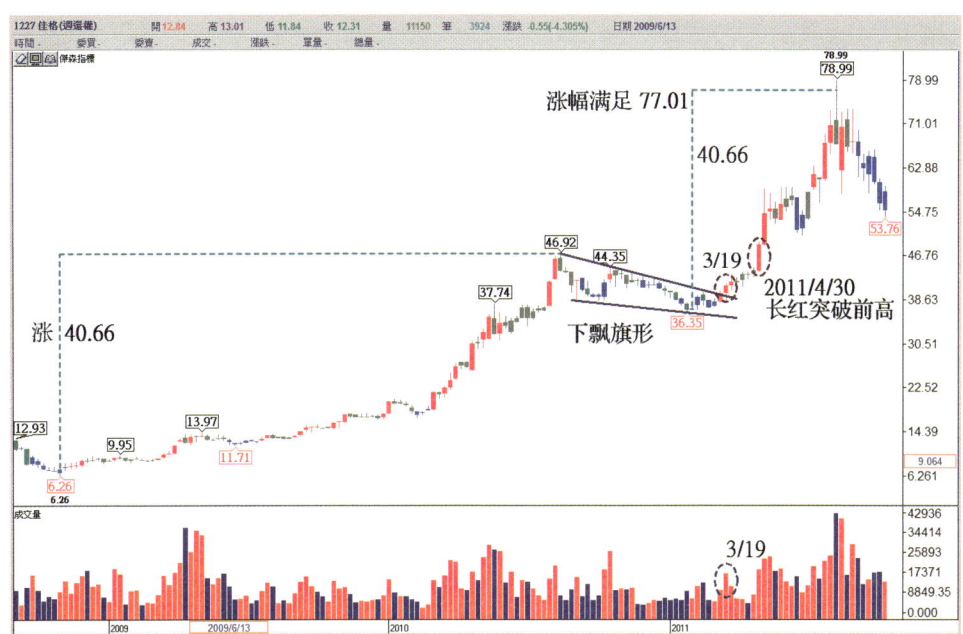

➡ **重点提示**：波段涨幅满足、下飘旗形（倾向下降楔形）。

佳格周线2008年11月创波段新低6.26元后，日线便出现破底翻买进信号。佳格2011年3月19日当周带量突破整理区颈线，完成多头中继站的下飘旗形，4月30日当周长红，突破前高46.92元后，便可计算大波段涨幅满足。

◆ 观察重点：

❶ 6.26元低点涨至46.92元高点，共涨40.66元。

❷ 36.35元＋40.66元＝等幅计算的波段涨幅满足77.01元。

◆ 操作方式：

2011年3月19日当周带量突破下飘旗形颈线为多单买进时机，可买在40.5元附近，停损设在38元，也就是跌落颈线之下时，风险约6%，达大波段涨幅满足附近，获利了结约90%。

（四）2006-2007机电类日线

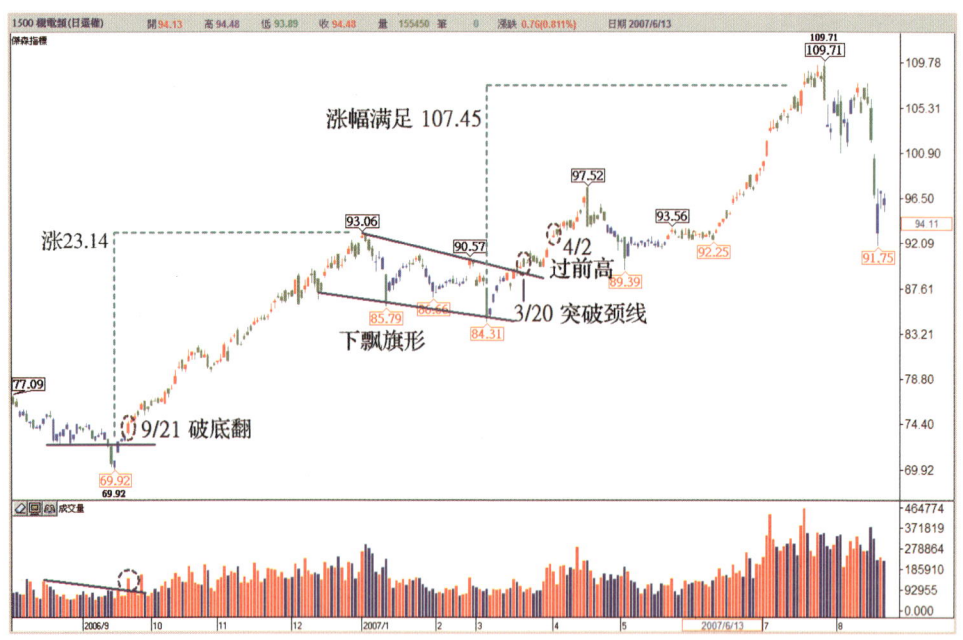

➡ **重点提示**：破底翻、波段涨幅满足、下飘旗形。

机电类日线2006年9月21日出现破底翻波段买进信号，2007年3月20日突破颈线下飘旗形确立，4月2日越过前高93.06点，确立84.31点为回档低点，便能计算波段涨幅满足。

◆ **观察重点**：

❶ 自69.92点低点涨至93.06点高点，共涨23.14点。
❷ 回档低点84.31点+23.14点＝等幅计算的涨幅满足107.45点。

机电类指数达涨幅满足附近（最高109.71点）后大幅回跌。

◆ **操作方式（假设此商品可交易）：**

❶ 2006年9月21日破底翻多单进场，可买在74点附近，停损设在72.3点附近，颈线跌破时，风险约2.3%。

❷ 2007年3月20日突破颈线下飘旗形确立，多单加码，约可买在90点，停损设在88点，也就是跌落颈线下时，风险约2.2%。达涨幅满足附近，多单获利了结，可获利19%（突破下飘旗形加码多单）～ 45%（破底翻买单）。

◆ **小叮咛：**

❶ 经验上当多头强势上涨时，可以三日低点做短线强弱的判断依据（目前交易日往前推三个交易日），并做高档减码的参考。

❷ 爆量后虽大多有高点，但也表示风险已高，尤其是到达涨幅满足的时候。

大师语录

"我很早就发现华尔街没有什么新东西，也不可能有什么新东西，因为股票投机历史悠久，今天在股市发生的一切都在以前发生过，也将在未来不断地再发生。"

杰西·利佛摩尔（Jesse L. Livermore）

（五）2009运输类日线

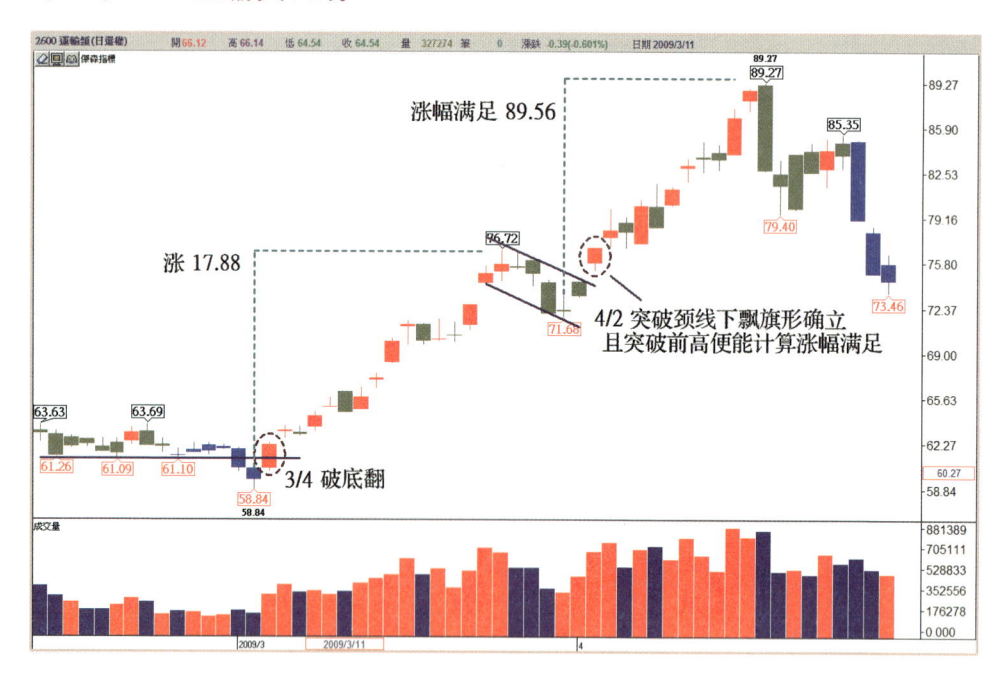

→ **重点提示**：破底翻、下飘旗形、波段涨幅满足。

2009年3月4日运输类日线破底翻进入多头格局，4月2日突破颈线，下飘旗形确立，且突破前高便能计算波段涨幅满足。

◆ **观察重点**：

❶ 自58.84点低点涨至76.72高点，共涨17.88点。

❷ 回档低点71.68点+17.88点＝等幅计算的涨幅满足89.56点。

◆ **操作方式（假设此商品可交易）**：

2009年3月4日破底翻为买进信号多单进场，可买在62点附近，停损设在当日带量翻红低点60.13点，风险约3%，达涨幅满足，多单获利约43%。

（六）2012广丰周线

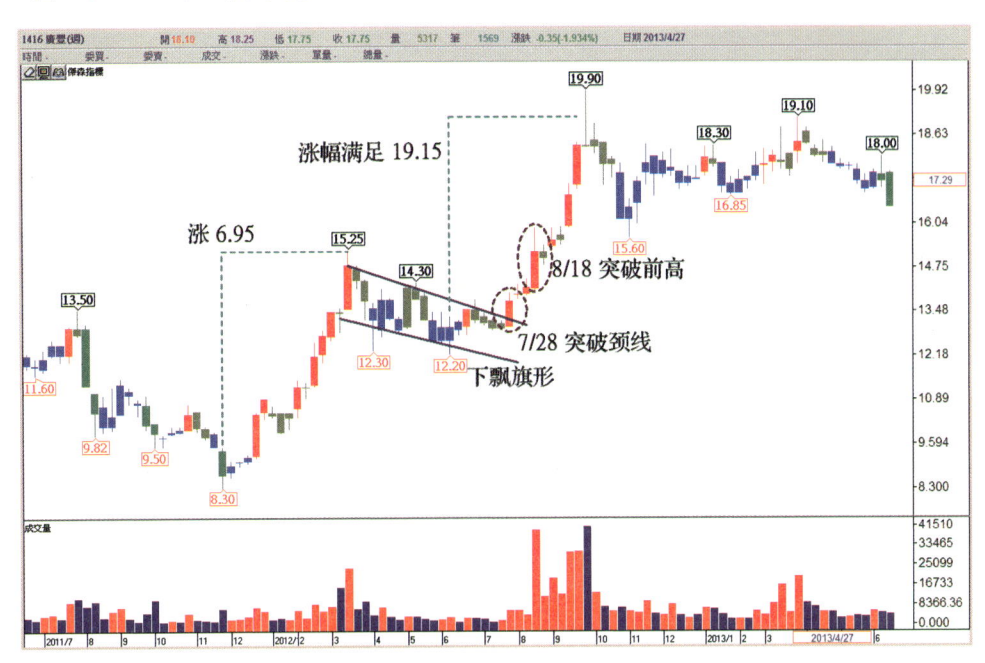

➡ 重点提示：波段涨幅满足、下飘旗形。

广丰周线2012年7月28日突破颈线，下飘旗形确立，8月18日突破前高15.25元，确立12.20元为低点，便可计算涨幅满足。

◆ 观察重点：

❶ 自8.3元低点涨至15.25元高点，共涨6.95元。

❷ 回档低点12.20元+6.95元＝等幅计算的波段涨幅满足19.15元。

◆ 操作方式：

2012年7月28日当周突破颈线多单进场，约可买在13.5元，停损设在13元，也就是跌回线下时，风险约4%，达涨幅满足附近，多单获利了结约42%。

五、波段跌幅满足计算——上飘旗形：空单进场信号

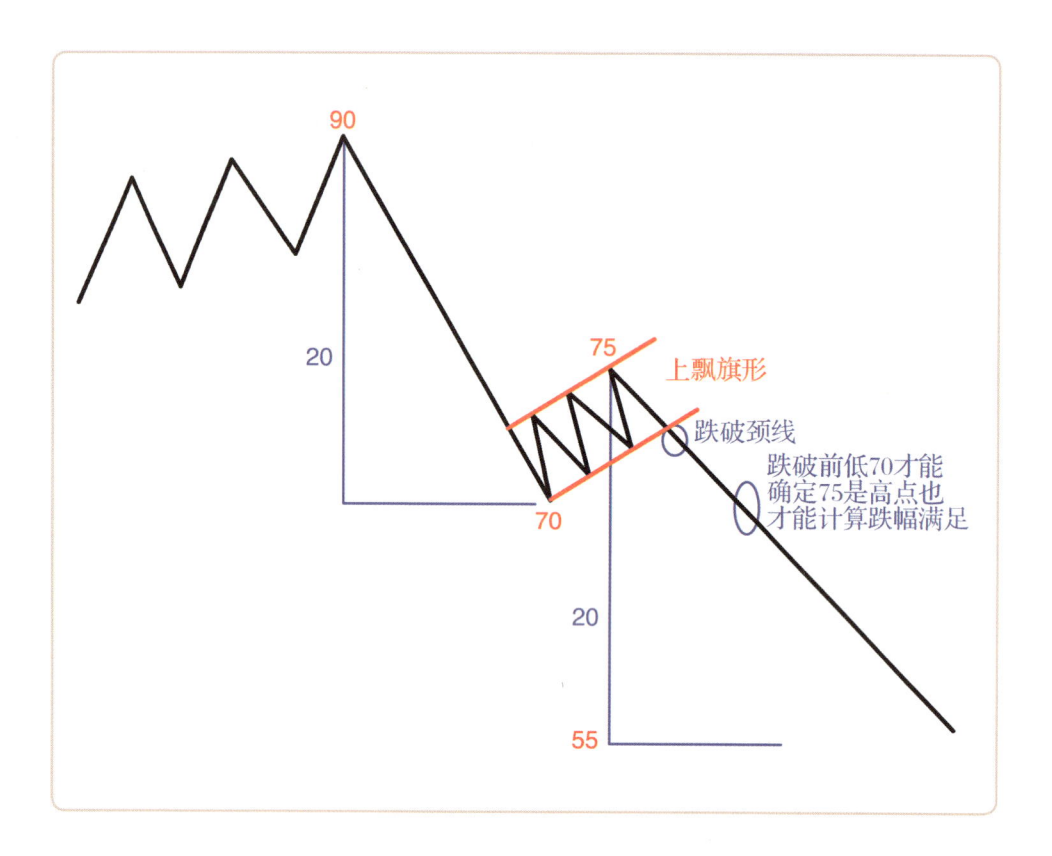

◆ **内容说明：**

波段跌幅满足计算与波段涨幅满足计算为反向关系。

如图示，自波段低点70反弹整理一段时间，回跌再破前低70，便能确定75为反弹的高点，此时才能计算跌幅满足。

◆ 波段跌幅满足计算方法：

❶ 自90高点跌至70低点，共跌20。
❷ 高点75-20＝等幅计算的跌幅满足55。

◆ 操作方式：

型态上自70反弹的整理属上飘旗形，其为下飘旗形的反向关系。通常上飘旗形为空头的中继站结构，当跌破上飘旗形的下缘颈线，便可视为结束整理的空头再度攻击信号，技术面颈线跌破，就不能再站回。因此若跌破颈线的位置在73附近，表示当跌破前低可以计算跌幅满足后73便是空头反压，空头看反压，操作上停损利点设在站回反压73时，如空在72，停损设在74也就是站回线上时，风险约3%，反压站不回，看跌幅满足55，获利约24%，这便是大赚小赔的操作方式。

MEMO

（一）2000 台苯日线

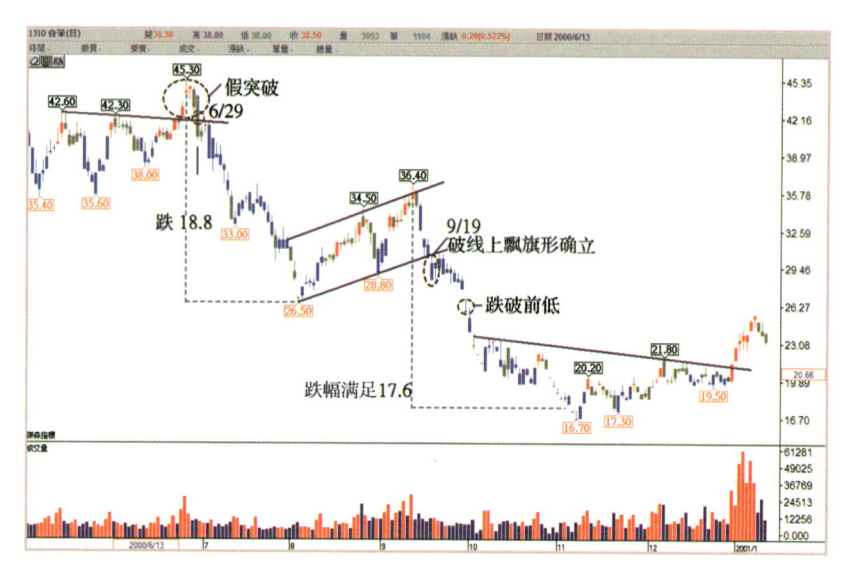

➡ **重点提示**：假突破、波段跌幅满足、上飘旗形。
（假突破内容请见"七、假突破"）

台苯日线 2000 年 6 月 29 日跌落线下，假突破确立卖出信号，盘跌一波反弹后 9 月 19 日破线上飘旗形确立，随后跌破前低 26.5 元，便能计算波段跌幅满足。

◆ **观察重点**：

❶ 自 45.3 元高点跌至 26.5 元低点，共跌 18.8 元。
❷ 反弹高点 36.4 元 −18.8 元＝等幅计算的跌幅满足 17.6 元。
台苯跌至波段跌幅满足附近（最低 16.7 元）才企稳打底，后大幅反弹。

◆ **操作方式**：

2000 年 6 月 29 日跌落线下，假突破确立，空单进场，可空在 41.8 元附近，停损设在当日高点反压 44 元，也是站回线上时，风险约 5%。达跌幅满足空单获利了结，约 58%。跌破上飘旗形时的空单操作亦同。

(二) 2000 台达化日线

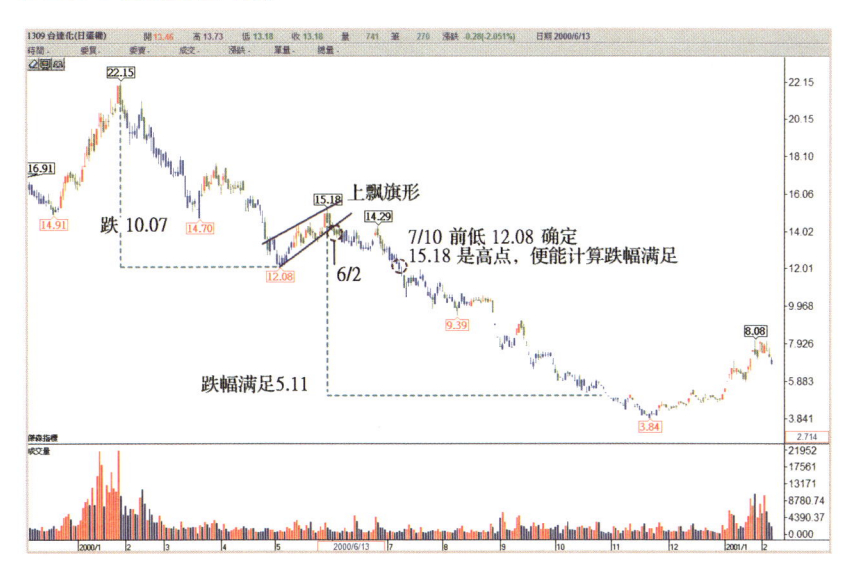

➡ **重点提示**：波段跌幅满足、上飘旗形。

2000年6月2日台达化日线，破线上飘旗形确立，7月10日跌破前低12.08元，确定15.18元是高点，便能计算跌幅满足。

◆ **观察重点**：

❶ 自22.15元高点至12.08元低点，共跌10.07元。
❷ 反弹高点15.18元 −10.07元＝等幅计算的跌幅满足5.11元。

台达化跌至跌幅满足附近（最低3.84元），因当时政治事件等连续利空，在10至12月间短短3个月连续实施三次股市跌幅减半，但是虽有超跌，仍因达跌幅满足后企稳打底后大幅反弹。

◆ **操作方式**：

台达化6月2日破线，空单进场，可空在13.9元附近，停损设在14.5元压力附近，也是站回颈线时，风险约4%，达跌幅满足附近，空单获利了结约63%。

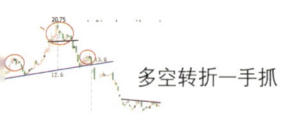

（三）2008远东新周线

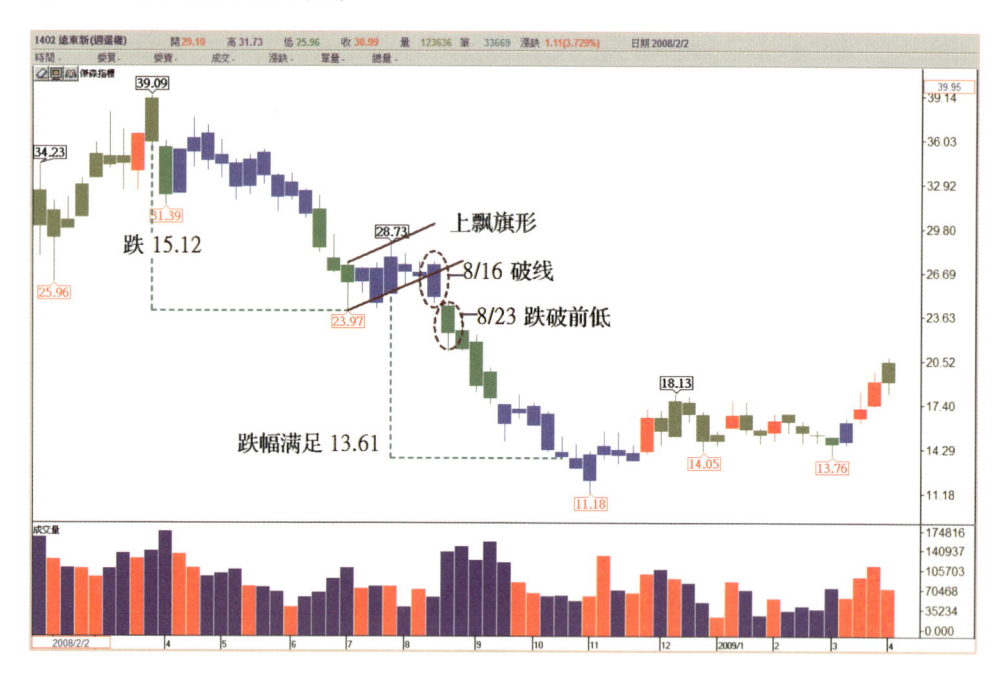

➡ **重点提示**：波段跌幅满足、上飘旗形。

远东新周线2008年8月16日当周跌破颈线，上飘旗形确立，隔周8月23日当周跌破前低23.97元，确立28.73元为高点，便能计算跌幅满足。

◆ **观察重点**：

❶ 自39.09元高点跌至23.97元低点，共跌15.12元。
❷ 反弹高点28.73元－15.12元＝等幅计算的波段跌幅满足13.61元。
远东新跌至跌幅满足附近（最低11.18元），才企稳打底回升。

◆ **操作方式**：

2008年8月16日当周跌破颈线，上飘旗形确立，空单进场，可空在25.4元附近，停损设在长黑高点27.1元，也就是站回线上时，风险约6.6%，达跌幅满足附近，空单获利了结约46%。

（四）2011亚聚日线

➡ **重点提示**：跌幅满足、上飘旗形。

2011年11月10日亚聚日线在整理区已率先出现不正常大量下跌的现象，11月15日破线上飘旗形确立，当股价跌破前低27.14元时，便能计算跌幅满足。

◆ **观察重点**：

❶39.98元高点至27.14元低点，共跌12.84元。
❷反弹高点33.48元－12.84元＝等幅计算的跌幅满足20.64元。
亚聚跌至跌幅满足附近（最低21.78元），才出现破底翻企稳。

◆ **操作方式**：

11月15日跌破颈线，上飘旗形确立，空单进场，可空在30.6元附近，停损设在11月10日爆量高点31.89元，也是站回颈线之上，风险约4%，达跌幅满足附近或破底翻时，空单回补获利了结，约24%。

（五）2010-2011台股小时趋势线

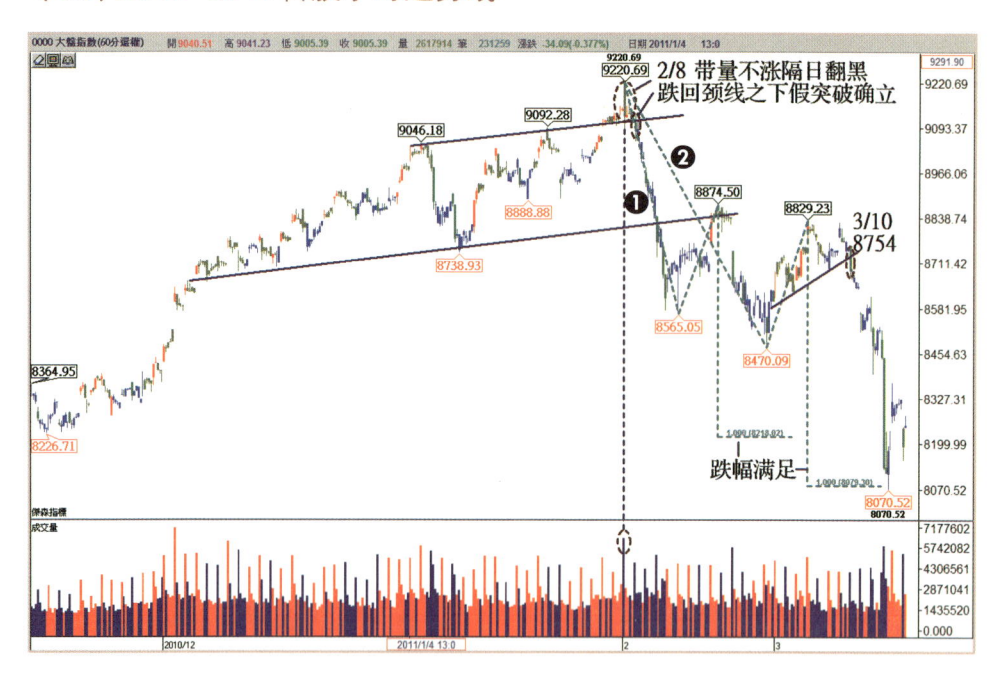

➡ **重点提示**：跌幅满足。

当大盘达涨幅满足附近高风险区，此时5分钟线及60分钟的小时线，便可更精确地帮助判断反转时机，也就是所谓的转折点，尤其是小时线确立转折时趋势形成，因此我习惯把60分钟线称做小时趋势线。

观察上图2010-2011台股小时趋势线，2011年2月8日台股在周线上已达涨幅满足附近，当天开盘第一个小时出现带量不涨，隔日开盘立即翻黑跌落原本突破的整理区上缘颈线之下，技术面假突破卖出信号确立，台股进入一波逾千点的大幅修正。同年3月10日翻黑破线则是加码放空点，停损为当日开盘小时线，黑K高点8754点，站不回，看跌幅满足附近。

技术篇 1

这波头部区震荡的盘跌中,两个反弹高点8874点及8829点,在跌破前低后,皆可计算跌幅满足。

◆ **观察重点:**

绿色虚线❶部分:
❶ 自9220高点跌至8565低点,共跌655点。
❷ 高点8874点 -655点=等幅计算的跌幅满足8219点。

绿色虚线❷部分:
❶ 自9220高点跌至8470低点,共跌750点。
❷ 高点8829点 -750点=等幅计算的跌幅满足8079点。

台股同年3月中旬,达两个高点计算的跌幅满足附近(最低8070点)企稳反弹,弹回前高9220点(周线第一个M头高点)附近,完成M头的第二个高点。

◆ **操作方式:**

台股小时趋势线2011年2月8日带量不涨,隔日2月9日开盘翻黑跌回颈线之下,假突破确立,空单进场,可空在9080点附近,停损设在压力9159点,也是站回线上时,风险约0.9%,3月10日翻黑破线空单加码,约可空在8690点,停损设在黑K高点8754点,也就是站回线上时,风险约0.74%,达跌幅满足附近,空单获利回补,可获利5.4% ~ 11%。(期指属高杠杆操作)

六、M头跌幅满足计算：空单进场信号

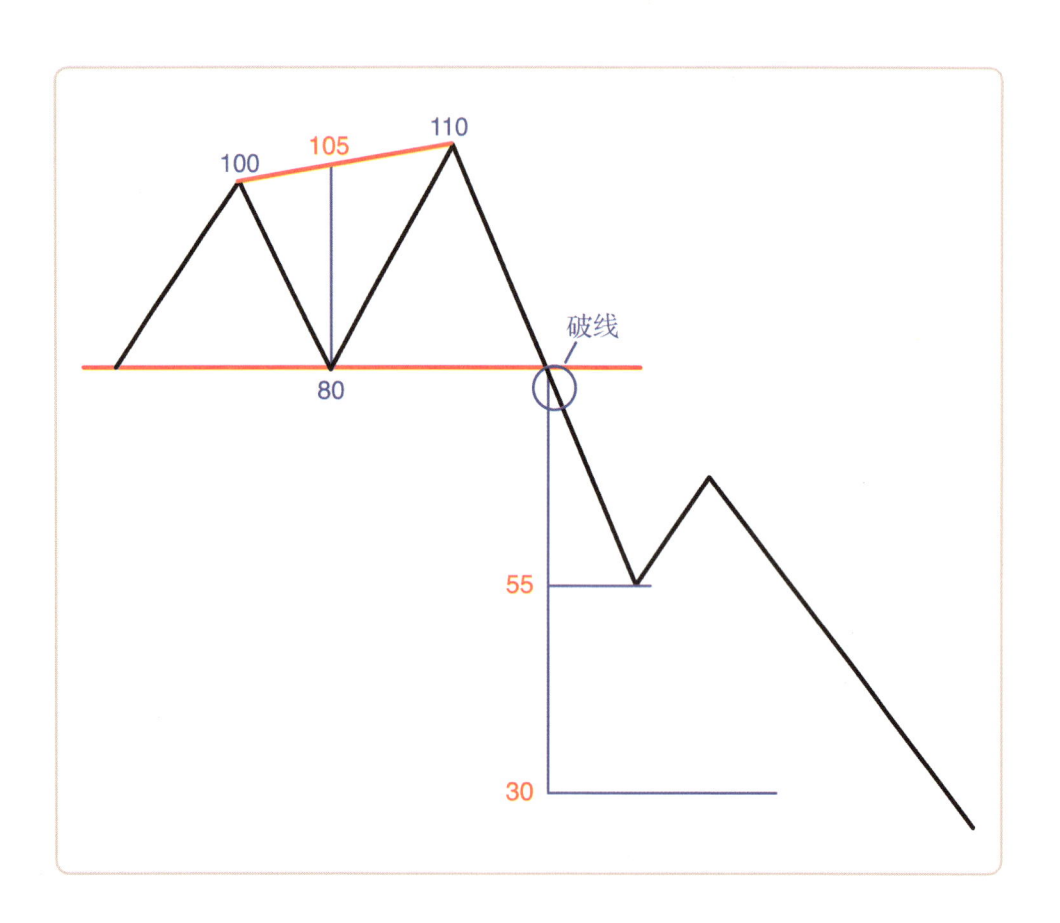

◆ 内容说明：

M头为W底的反向，计算的方式是相同的。

图示当跌破80颈线位置后，确立M头的型态，便可计算跌幅满足。技术面颈线跌破，便不能再站回颈线之上，因此跌破颈线空单进场，停损设在站回颈线时，反之，颈线站不回，看跌幅满足附近。

◆ M头计算方式：

❶ 头部至颈线的距离＝跌破颈线后的等幅距离。

❷ 头部的中间值约105，颈线假设为平行线80，105－80＝距离25。

❸ 跌破颈线的位置80－距离25＝等幅计算的跌幅满足55。

若需再计算第二波跌幅满足：

❶ 第二波的跌幅满足直接从第一波跌幅满足再减等幅距离。

❷ 第一波跌幅满足55－等幅距离25＝等幅计算的跌幅满足30。

◆ 操作方式：

跌破颈线80双头确立空单进场，如空在79.5附近，设5%～7%停损，也是站回颈线之上时，颈线压力站不回，看一至两波跌幅满足附近，空单获利了结，可获利30%～62%。

MEMO

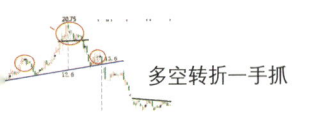

（一）1993-1996华纸周线

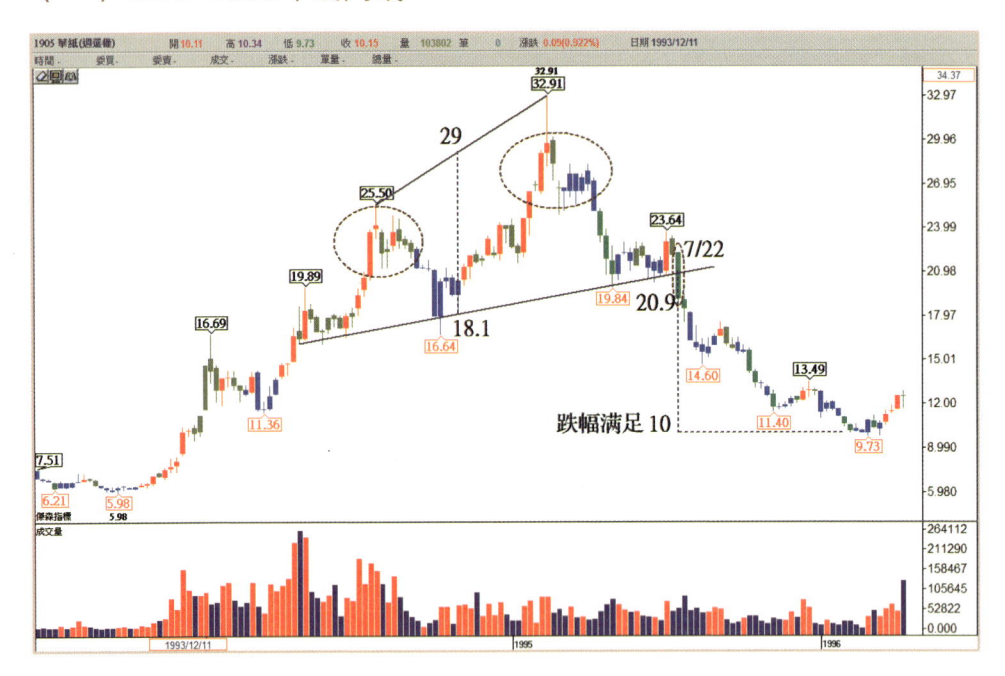

➡ **重点提示**：M头、跌幅满足。

1995年华纸周线当周长黑摜破颈线M头确立，便可计算跌幅满足。

◆ **观察重点：**

❶双头中间值约29元至颈线位置约18.1元，距离10.9元。

❷跌破颈线的位置约20.9元-10.9元＝等幅计算的跌幅满足10元。

华纸盘跌至隔年2月，达跌幅满足附近（最低9.73元）企稳打底回升。

◆ **操作方式：**

跌破颈线时，空单进场可空在20.5元附近，停损设约5%在21.5元附近，也就是站回颈线反压时，颈线站不回，看跌幅满足附近，空单回补获利约50%。

（二）1998-2000仁宝周线

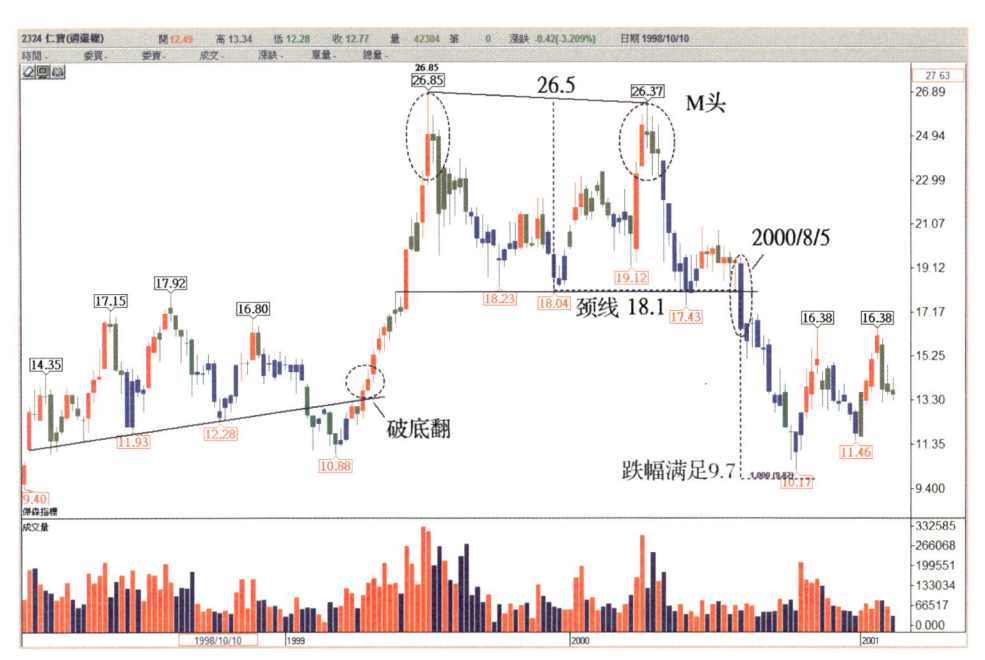

➡ **重点提示**：M头、跌幅满足。

仁宝周线2000年8月5日跌破颈线M头确立，便能计算跌幅满足。

◆ **观察重点：**

❶ M头两个高点中间值约26.5元，垂直至颈线位置约18.1元，距离8.4元。

❷ 颈线为平行线，因此跌破颈线的位置18.1元－8.4元＝等幅计算的跌幅满足9.7元。

仁宝同年10月中旬，跌至跌幅满足附近（最低10.17元）企稳反弹。

◆ **操作方式：**

跌破颈线时空单进场，可空在17.5元附近，停损设在18.5元附近，也就是站回颈线反压风险约6%，反压站不回，看跌幅满足附近，空单回补，获利约40%。

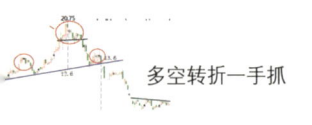

（三）2006-2009中钢周线

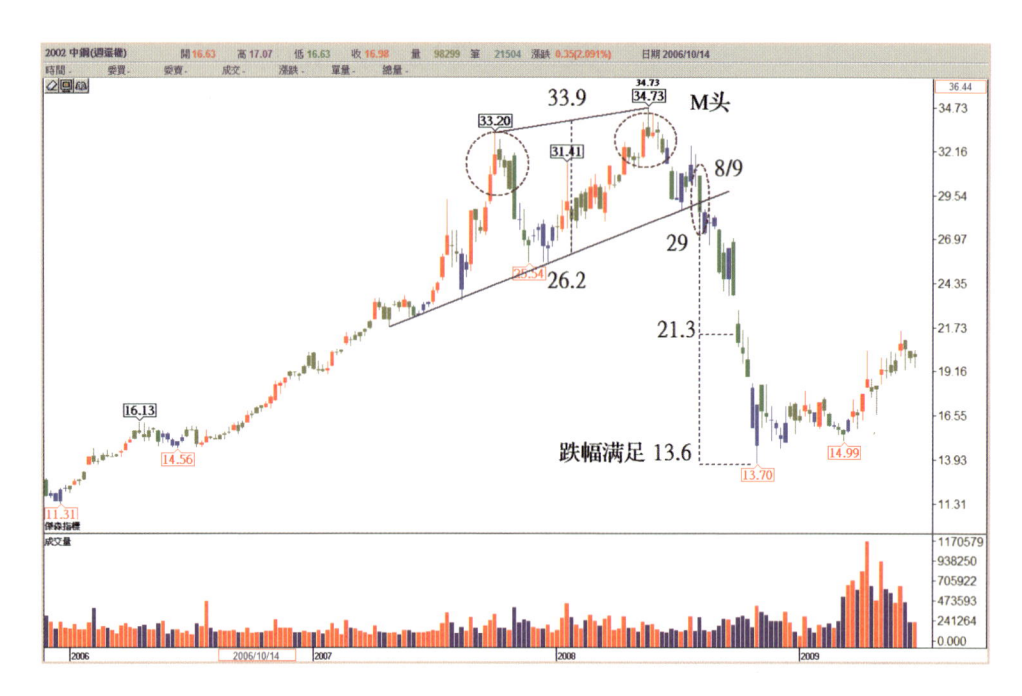

➡ **重点提示**：M头、跌幅满足。

2008年8月9日中钢周线，当周长黑摜破颈线，逾一年的M头确立，便可计算跌幅满足。

◆ **观察重点一**：

❶ 双头中间值约33.9元至颈线位置约在26.2元，距离7.7元。
❷ 跌破颈线的位置约29元-7.7元=等幅计算的跌幅满足21.3元。

当年受2008年金融海啸影响，中钢达第一波跌幅满足仍无企稳迹象，直接摜杀两波。

◆ **观察重点二：**

第二波跌幅满足：
第一波跌幅满足21.3元－7.7元＝等幅计算的跌幅满足13.6元。
中钢两波崩跌至跌幅满足附近（最低13.7元），才企稳打底回升。

◆ **操作方式：**

跌破颈线时，空单进场可空在28元附近，停损设在日线带量长黑破线高点反压29.94元，也是站回颈线反压之时，风险约7%，颈线反压站不回，看两大波一次到底的跌幅满足附近，空单回补获利约50%。

◆ **小叮咛：**

涨跌幅满足看一波或两波，看头部或底部的规模及进行的时间做对比，也可做判断，如中钢周线M型头部的规模达一年，破颈线后才约一个半月便达第一波跌幅满足，因此可以再观察一段时间整理的结构。当然中钢直接跌两波是做空最好的结果，若要再算第三波对稳健绩优的中钢而言，价位已属不合理，这些都是考量的因素。

大师语录

"有钱的人可以投机；钱少的人不可以投机；根本没钱的人必须投机。"

安德烈·科斯托兰尼（André Kostolany）

（四）2009-2011永光周线

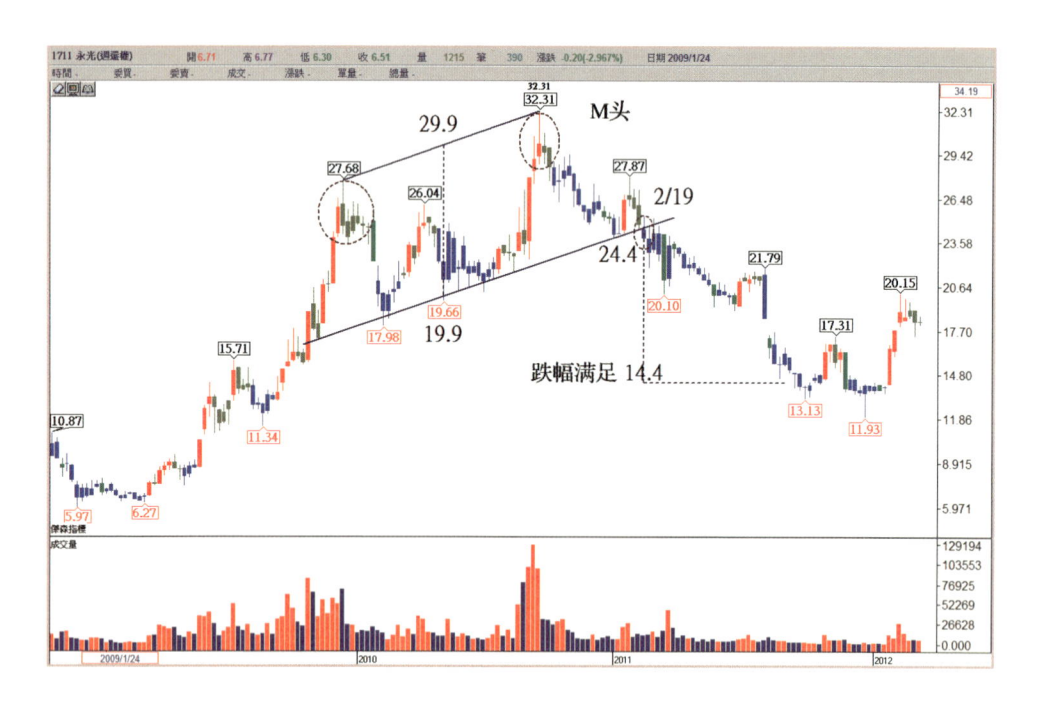

➡ **重点提示**：M头、跌幅满足。

永光周线2011年2月19日跌破颈线M头型态确立，便可计算跌幅满足。

◆ **观察重点**：

❶M头两个高点的中间值约29.9元至颈线的位置约19.9元，距离10元。
❷跌破颈线的位置约24.4元-10元＝等幅计算的跌幅满足14.4元。

永光盘跌至2011年9月下旬进入跌幅满足附近，便盘出双底止跌回升。

◆ **操作方式：**

跌破颈线后，空单进场可空在24元附近，站上颈线停损，停损可设在25.5元附近，风险约6%，空头看反压，反压站不回看满足，达跌幅满足附近，空单回补，获利约40%，大赚小赔。

◆ **小叮咛：**

技术分析画线的时候，最常遇到的问题，就是上下影线如何取舍。记住一个观念点多为主，越多点所连起来的直线，精准度越高，结构也越完整。这样一来，上下影线就自然知道如何取舍。如永光周线，M头的两个高点，取上影线，也可以取实体线上缘，一样是两个点，虽然影响到一些满足点的幅度，但不影响到整个结构。下缘颈线相同，取多点为主，如此一些下影线便自然舍去，因此，可以得到一个重点，就是以多点连成的直线为主就对了。

> **大师语录**
>
> "投机价值的升跌，有客观的因素，是可以通过分析，计算出来的，大家都看得中，就大家一起赚，大家都看错，只有你一人看中，你也一样可以大赚。譬如某种股票，在没有人看好之前你先入市，随后才有人大量入市，就会把价位堆高，你先人一步，就可以坐享其成。"
>
> 安德烈·科斯托兰尼（André Kostolany）

七、假突破：空单进场信号

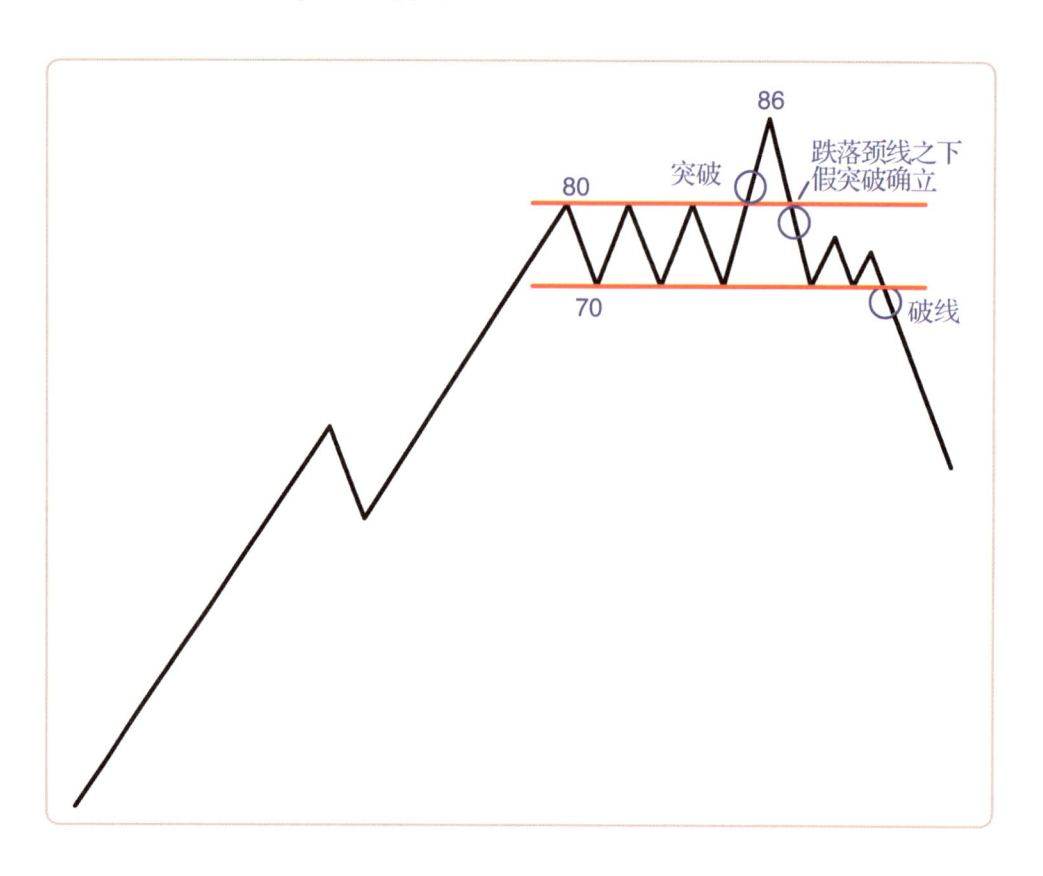

图中标注：
- 86
- 突破
- 跌落颈线之下 假突破确立
- 80
- 70
- 破线

◆ **内容说明：**

假突破是破底翻的反向关系，股价在盘涨一段进入整理的过程中，出现突破整理区上缘颈线，随后又跌落颈线之下是属于假突破的结构，技术面出现假突破是转弱确立翻空的做空时机。

筹码面主力在拉高股价做高档整理震荡出货期间，刻意作价拉过新高不久，便回落颈线之下，这就是技术面的假突破。假突破就是一种骗线，制造转强的假象，诱使多头追价，以达其积极出货目的，随后便是将剩余持股在高档做最后的压低出货动作，既然是主力出货型态，当然随势做空，才会有较大的获利机会与空间。

如图示，经过盘涨后进入70～80的高档整理，突破整理区上缘颈线80后，再回落颈线80之下，便属假突破。操作上假突破后随势做空，假突破后80颈线仍是反压，也是空单停损点（可稍设高些），再跌破整理区下缘颈线70，表示主力已出货完毕或接近尾声，通常都会开始加速下跌为加码做空时机。

颈线70跌破支撑变反压，空头看反压，站回反压加码的空单停损及假突破布空的空单停利，反之则空单续抱波段，如此便是大赚小赔，以有限的风险获取大波段利润的操作方式。

◆ **操作方式：**

跌落颈线之下，假突破确立波段多单卖出信号，空单进场，停损设在5%～7%，也是站稳颈线之上时，跌破下缘颈线70空单加码，停损同样设5%～7%以内，也是站回颈线之上时，颈线反压站不回，达当时空头结构计算的跌幅满足时，空单获利了结。

MEMO

（一）2007-2008 中纤日线

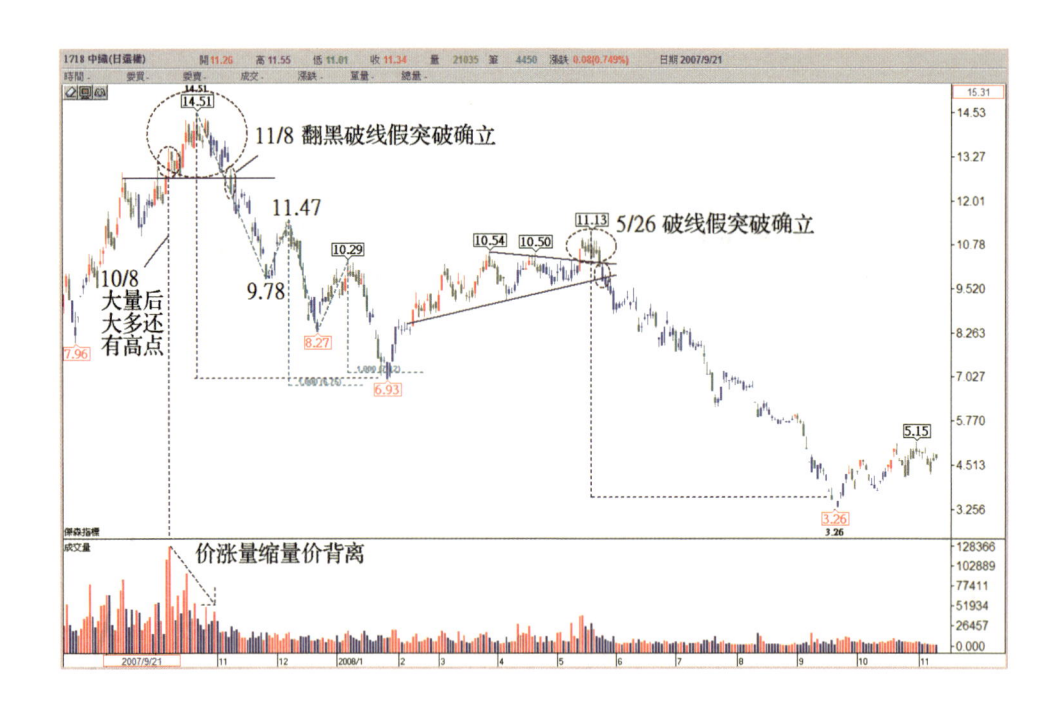

➡ **重点提示**：量价背离、假突破、跌幅满足。

中纤日线2007年下半年大涨至10月8日爆量，技术面大量后大多还会有高点，量价结构上再创新高时，已明显价涨量缩出现量价背离，11月8日翻黑破线且跌破爆量红K低点，假突破确立，翻空盘跌。股价跌深反弹后，再破反弹低点9.78元时，便可计算跌幅满足。

◆ **观察重点一：**

绿色虚线部分

❶ 自14.51元高点跌至9.78元低点，共跌4.73元。

❷ 高点11.47元－4.73元＝等幅计算的跌幅满足6.74元。

随后盘跌过程中的小波段反弹后再破底，也可计算跌幅满足。

❶自11.47元高点跌至8.27元低点，共跌3.2元。

❷高点10.29元−3.2元＝等幅计算的跌幅满足7.09元。

两个计算结果的位置都差不多。

中纤盘跌至隔年2008年1月下旬，达跌幅满足附近（最低6.93元），企稳大幅反弹。5月26日破线且跌破5月14日长红低点假突破确立结束反弹波，盘跌至跌破反弹波低点6.93元时，便可计算大波段跌幅满足。

◆ 观察重点二：

黑色虚线部分

❶自14.51元高点跌至6.93元低点，共跌7.58元。

❷高点11.13元−7.58元＝等幅计算的大波段跌幅满足3.55元。

中纤盘跌至同年9月中旬达大波段跌幅满足附近（最低3.26元），企稳打底约半年后大幅回升。

◆ 操作方式：

❶ 2007年11月8日翻黑跌破颈线空单进场，可空在12.2元附近，突破颈线也是长黑高点12.9元停损，风险约5%，颈线站不回，看跌幅满足附近，空单回补，获利约40%。

❷ 2008年5月26日假突破确立空单进场，可空在9.7元附近，站上突破颈线前的整理区高点10.54元反压停损，风险约8%，反压站不回，看大波段跌幅满足，空单回补，获利约60%。

（二）2007-2008运输类指数周线

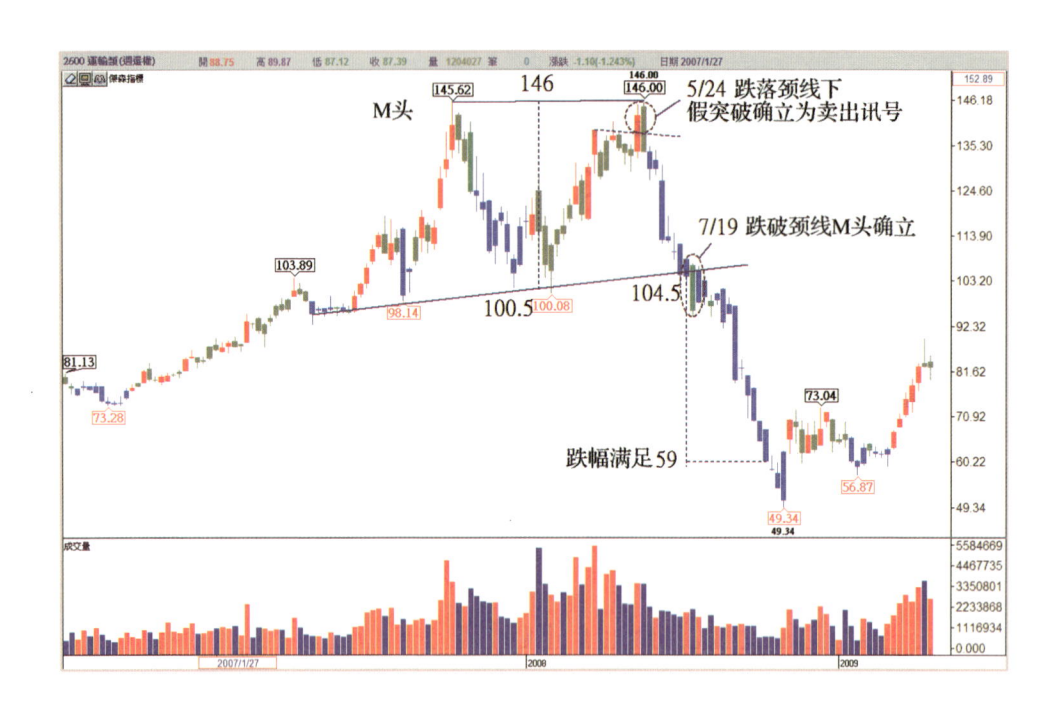

➡ **重点提示**：M头、假突破、跌幅满足。

运输类指数周线2008年5月24日，当周跌落前一周突破的颈线之下，假突破确立为卖出信号，7月19日当周长黑掼破颈线，M头确立，便能计算跌幅满足。

◆ **观察重点**：

❶ 双头的高点146点至颈线的位置约在100.5点，距离45.5点。
❷ 跌破颈线的位置约在104.5点－45.5点＝等幅计算的跌幅满足59点。

运输类指数跌至跌幅满足附近，便进入盘底后回升。

◆ **操作方式（假设此商品可交易）：**

❶ 2008年5月24日当周跌落线下，假突破确立空单进场，约可空在136点，停损设在反压区142点附近，也就是站回颈线之上时，风险约4.5%。

❷ 7月19日当周跌破颈线，空单加码，可空在104点附近，停损点设在当周长黑高点107.17点，风险约3%，达跌幅满足附近，空单获利了结，可获利43%（加码空单）～56%（假突破空单）。

◆ **小叮咛：**

❶ 运输类指数周线达第一波段跌幅满足后，若再计算一波当然是极不合理的位置，因此只看一波。

❷ 第二波跌幅满足59点−45.5点＝13.5点，这对类股指数来说，几乎是不可能的点，除非是一只炒过头的投机股。

> **大师语录**
>
> "凡是证券交易所里人尽皆知的事，不会令我激动。经常有人问我，我的信息和想法是从哪来的。我的回答很简单，其实，我不寻找信息，而是发现信息。"
>
> 安德烈·科斯托兰尼（André Kostolany）

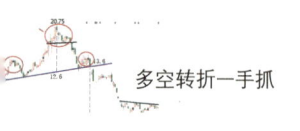

（三）2007-2008苹果日线

➡ **重点提示**：假突破、量价背离。

假突破属于技术面卖出信号，尤其是股价处于高档出现量价配合的假突破，更是强烈的卖出信号，这是主力高档整理作突破的动作吸引买盘抢进后，开始进行压低出货，这时便会产生假突破现象。既然是主力出货的行为便属于卖出信号，通常出现假突破后，大多是非盘即跌，盘跌走空的概率较高，基本面较强的，则先修正再经过一段整理期后，才有以盘代跌机会扭转弱势型态。

苹果股价2007年一波大多头涨幅惊人，2007年12月24日股价在高档整理后再度突破创波段新高，不过很明显这次的盘涨突破属价涨量缩、量价背离，初露败象。

六个交易日后也就是2008年1月4日出现带量长黑，跌回整理区，此时便能判断属高档假突破，确立为强烈的波段卖出信号，苹果股价随后跌破颈线头部，确立大幅回跌至波段起涨点附近，自高点大跌修正幅度高达约43%。

◆ **操作方式：**

苹果2008年1月4日带量长黑，假突破确立，空单进场，约可空在189美元，停损设在198美元，也就是站回线上时，风险约5%，回补点可以192美元及202美元两个高点形成的双头（M头）计算跌幅满足，在118美元附近，也是前波起涨附近的较大支撑区，达跌幅满足，空单获利回补约37%。

◆ **小叮咛：**

苹果股价虽然每次的大幅拉回后都能再创新高，但并不是每次都能那么幸运。产业总有循环，从技术面判断每个大波段的买卖点，除了能掌握买点外，还能避开产业自高峰反转的风险。

大师语录

"投机就是投机，不是赌博，这才是正确的投机观念。投机可以经分析做基础，制订计划，选择项目，这是一整套理性的过程。这个道理说得简单，却不是人人都明白。没有树立正确投资观念的人，他的投机可以说就是在碰运气，在赌博，将自己的人生交给了所谓的运气。成功的投机者会将赌博和投资分得清清楚楚。"

安德烈·科斯托兰尼（André Kostolany）

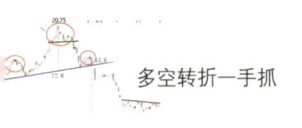

（四）1997日月光日线

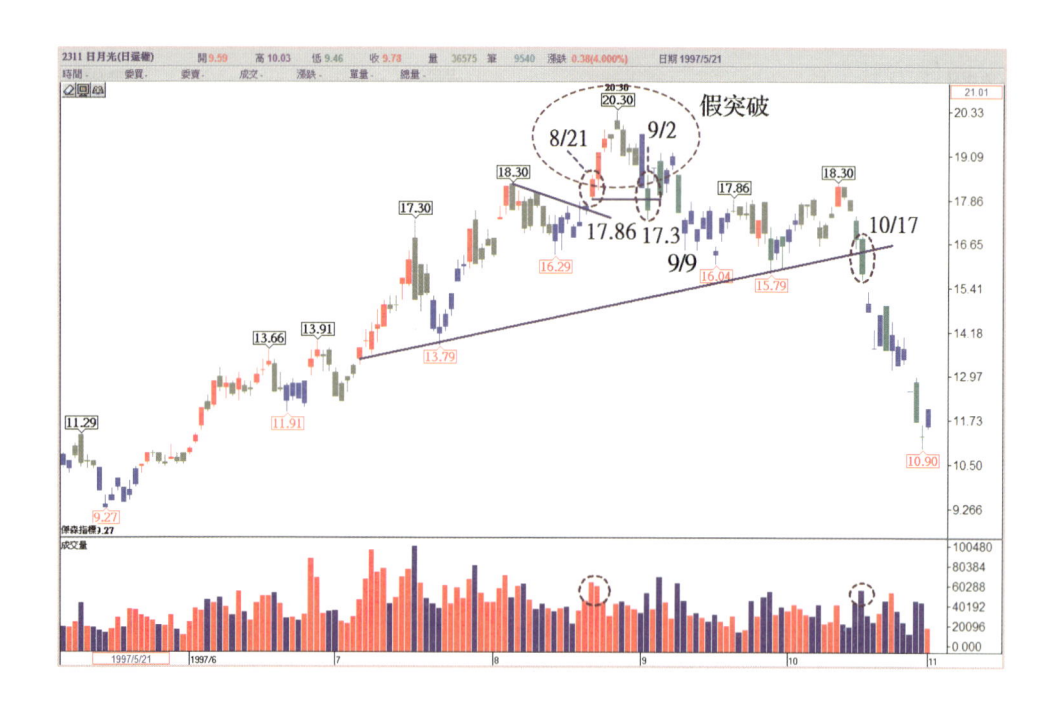

➡ **重点提示：** 高档头部区假突破的判断。

通常从量价结构的变化，大多可以判断是否为高档头部区，仔细观察便可抓到转弱的时机。

如图示，日月光日线头肩顶的结构，1997年8月21日带量红K突破左肩整理颈线，突破整理区的带量红K，表示是主力作价的攻击信号，这根红K低点便不会被跌破，一旦被跌破就表示主力拉高的动作是假的，也就是在做高档拉高出货的假突破，这是一种骗线动作。因此9月2日低点17.3元跌破红K低点17.86元，便能判断这是假突破的骗线动作，骗线就是为了要出货，既然是主力高档出货，当然是随势做空，才容易有波段获利空间。

◆ **观察重点：**

❶ 技术面9月2日判断为假突破确立后，任何反弹皆是空点，高点20.3元为反压也即空单停损点（高点若太高，为了掌控风险，停损可设5%～7%以内），9月9日再破低点后，8月21日至9月8日便是假突破的区块。

❷ 10月17日跌破颈线为技术面最佳加码放空点，通常假突破高档布空利润较大，但等待期较长，因为主力仍需要时间盘头，将剩余筹码在高档尽量出干净（如图示，头部完成也确立左肩后还要盘右肩）。跌破颈线表示主力已出货完毕，此时做空通常下跌的速度最快，跌破颈线后表示颈线以上，已成为主力出货给散户的压力区就不会再站上，因此跌破颈线空单停损便设在站回颈线时，颈线站不回则看跌幅满足附近，这便是大赚小赔的波段操作方式。

◆ **操作方式：**

9月2日假突破确立后，任何反弹皆空点，若空在假突破前的高点压力区18.3元附近，停损设在高点反压20.3元，风险约11%太高，可直接设一根停板的7%，便可有效控制风险，达P62的"1996-1997日月光日线"图虚线所提跌幅满足附近，空单回补，获利约39%。

大师语录

"不要忽视警讯——大的亏损很少没有警讯，不要在正在下沉的船中等待救生艇。"

安德烈·科斯托兰尼（André Kostolany）

（五）2011正峰新日线

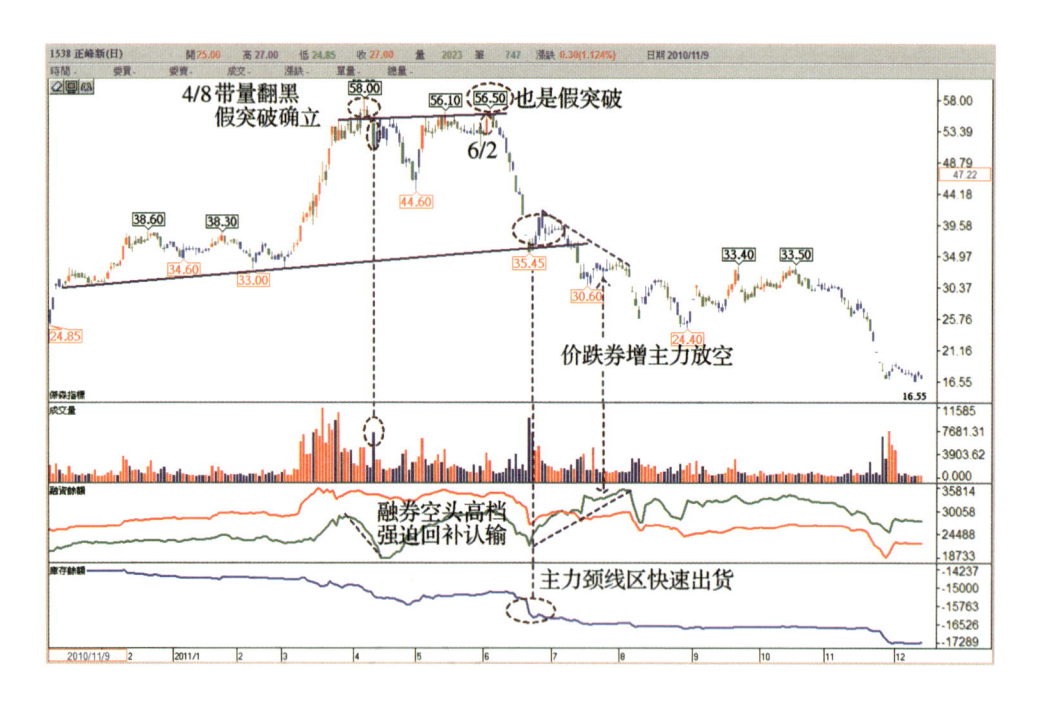

→ **重点提示**：假突破、主力放空。

如图示正峰新日线，2011年第二季转亏为盈，主力掌握小型股筹码易掌控的投机特性轧空，2011年4月8日轧至新高随后出现带量翻黑、假突破确立的卖出信号。

同年6月2日带量长红隔日高点56.5元突破整理区高点56.1元，但3日内便跌破长红低点也是属于假突破，股价在主力做最后骗线后随之崩盘。

◆观察重点一：

散户放空结构——

❶ 价涨券增，通常是散户往上放空的结构，容易引起主力轧空。

❷ 如上图，正峰新日线2011年3月起价涨券增，往上加码放空的融券散户在主力有计划轧空下，藉由股东会强迫在高档认输回补，切记，放空的技巧是空弱不空强，会创新高的股票就是强势股，做错就认输停损，不应加码放空或建立强势股空单，需待有转弱现象出现时才是做空时机（如假突破确立）。

❸ 正峰新同年6月下旬跌至颈线支撑附近，库存余额急降，显示主力利用颈线支撑积极作量倒货，长期的库存余额显示主力长期成本低于20元，主力利用自56.5元高点，跌落至40元以下，吸引跌深抢进买盘在33元至40元颈线区做高档压低出货动作（虚线部分），由于主力长期的成本低随便卖都赚，因此洞悉筹码结构，便能避开主力在高档区颈线压低出货陷阱。

◆观察重点二：

主力放空结构——

延续上述主力出货后随后一个多月，价跌券增属主力放空结构，9至10月的反弹最高33.5元，仅碰触上述33至40元颈线区下缘属弱势反弹（支撑跌破变反压），期间无量，便是主力出货后呈无主力状态，弱势结构可见主力持空信心坚强，随后股价长期大跌两大波段。

让我们来看看正峰新周线。

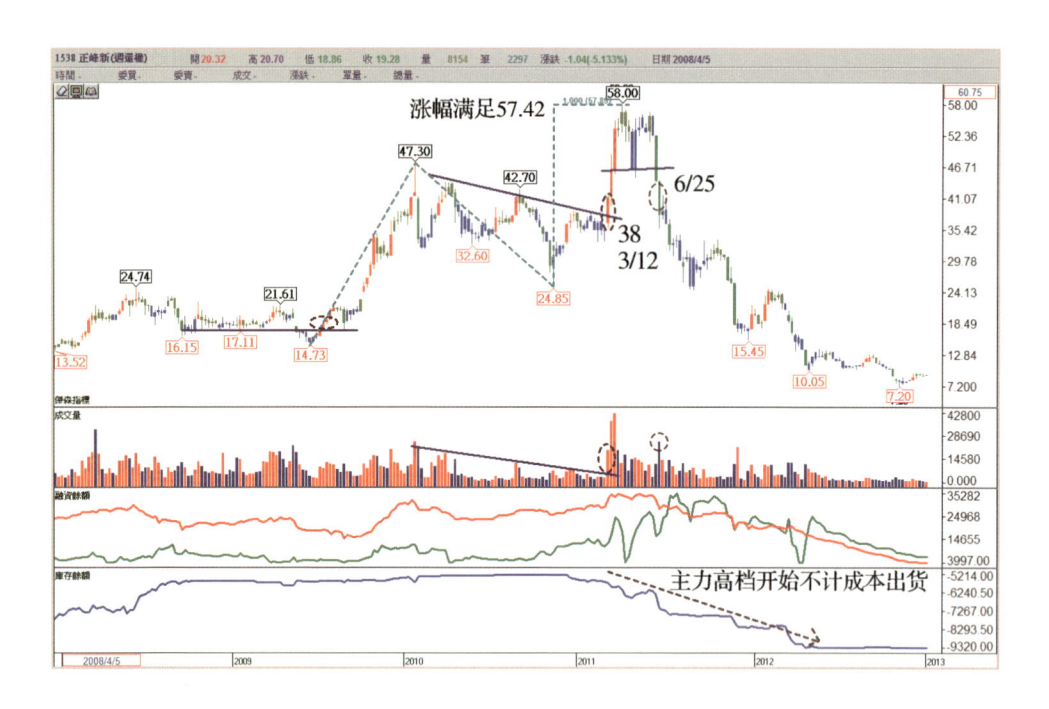

➡ 重点提示： 涨幅满足。

正峰新周线在2011年3月轧空突破前高47.3元，便可计算涨幅满足。

◆ 观察重点：

❶ 自14.73元起涨低点至47.3元高点，共涨32.57元。

❷ 低点24.85元+32.57元＝等幅计算的涨幅满足57.42元。

技术面3月12日周线带量长红，突破颈线的颈线支撑38元附近不破，看涨幅满足57.42元附近。

正峰新达涨幅满足附近后（最高58元），便开始盘头，同年6月25日周线带量翻黑破线，头部确立，就此进入长空，库存余额亦显示主力自涨幅满足高档，开始长期压低出货。

基本面上，季报仅当年第二季转亏为盈，配合轧空后，又再度陷入长期亏损，负债比逾50%，每股净值也跌破10元。投资市场常常是人为的投机，有迹可循，并非巧合。

◆ 操作方式：

❶ 正峰新周线2011年3月12日当周带量突破颈线买单进场，可买在39元附近，停损设37元，也就是跌落线下时，风险约5%，达涨幅满足附近，多单获利了结约47%。

❷ 正峰新日线2011年6月2日长红低点3日后被跌破时空单进场，约可空在52.8元，停损设在高点56.5元，风险约7%。

可以头部方式计算跌幅满足：

- 两个高点中间值约57.5元，至颈线约在34.7元，距离约22.8元。
- 7月13日长黑跌破颈线的位置约在36.5元 −22.8元＝等幅计算的跌幅满足13.7元。

❸ 达跌幅满足附近空单获利了结约74%（正峰新低点随净值跌破票面价值的10元以下）。

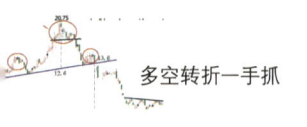

（六）2011晟铭电日线

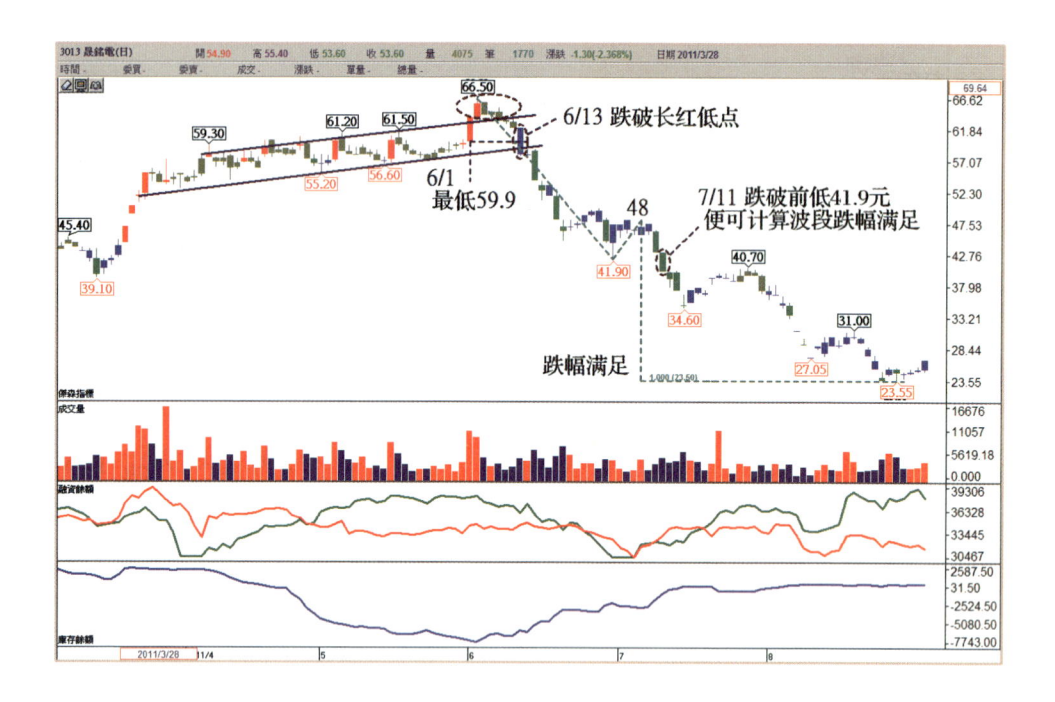

➡ **重点提示**：假突破。

如图示，晟铭电日线，2011年3月末升段喷出后，股价波段累积大涨逾200%，同年4月、5月两个月份库存余额，显示主力拉高后高档震荡出货。

◆ **观察重点**：

2011年6月1日带量长红突破整理区，随后便拉回跌破带量长红低点，假突破确立，由此可知假突破经常是主力骗线的一种手法，利用一段时间的整理，让市场习惯股价后，再作量转强让市场尤其是散户跟进。如晟铭电当时突破后，累积涨幅已达约300%，因此出现假突破后表示主力拉高骗线出货确立，便是风险最高的时候，也是喜好做空者最佳放空时机，此类股切忌跌深抢反弹，晟铭电最高约65元（还原权息最高66.5元），大跌逾20元至40余元，只做弱势整理，便又出现数波大跌（同年12月9日创18.2元最低价）。

2011年基本面季报获利维持在小亏小赢之间，（全年EPS-0.38元）更显股价炒作至逾50元的投机性，可见当投机过后，都是股价漫漫长夜的开始。

◆ 操作方式：

❶ 做空的技巧就在股价转弱时。如上图示，2011年晟铭电日线6月13日跌破6月1日带量长红低点59.9元假突破，主力出货，败象已露（当日收58元）。

❷ 6月14日及15日仍有两日平盘上布空机会（两日高点皆58.8元），停损设在突破颈线约61.5元时风险有限，约6%。

❸ 需注意6月30日除权息融券强迫回补后，7月6日恢复融券将回补的筹码再空即可。

❹ 7月11日跌破反弹低点41.9元，便可计算跌幅满足。

自66.5元高点至41.9元低点，共跌24.6元。

高点48元-24.6元＝等幅计算的跌幅满足23.4元（通常需填权息计算则在23.8元附近）。

❺ 股价8月下旬达跌幅满足附近整理，便是空单波段获利时，约58%。

大师语录

"我花了整整五年的时间才觉得自己能理智地玩炒股游戏。"

杰西·利佛摩尔（Jesse L. Livermore）

（七）2010-2011晶电日线

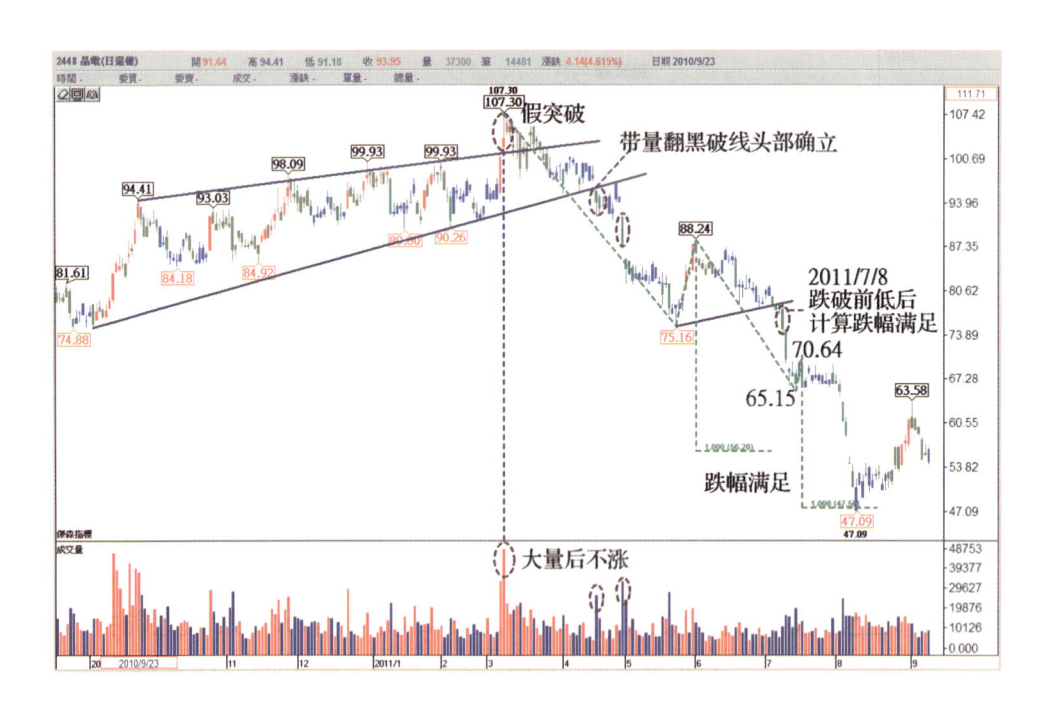

➡️ **重点提示**：假突破、跌幅满足。

晶电2011年3月8日带量突破颈线，三个交易日内便跌破大量低点，随后更是跌回颈线以下，确立大量不涨的假突破卖出信号，4月19日带量翻黑破线头部确立，空头成形后股价一路盘跌。

◆ 观察重点：

❶ 7月8日跌破反弹低点75.16元破底后，便可计算跌幅满足。

自107.3元高点至75.16元低点，共跌32.14元。

高点88.24元－32.14元＝等幅计算的跌幅满足56.1元。

❷8月2日跌破前低65.15元后，也可计算跌幅满足。

自88.24元高点至65.15元低点，共跌23.09元。

高点70.64元－23.09元＝等幅计算的跌幅满足47.55元。

晶电8月达跌幅满足附近企稳筑底反弹（最低47.09元），累积反弹幅度约七成，1年多后又再度破底。

◆ 操作方式：

晶电2011年4月19日带量翻黑破线头部确立空单进场，约可空在95.5元，停损设在99.5元，也就是站回线上时，风险约4.2%，7月8日破线跌破前低空单加码，约可空在75元，停损设在79元，也就是站回线上时，风险约5.3%，达跌幅满足，空单获利了结，可获利25%～50%。

同样地，让我们来看看晶电的周线。

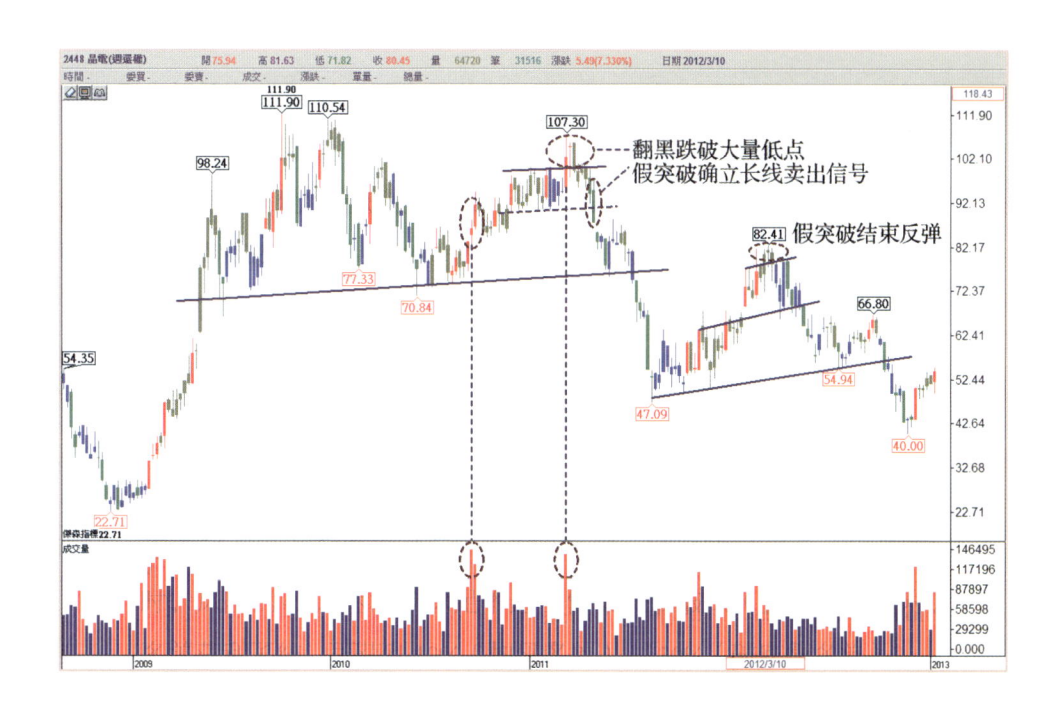

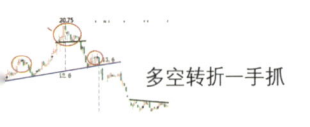

➡ **重点提示**：假突破。

　　晶电周线跌破大量低点，假突破确立长线卖出信号的位置，便是对应上述日线同期假突破的位置，也可明显看出2009年的明星产业题材晶电大涨将近四倍后，处于高档风险区。

◆ **观察重点**：

　　假突破后约2年的大头也逐渐成形，随后因产业跨入门槛低竞争激烈而进入获利快速衰退的空头结构，量价结构反应基本面的情况，107.3元高点大跌至47.09元后的反弹，也在假突破后结束再陷长空格局，高点与低点皆越来越低，反映了产业窘境。

（八）1993-2011微软月线

技术篇 **1**

➡ **重点提示**：假突破、破底翻。

微软月线自1993年8月低点2.2美元至1999年12月高点59.97美元，累计飙涨约26倍，6年多的大多头行情在2000年2月跌回突破的颈线以下，确立了长线卖出信号假突破，股价大幅回跌至2000年12月低点20.12美元，才出现反弹波。

◆ **观察重点**：

股价长期横盘至2007年10月才做突破颈线动作，但四个月后又跌回突破的颈线以下再次出现假突破卖出信号，随后便一路盘跌走空至2009年3月最低点14.87美元，累计跌幅达约60%股价，超过腰斩。

股价见低点三个月后，同年2009年6月翻回颈线之上破底翻确立，也确立了长空数年以来的企稳信号，随后3年多股价维持在颈线支撑21美元以上长期整理。

◆ **操作方式**：

微软1999年以前，可说是科技类的当红炸子鸡，只是再好的产业都逃不过景气循环，时间长短的问题而已，长线技术面假突破及破底翻是较精确掌握景气是否反转的判断方式，当出现假突破信号时长线便应见好就收，等待类似破底翻的企稳信号，才做介入设好停损等待。

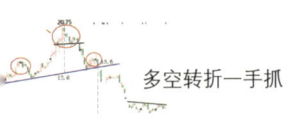

八、头肩顶跌幅满足计算：空单进场信号

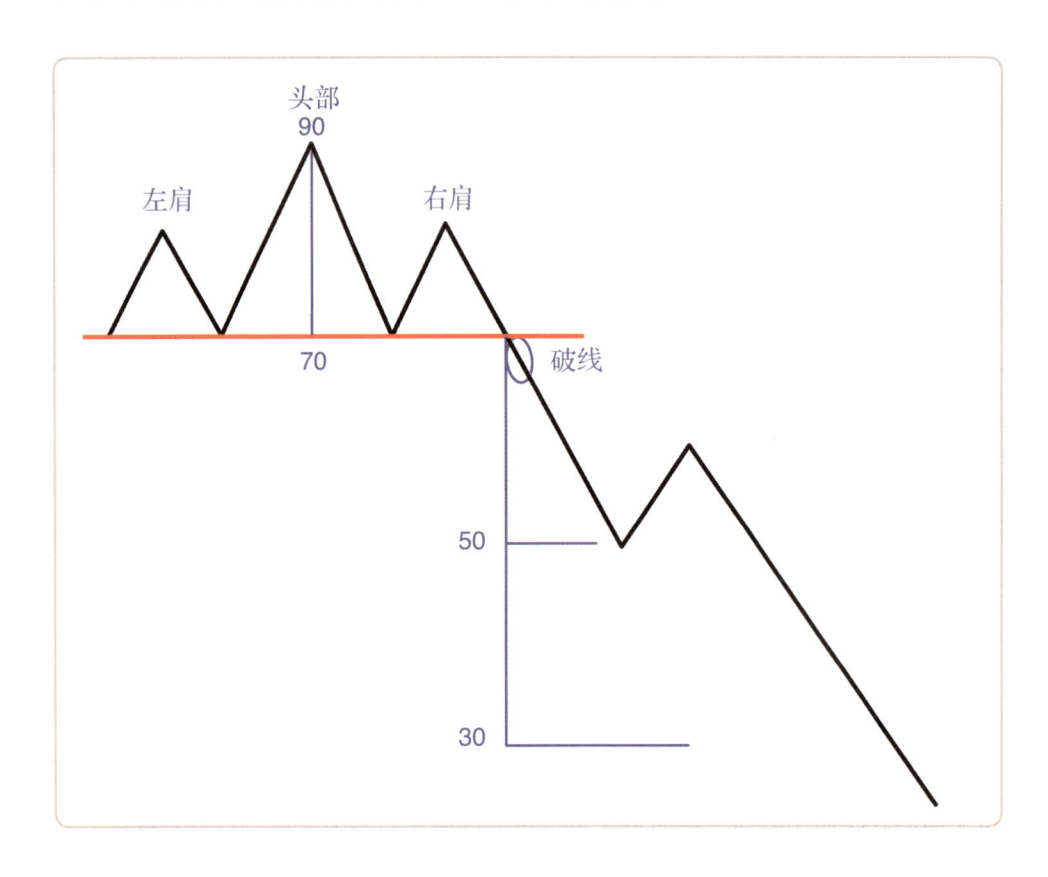

◆ 内容说明：

如同W底与M头的反向关系，头肩顶是头肩底的反向关系。

如图示我们可以观察到：

❶ 头部高点90至颈线位置70（颈线假设为平行线）距离20。

❷ 跌破平行的颈线位置70-20＝等幅计算的跌幅满足50。

❸ 若需再计算第二波跌幅满足，第一波跌幅满足点50-20＝等幅计算的跌幅满足30。

◆ **操作方式：**

　　跌破颈线时，空单进场，如空在69附近，停损设5% ~ 7%以内，也是站回颈线之上时，反压站不回，看一至两波的跌幅满足附近，空单获利了结，可获利27% ~ 56%。

MEMO

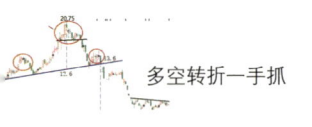

（一）1996-1997日月光日线

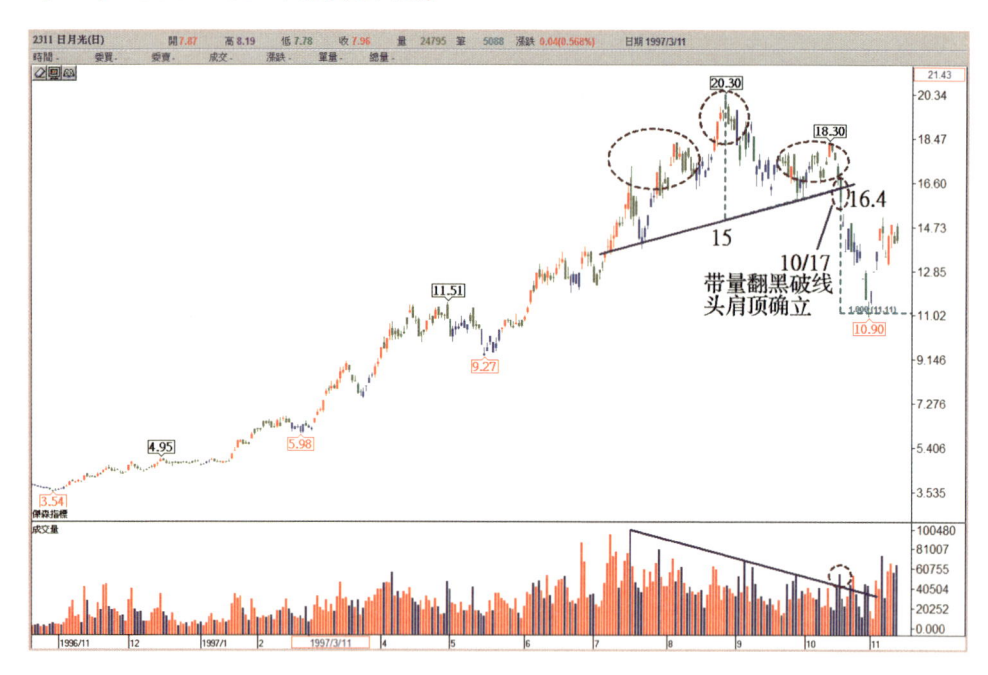

➡ **重点提示**：头肩顶、跌幅满足。

日月光日线1997年10月17日带量翻黑，跌破颈线头肩顶确立，头肩顶的左肩、头部、右肩型态相当完整，破线当日，便可计算跌幅满足。

◆ **观察重点**：

❶ 自头部高点20.3元垂直至颈线位置约在15元附近，距离约5.3元。
❷ 跌破颈线位置约在16.4元附近－5.3元＝等幅计算的跌幅满足11.1元。

日月光同年10月30日达跌幅满足附近（最低10.9元），V型反转打底后回升。

◆ **操作方式**：

跌破颈线时，空单进场可空在16元附近，停损设在16.8元，也就是站上颈线反压，风险约5%，反压站不回，看跌幅满足附近，空单回补获利约30%。

（二）2009–2011中釉周线

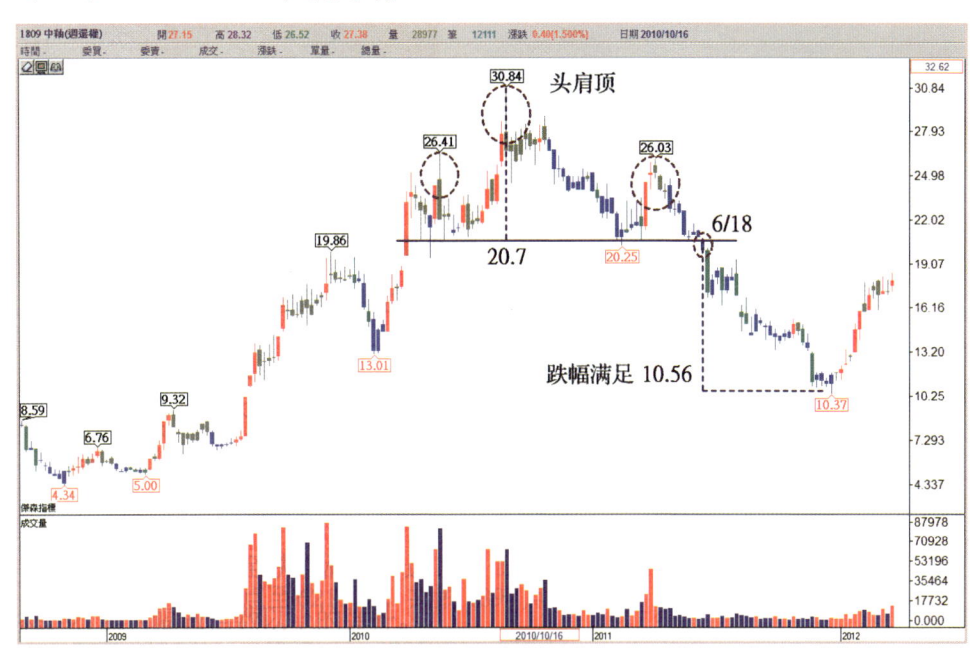

➡ **重点提示：** 头肩顶、跌幅满足。

如图示，2011年6月18日中釉周线，当周跌破颈线，约一年两个月的头肩顶确立，便可计算跌幅满足。

◆ **观察重点：**

❶ 头肩顶高点30.84元至颈线20.7元，距离10.14元。
❷ 跌破颈线的位置20.7元（颈线为平行线）-10.14元＝等幅计算的跌幅满足10.56元。
中釉盘跌至同年底达跌幅满足附近（最低10.37元）企稳反弹。

◆ **操作方式：**

跌破颈线时，进场布空单，可空在20.5元附近，停损设在2周前起跌高点21.7元，风险约6%，反压站不回，达跌幅满足附近，空单回补获利约48%。

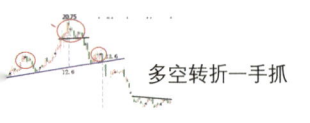

（三）1995-1999营建类指数周线

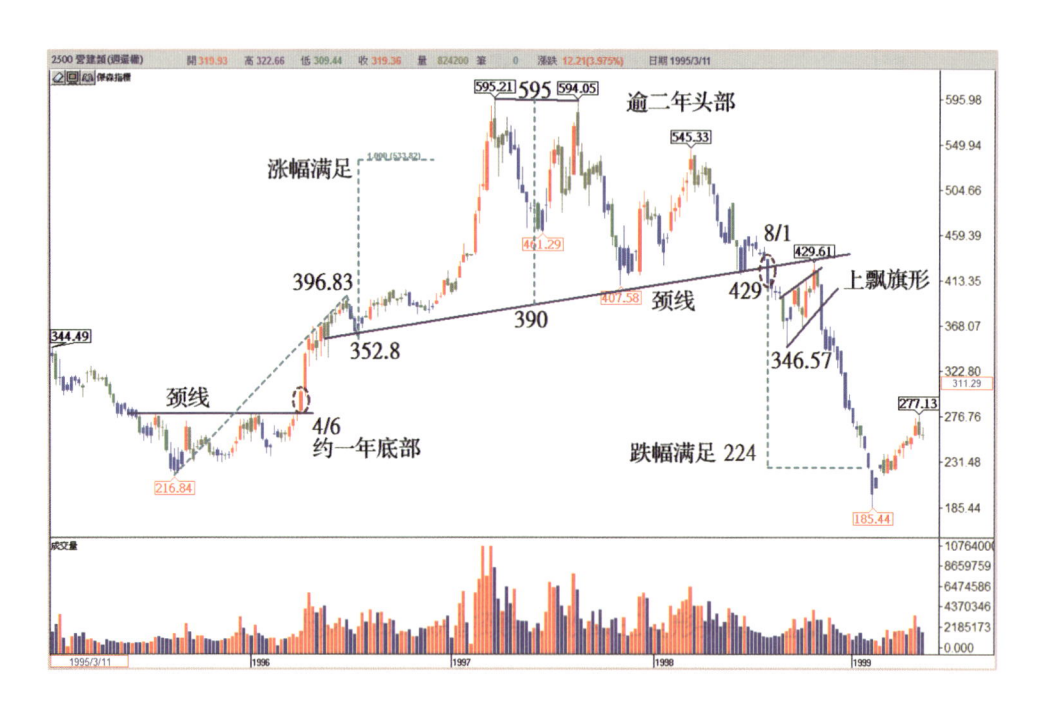

➡ **重点提示**：复合式头肩顶。

营建类指数周线1996年4月6日当周突破颈线，约一年的底部确立（多单进场跌破颈线停损），大涨一波拉回整理后再过前高时，便可计算涨幅满足。

◆ **观察重点一**：

❶ 自216.84低点涨至396.83点，共涨179.99点。

❷ 低点352.8点+179.99点＝等幅计算的涨幅满足532.79点。

◆ **观察重点二**：

营建类指数涨至隔年1997年3月，达波段涨幅满足附近，进入大区间长期

盘头，隔年1998年8月1日当周跌破颈线，逾两年的头部确立，便可计算跌幅满足。（头部有两个高点双头，称为复合式头肩顶）

❶ 自头部两个高点的中间值约595点至颈线位置约390点，距离205点。

❷ 跌破颈线的位置约429点−205点＝等幅计算的跌幅满足224点。

营建类指数盘跌至隔年1999年2月，达跌幅满足附近企稳反弹。

◆ **操作方式（假设此商品可交易）：**

跌破颈线时，空单进场，可空在420点附近，停损设在440点附近，也就是站上颈线反压，风险约5%，反压站不回，看跌幅满足附近，空单回补获利约46%。

> 注
>
> 1. 技术面结构上头部的规模远大于底部的规模，因此容易跌破底部低点。
> 2. 跌破颈线头部完成后的反弹形成上飘旗形（空头中继站），反弹未过颈线，便是技术面所谓的逃命线。

九、假突破（头肩顶）：空单进场信号

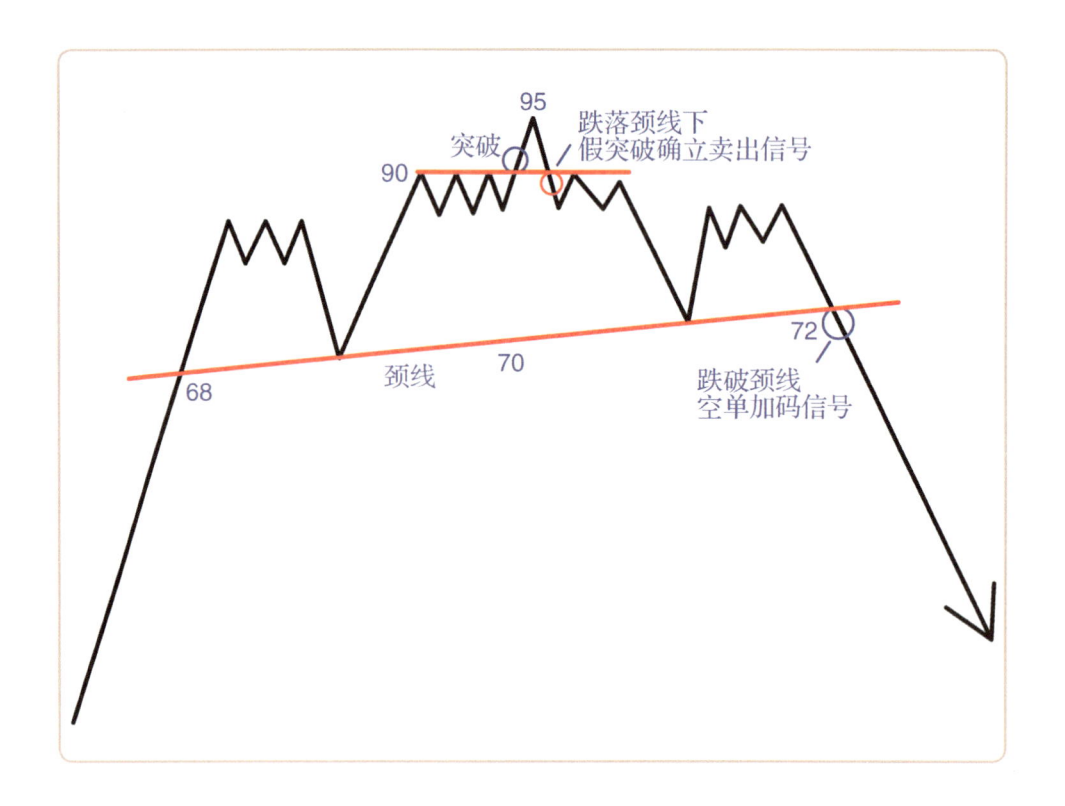

◆ **内容说明：**

　　这是一种头肩顶的假突破结构，通常学习技术分析者大多会在跌破颈线确定头部后，才做放空动作，但是利用假突破的结构，更可进阶判断股价高档转弱而在相对高档布空。

◆ **操作方式：**

　　如图示，高档整理后突破颈线90，随后又回落颈线之下，假突破确立。假突破是一种主力拉高出货的骗线动作，因此随势做空，停损设在颈线反压区90附近（或稍高些），待跌破颈线72确定头部后为空单加码信号，空头看反压，此时反压自90降至头肩顶的颈线72附近，颈线跌破就不能再站回，因此站回颈线，加码的空单停损，假突破高档做空的空单停利，反之颈线未站回，看波段跌幅满足，波段操作小赔大赚。

MEMO

（一）2000-2001华邦电日线

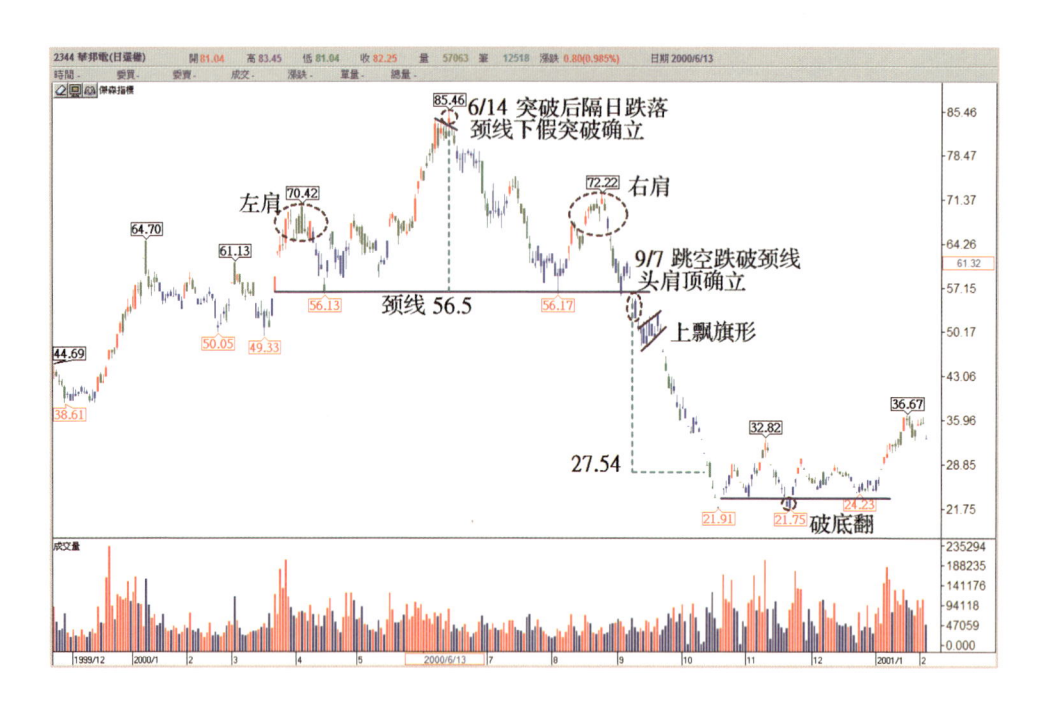

➡ **重点提示**：假突破、头肩顶、跌幅满足。

2000年9月7日华邦电日线跳空跌破颈线头肩顶确立，便能计算跌幅满足。

◆ **观察重点**：

❶ 头部高点85.46元至颈线约在56.5元，距离约28.96元。
❷ 跌破颈线的位置56.5元（颈线为平行线）-28.96元＝等幅计算的跌幅满足27.54元。

华邦电跌至跌幅满足附近大幅震荡（最高32.82元，最低21.75元）后，出现破底翻，确立打底反弹。

◆ 操作方式：

❶ 2000年6月14日突破颈线创新高，隔日立即跌落颈线以下，假突破确立头部空单进场，可空在82.5元附近，停损设在高点85.46元，也是站回线上时，风险3.6%。

❷ 9月7日跌破颈线空单加码，约可空在55元，停损利设在回补缺口，也是站回颈线时的58.6元，风险约6.5%，达跌幅满足附近，空单获利了结，可获利50%（加码空单）~ 66%（假突破空单）。

◆ 小叮咛：

跳空跌破颈线后的追空短线风险较高，若无把握，可先建立空单部位，收盘确定跌破，隔日再做较有把握的加码动作，设好停损点即可。

华邦电日线若再计算第二波跌幅满足，则数字为负值，因此不做计算，且8月出现破底翻的企稳信号，空单只做一波。

大师语录

"谁缺乏耐心，就不要靠近证券市场。"

安德烈·科斯托兰尼（André Kostolany）

（二）2008 大统益日线

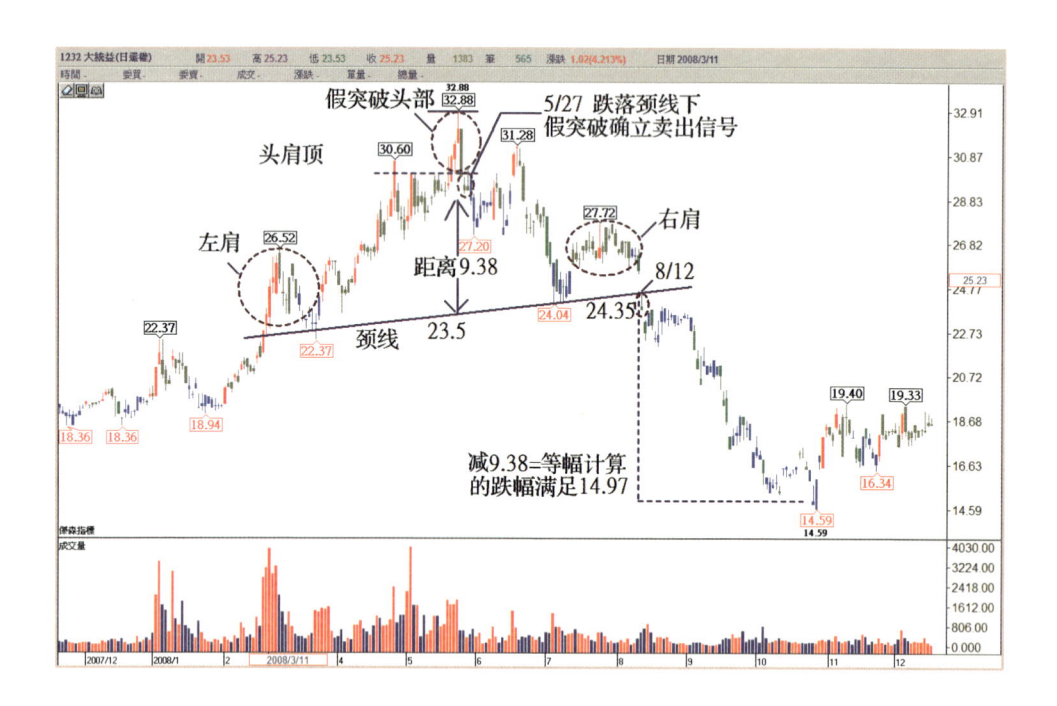

➡ **重点提示**：假突破、头肩顶、跌幅满足。

2008年大统益日线5月27日跌落突破的颈线下，假突破确立卖出信号，8月12日跳空跌破颈线，便可计算跌幅满足。

◆ **观察重点**：

❶ 头部高点32.88元至颈线的位置约在23.5元，距离9.38元。
❷ 跌破颈线的位置约在24.35元－9.38元＝等幅计算的跌幅满足14.97元。

大统益跌至跌幅满足附近（最低14.59元），才出现破底翻企稳。

◆ 操作方式：

❶ 假突破确立卖出信号空单进场，可空在29.6元附近，停损若设在32.88元高点，风险超过10%，太高，可设约7%，在31.6元附近。

❷ 2008年8月12日跌破颈线头肩顶确立，空单加码约可空在23.9元附近，停损设在25.5元，风险约6.5%，达波段跌幅满足附近，空单获利了结，可获利37%（加码空单）~ 49%（假突破空单）。

◆ 小叮咛：

大统益日线属于非常完整的头肩顶型态，通常这类型态大多会有两波段跌幅满足，但若再计算第二波跌幅满足仅剩5.59元，这严重背离了该股的基本面，再者，约五个月的头部，跌破颈线后，盘跌的时间也达约两个半月，时间已足够，所以这是技术面只做一波的主要考量。

大师语录

"如果操作过量，即使对市场判断正确，仍会一败涂地。"

乔治·索罗斯（George Soros）

（三）2010-2011塑胶类日线

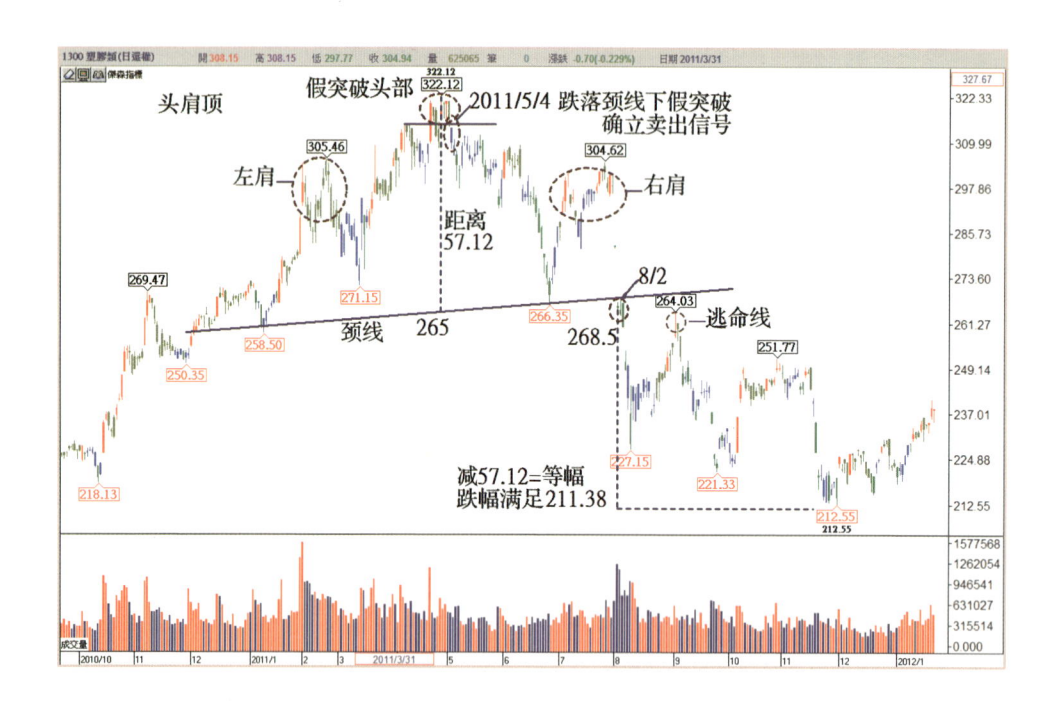

➡ **重点提示**：头肩顶、假突破、跌幅满足。

塑胶类日线2011年5月4日跌落颈线下，假突破确立卖出信号，8月2日跳空跌破颈线头肩顶确立，便能计算跌幅满足。

◆ **观察重点**：

❶ 头部高点322.12点至颈线位置约265点，距离57.12点。
❷ 跌破颈线的位置约268.5点-57.12点＝等幅计算的跌幅满足211.38点。

塑胶类指数跌至跌幅满足附近（最低212.55点），才企稳打底反弹。

◆ **操作方式（假设此商品可交易）：**

❶ 2011年5月4日跌落颈线下，且在跌破4月21日带量长红突破颈线的低点（309.54点）时，确定假突破进场做空，可空在309点附近，停损设在高点322.12点，风险约4%。

❷ 8月2日跳空跌破颈线，头肩顶确立空单加码，可空在266点附近，停损设在前一天收盘补空的位置，也就是补空点282点，风险约6%，达跌幅满足附近，空单获利了结，为18%（加码空单）~ 30%（假突破空单）。

◆ **小叮咛：**

❶ 跌破颈线头部完成的时候，经常会有回测颈线的动作，这个动作就叫做"逃命线"，如塑胶类日线跌破颈线头肩顶确立后，自227.15低点拉高回测颈线的高点264.03点，这个动作就是技术面所提的逃命线。

❷ 当类股指数转弱确立时，可以这类族群中的弱势股布空为主。

大师语录

"摊平是一种可能造成严重亏损的业余策略。"

威廉·欧尼尔（William O'Neil）

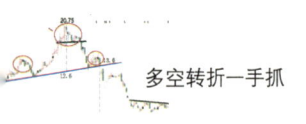

十、头肩底涨幅满足计算：多头买进信号

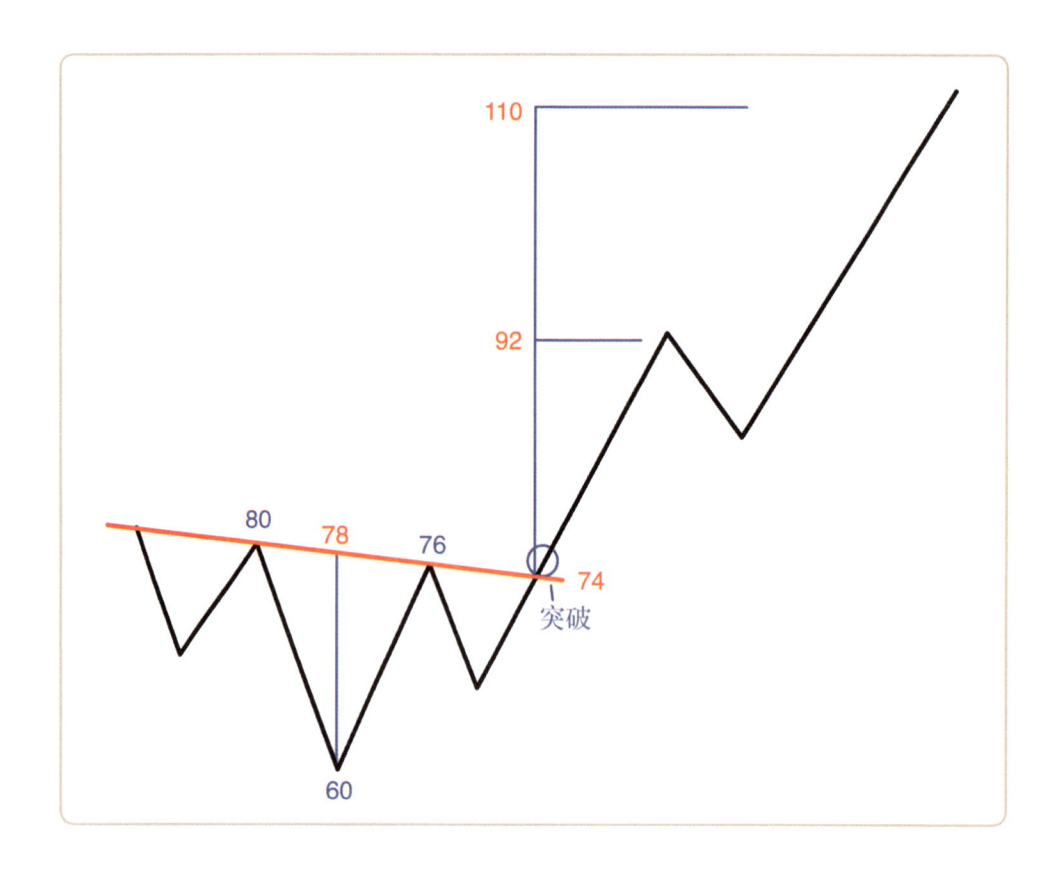

◆ 内容说明：

如图示，我们可以观察到，

❶ 低点到颈线的距离＝突破颈线后的距离。

❷ 头肩底低点60至颈线位置78距离＝18。

❸ 突破颈线的位置74+18＝等幅计算的涨幅满足92。

❹ 若需再计算第二波涨幅满足，第一波涨幅满足点92+18＝等幅计算的涨幅满足110。

◆**操作方式**：

突破颈线时多单进场，如买在75附近，停损设在5%～7%，也是跌破颈线时，颈线不破，达一至两波涨幅满足时，多单获利了结，可获利22%～46%。

MEMO

（一）1998-2000东元日线

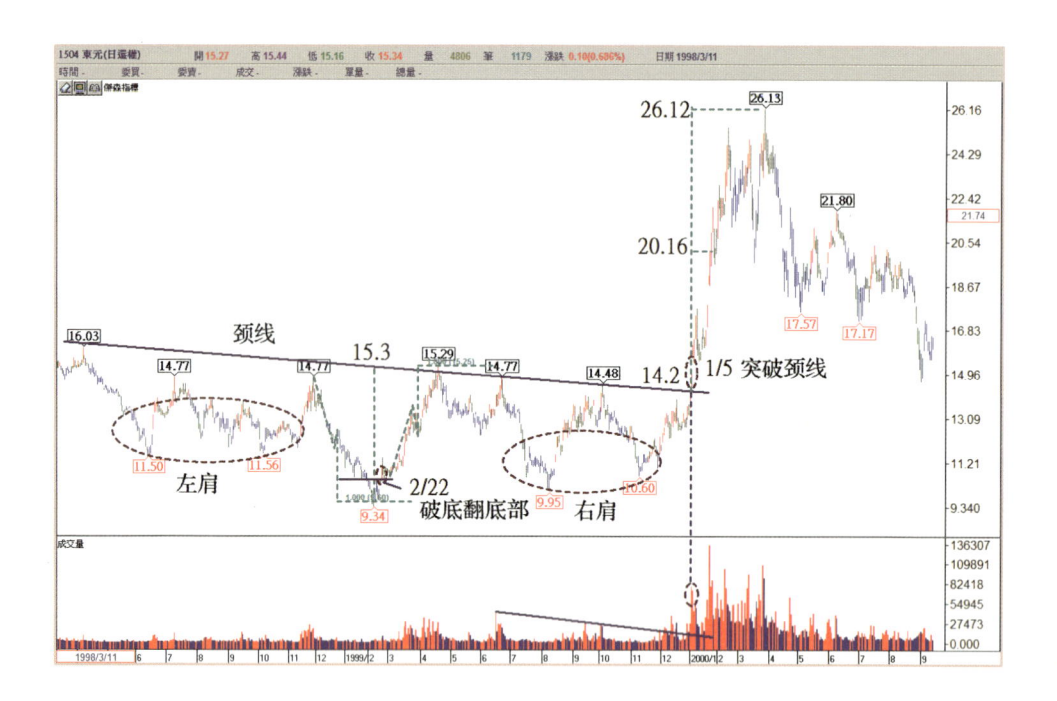

➡ **重点提示**：头肩底、破底翻、涨幅满足。

东元日线1999年2月22日，破底翻底部确立，2000年1月5日带量跳空突破颈线，头肩底确立，便能计算涨幅满足。

◆ 观察重点一：

❶ 底部9.34元至颈线约在15.3元，距离5.96元。
❷ 突破颈线的位置约在14.2元+5.96元＝等幅计算的涨幅满足20.16元。

东元达第一波涨幅满足附近，仅做短线震荡，便持续盘涨，以东元长达逾一年半以上的底部规模仅涨半个多月，便达首波涨幅满足，因此，可续看第二波涨幅满足。

◆ **观察重点二：**

第二波涨幅满足计算：

第一波涨幅满足 20.16 元 +5.96 元＝等幅计算的第二波涨幅满足 26.12 元。

东元达第二波涨幅满足附近（最高 26.13 元），便大幅拉回。

◆ **操作方式：**

❶ 1999 年 2 月 22 日破底翻，多单进场，可买在 10.9 元附近，停损若设在 9.34 元低点，风险超过 10% 太高，可设在 10.2 元附近，也就是再度破线确立时，风险 6.5%。

❷ 2000 年 1 月 5 日带量跳空，突破颈线，头肩底确立，多单加码，可买在 14.6 元附近，停损设在跌破 14.1 元，也就是补空跌落线下时，风险约 3.4%，达两波段涨幅满足，多单获利了结，可获利 78%（加码多单）~ 140%（破底翻买单）。

大师语录

"我更关心的是，怎么控制失利状况。要学会接受亏损。想赚钱，最重要的就是不能让亏损失控。"

马蒂·史华兹（Marty Schwartz）

（二）2008-2009蓝天日线

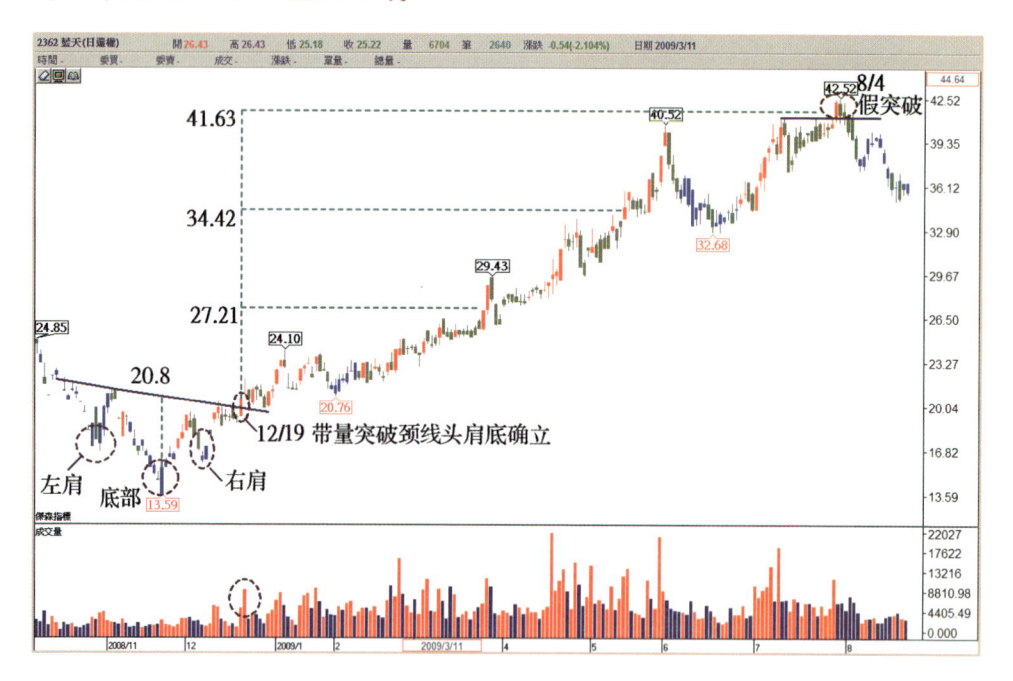

➡ **重点提示**：头肩底、涨幅满足、假突破。

2008年12月19日蓝天带量突破颈线，头肩底确立，便能计算涨幅满足。

◆ 观察重点一：

❶ 底部低点13.59元至颈线约在20.8元，距离约7.21元。

❷ 突破颈线的位置约在20元+7.21元＝等幅计算的涨幅满足27.21元。

蓝天达涨幅满足附近（最高29.43元）快速急回2日，便持续盘涨。

◆ 观察重点二：

第二波涨幅满足计算：

第一波涨幅满足27.21元+7.21元＝等幅计算的第二波涨幅满足34.42元。

蓝天达第二波涨幅满足短线整理后，虽超涨仍进入大幅震荡（最高40.52元，最低32.68元）。

◆ **观察重点三：**

第三波涨幅满足计算：
第二波涨幅满足34.42元+7.21元＝等幅计算的第三波涨幅满足41.63元。

蓝天达第三波涨幅满足附近后（最高42.52元），才出现假突破，进入长期震荡整理。

◆ **操作方式：**

2008年12月19日带量突破颈线多单进场，可买在20.4元附近（突破关前整理区的近期高点20.34元，确定突破时），停损设在当日带量长红低点19.26元，也是跌落线下时，风险约5.6%。通常达两波涨幅满足，便获利了结约68%，若达第三波涨幅满足后，2009年8月4日出现假突破，确定卖出信号，获利了结约96%。

大师语录

"我有认错的勇气。当我一发现犯错，马上改正，这对我的事业十分有帮助。"

乔治·索罗斯（George Soros）

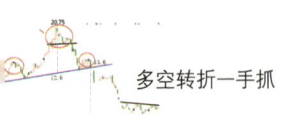

（三）2010 扬明光日线

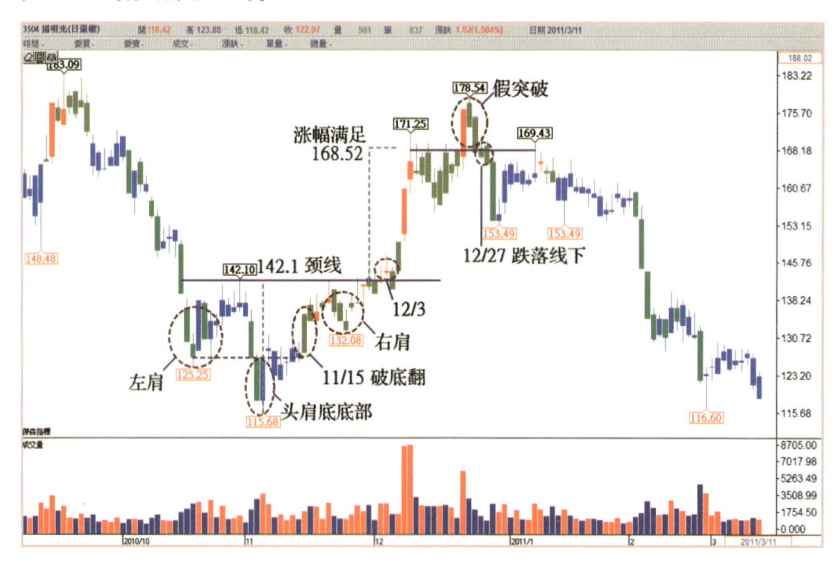

➡ **重点提示**：破底翻、头肩底、涨幅满足。

扬明光日线2010年11月3日破底，11月15日拉回破底的颈线之上，破底翻确立，12月3日突破颈线头肩底确立，便可计算涨幅满足。

◆ **观察重点**：

❶ 颈线142.1元（颈线为平行线）至底部低点115.68元，距离26.42元。

❷ 突破颈线的位置142.1元+26.42元＝等幅计算的涨幅满足168.52元。

扬明光喷出急涨3日，便达涨幅满足附近（最高171.25元）拉回，维持高档震荡整理，12月22日长红突破再创新高后第三个交易日12月27日，便跌落线下，假突破确立，也确立扬明光技术面只涨一波，盘头的规模与盘底的规模相当。

◆ **操作方式**：

2010年11月15日破底翻确立，买进多单，可买在135元附近，停损设在支撑127元附近，风险约6%。12月3日突破颈线多单加码，可买在143元附近，停损设在137元，也是跌落线下时，风险约4%，达涨幅满足附近后的12月27日跌落线下，假突破确立，无第二波行情时，多单获利了结，可获利17%（加码多单）~25%（破底翻多单）。

（四）2011-2012广宇日线

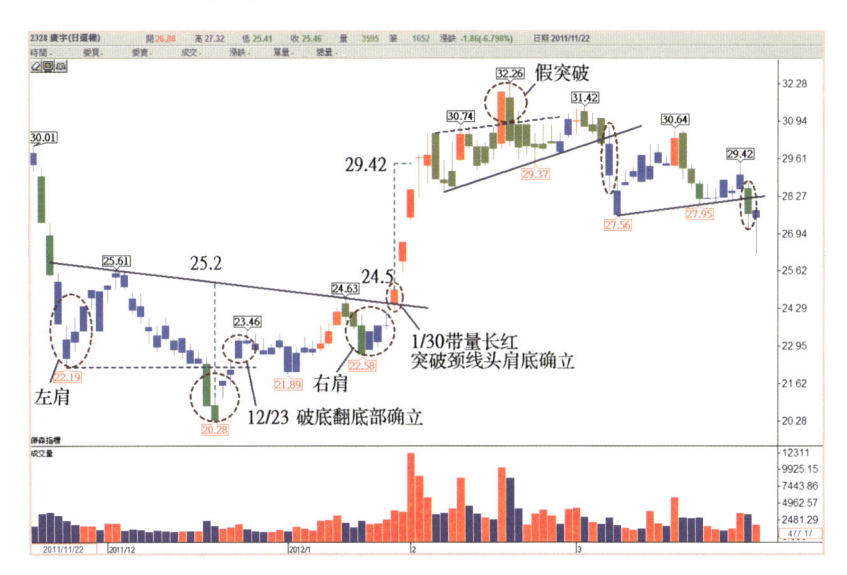

➡ **重点提示**：破底翻、头肩底、涨幅满足、假突破。

2012年1月30日广宇日线带量跳空长红突破颈线，便可计算涨幅满足。

◆ **观察重点**：

❶ 底部低点20.28元至颈线约在25.2元，距离约4.92元。

❷ 突破颈线的位置约在24.5元＋4.92元＝等幅计算的涨幅满足29.42元。

广宇达涨幅满足附近（最高32.26元）震荡整理，而高档震荡续创新高后，立即回跌出现假突破，且破线后整理的时间过长与底部的规模相当，因此只看一波。

◆ **操作方式**：

❶ 2011年12月23日破底翻底部确立（突破长黑高点）多单进场，可买在22.6元附近，停损设在21.5元，也是再度跌落线下时，风险约5%。

❷ 2012年1月30日突破颈线头肩底确立多单加码，可买在24.7元附近（越过前高24.63元确定突破时），停损设在前一日收盘24.14元，也是跌落线下时，风险约4%，达涨幅满足附近至假突破后破线（在涨幅满足附近），多单获利了结，可获利19%（加码多单）～30%（破底翻多单）。

十一、收敛三角形头部跌幅满足计算：空单进场信号

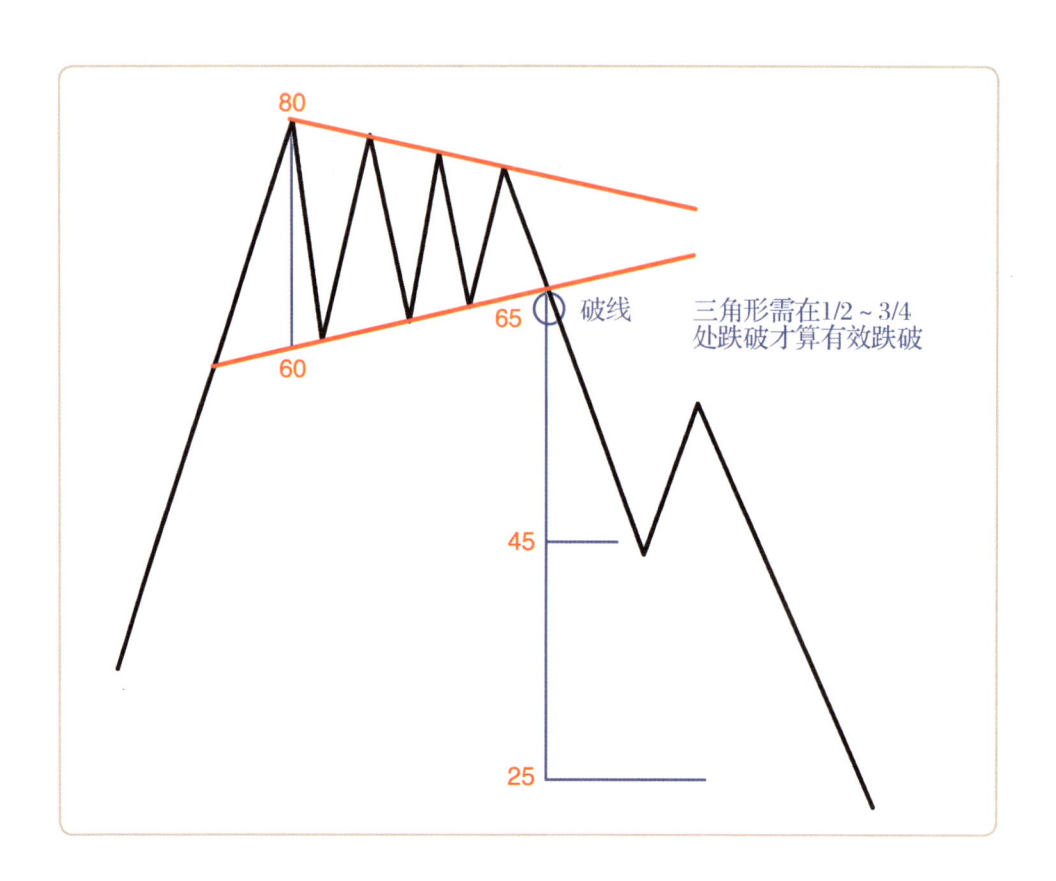

◆ **内容说明：**

三角形头部为三角形底部的反向结构。收敛三角形头部的颈线跌破是一种做空信号。

观察上图，我们可以发现收敛三角形需在1/2 ~ 3/4处跌破才算有效跌破，整理至越尾端的跌破，越容易产生失败，出现反方向的走势。

如图示，跌破收敛三角形下缘颈线后，便能计算跌幅满足。

三角形计算方式：
❶边长＝跌破后的等长。
❷以高点80作计算至60的边长＝20。
❸破线处65-20＝等幅计算的跌幅满足45。
❹若需再计算第二波跌幅满足：第一波跌幅满足45-20＝等幅计算的第二波跌幅满足25。

◆操作方式：

跌破收敛三角形下缘，头部确立空单进场约可空在64，停损设在5%～7%，也是站回颈线之上时，颈线反压站不回，则达一至两波跌幅满足附近，空单获利了结，可获利29%～60%。

MEMO

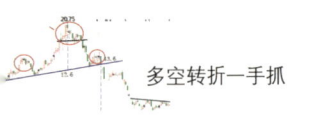

（一）2002仁宝日线

➡ **重点提示**：收敛三角形头部、跌幅满足、异常量。

2002年5月2日仁宝日线跌破颈线，收敛三角形头部确立，便可计算跌幅满足。注意3月22日及4月24日出现的大量，价未过前高，但却出现突发性最大量属异常量。在5月2日破线后这两日的异常量确立，也更确立头部的结构。

◆ **观察重点**：

❶ 三角形边长高点17.29元至低点约在12.7元，距离约4.59元。
❷ 跌破颈线的位置约在14.9元 –4.59元＝等幅满足计算的跌幅满足10.31元。

◆ **操作方式**：

2002年5月2日带量长黑跌破颈线，空单进场，可空在14.5元附近，停损设在当日长黑高点15.08元，也是站上颈线时，风险约4%，达跌幅满足附近，空单获利了结约29%。

（二）2007-2008台玻日线

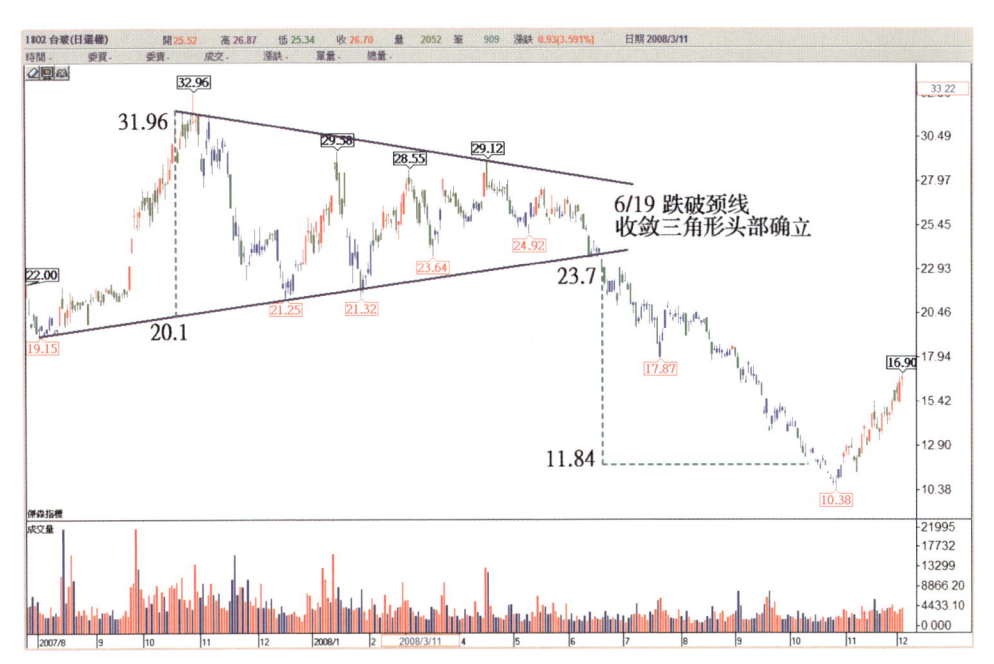

➡ **重点提示**：收敛三角形头部、跌幅满足。

2008年6月19日台玻日线跌破颈线，三角形头部确立便能计算跌幅满足。

◆ **观察重点**：

❶ 三角形边长高点31.96元至低点约在20.1元，距离约11.86元。
❷ 跌破颈线的位置约23.7元－11.86元＝等幅计算的跌幅满足11.84元。
台玻跌至跌幅满足附近（最低10.38元）企稳回升。

◆ **操作方式**：

2008年6月19日跌破颈线，收敛三角形头部确立，空单进场，可空在23.3元附近，停损设前一日高点24.13元，也是站回颈线时，风险约3.6%，达跌幅满足附近，空单获利了结约49%。

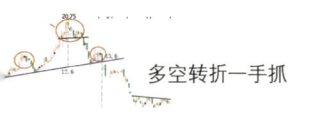

（三）2011扬明光日线

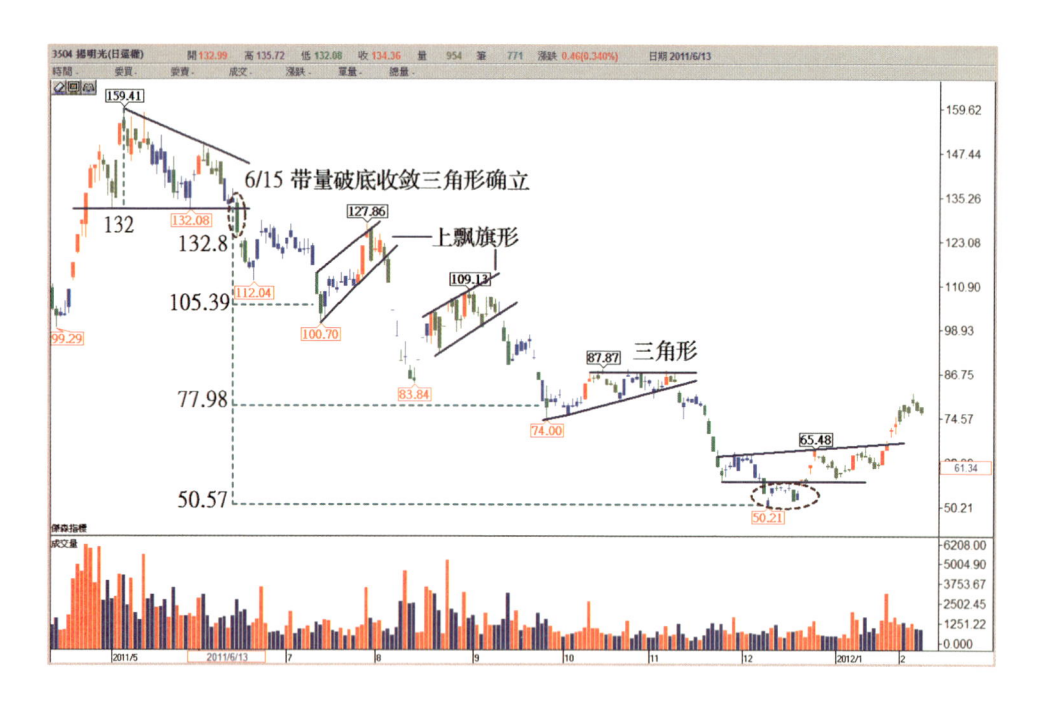

➡ **重点提示**：收敛三角形头部、跌幅满足。

　　扬明光日线2011年6月15日带量破线后，收敛三角形确立，便能计算跌幅满足。这波跌势当中的前两波皆无出现底部结束空头的结构，两次的上飘旗形加上一次弱势整理的三角形，皆是往下破线的空头中继结构，直到第三波才破底翻打出头肩底回升，因此总共计算了三波跌幅满足。

◆ **观察重点：**

第一波跌幅满足：

❶边长的高点159.41元至低点颈线约在132元，距离27.41元。

❷跌破颈线的位置约在132.8元 −27.41元＝等幅计算的跌幅满足105.39元。

扬明光跌至跌幅满足附近（最低100.7元）反弹。

第二波跌幅满足：
❸第一波跌幅满足105.39元－27.41元＝等幅计算的第二波跌幅满足77.98元。

扬明光跌至跌幅满足附近（最低74元），才又一次反弹，但仅是弱势反弹，形成三角形的弱势整理结构，往下跌破线后续算第三波跌幅满足。

第三波跌幅满足：
❹第二波跌幅满足77.98元－27.41元＝等幅计算的第三波跌幅满足50.57元。

扬明光这次跌至跌幅满足附近（最低50.21元）才出现破底翻，结束长空型态，打底大幅做倍数以上的弹升。

◆ **操作方式：**

2011年6月15日带量破线，空单进场，可空在131元附近，停损设在137.5元，也是站回颈线时，风险约5%，达两至三波跌幅满足时，空单获利了结，可获利40%（第二波跌幅满足）～61%（第三波跌幅满足）。（上飘旗形及三角形整理的颈线跌破，也是放空时机）

> **大师语录**
>
> "永远不要孤注一掷。"
>
> 乔治·索罗斯（George Soros）

（四）2009-2010所罗门日线

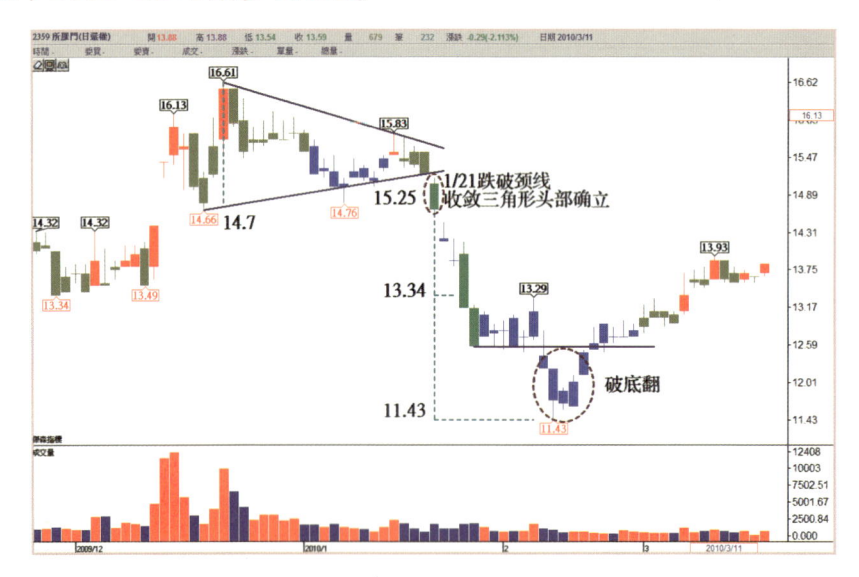

➡ **重点提示**：收敛三角形头部、跌幅满足。

2010年1月21日所罗门日线跌破颈线，收敛三角形头部确立，便能计算跌幅满足。

◆ **观察重点**：

❶ 三角形边长高点16.61元至低点约在14.7元，距离约1.91元。

❷ 跌破颈线的位置约15.25元－1.91元＝等幅计算的跌幅满足13.34元。

❸ 第二波跌幅满足：第一波跌幅满足13.34元－1.91元＝等幅计算的第二波跌幅满足11.43元。

所罗门刚好达第二波跌幅满足点后，破底翻筑底反弹。

◆ **操作方式**：

2010年1月21日跌破颈线，收敛三角形头部确立，空单进场，约可空在14.9元，停损设在站回颈线时的15.4元，风险约3.4%，达两波段跌幅满足附近，空单获利了结约23%。

（五）2011华硕日线

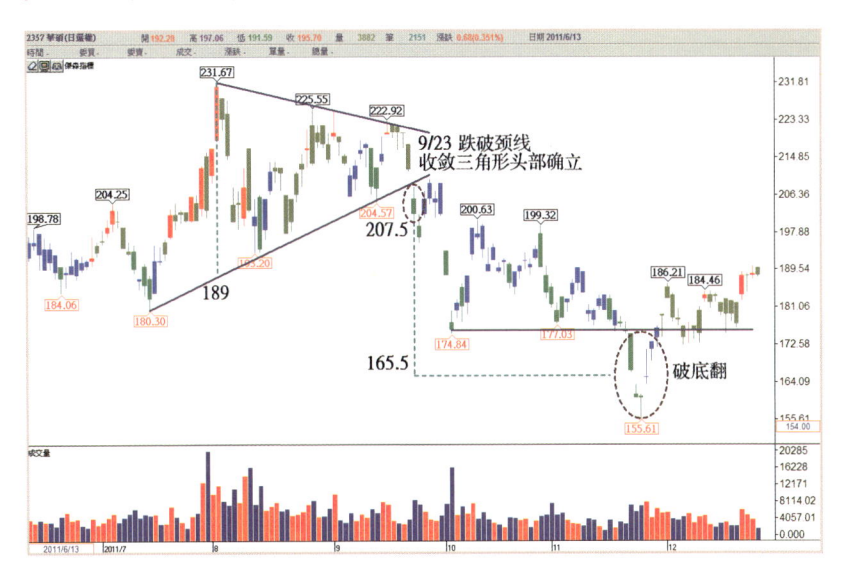

➡重点提示：收敛三角形头部、跌幅满足、破底翻。

2011年9月23日华硕日线，跳空跌破颈线，收敛三角形头部确立，便能计算跌幅满足。

◆观察重点：

❶三角形边长高点231元至低点约在189元，距离约42元。

❷跌破颈线的位置约在207.5元－42元＝等幅计算的跌幅满足165.5元。

华硕跌至跌幅满足附近（最低155.61元），出现破底翻的企稳信号。

◆操作方式：

2011年9月23日跌破颈线，收敛三角形头部确立，空单进场，可空在204.5元附近（跌破前低204.57元破线确立），停损设在211.5元，也是回补跳空缺口站回颈线时，风险约3.4%，达跌幅满足或破底翻时，空单获利了结约19%，且破底翻应翻空为多。

十二、收敛三角形底部涨幅满足计算：多头买进信号

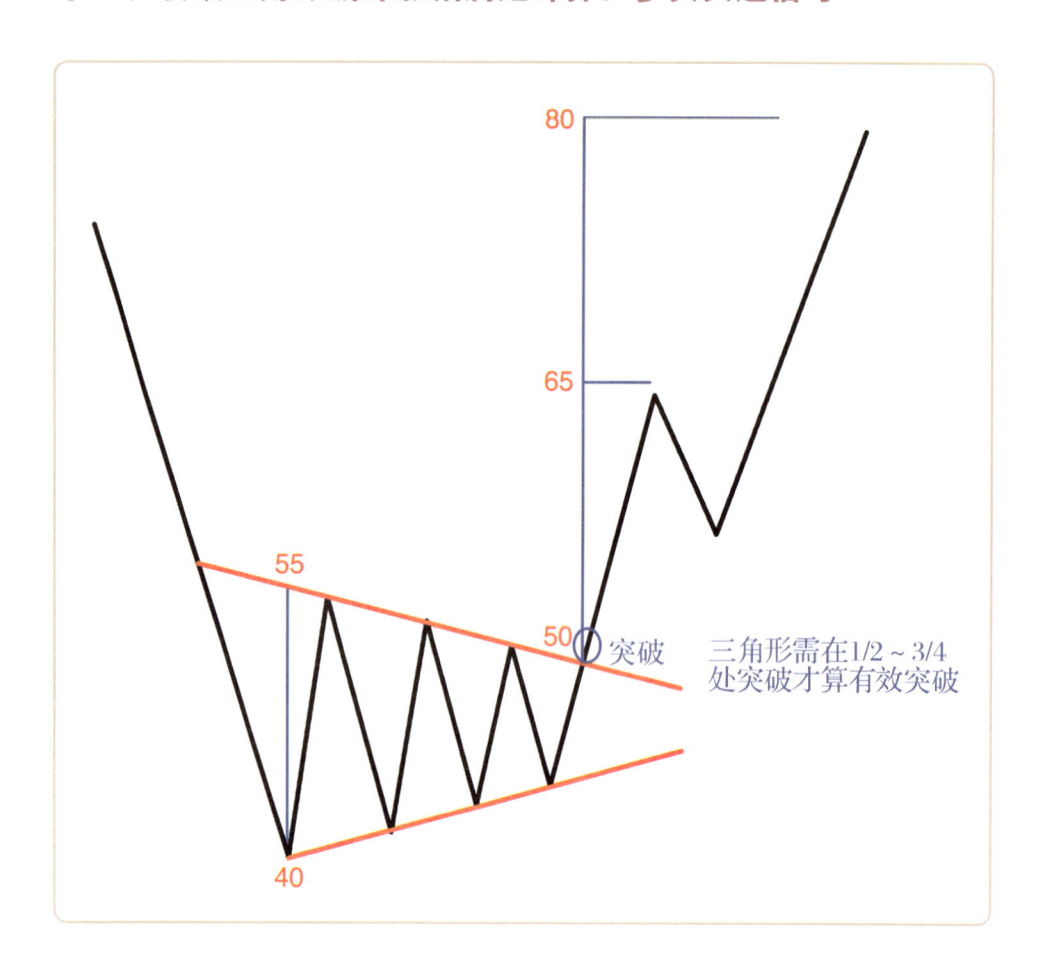

三角形需在1/2～3/4处突破才算有效突破

◆ 内容说明：

前面提过，收敛三角形需在1/2～3/4处突破才算有效突破，整理至越尾端的突破，越容易产生失败，出现反方向的走势。

如图示，突破收敛三角形上缘颈线后，便能计算涨幅满足。

◆ 三角形计算方式：

❶ 边长＝突破后的等长。

❷ 三角形边长以低点40作计算至55边长＝15。

❸ 突破处50+15＝等幅计算的涨幅满足65。

❹ 若需再计算第二波涨幅满足：第一波涨幅满足65+15＝等幅计算的第二波涨幅满足80。

◆ 操作方式：

突破收敛三角形上缘颈线，底部确立多单进场，停损设在5%～7%以内，也是跌落线下时，颈线支撑不破，则看一至两波涨幅满足附近，多单获利了结，可获利30%～60%。

MEMO

（一）1990-1994荣化周线

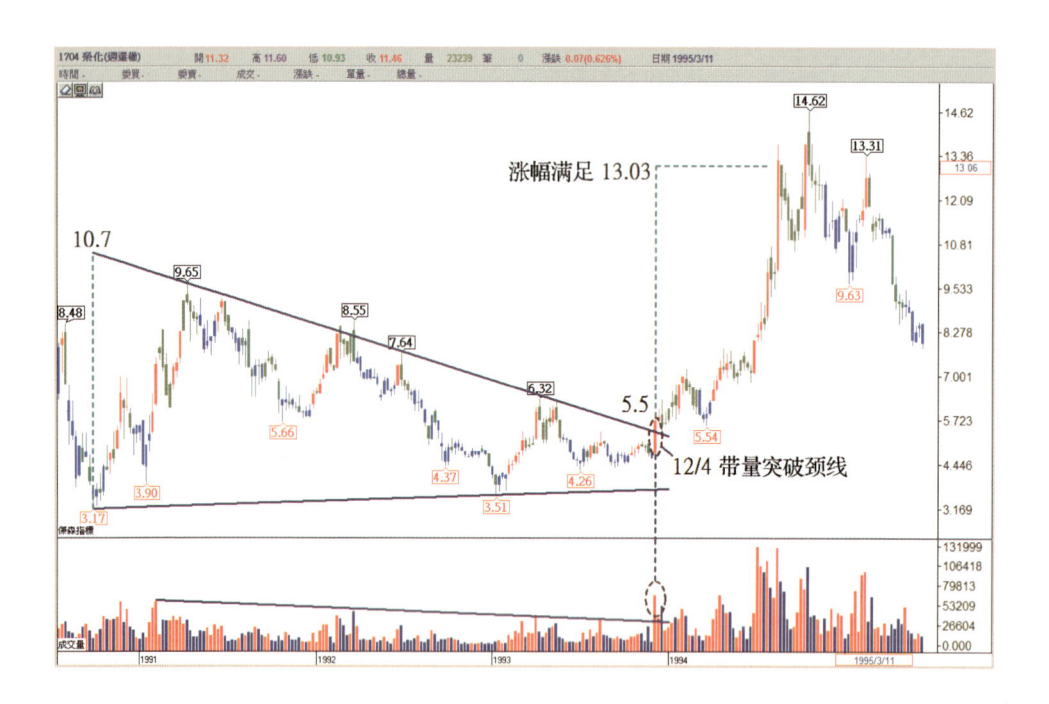

➡ **重点提示：** 收敛三角形、涨幅满足。

荣化周线1993年12月4日带量突破颈线，收敛三角形底部确立，便可计算涨幅满足。

◆ **观察重点：**

❶ 三角形的边长＝突破颈线后的等长。
❷ 低点3.17元至三角形垂直边长高点约在10.7元，距离7.53元。
❸ 突破颈线的位置约在5.5元+7.53元＝等幅计算的涨幅满足13.03元。

荣化盘涨至1994年8月20日当周，进入涨幅满足附近，便开始大区间盘头后大幅回跌。

◆ **操作方式：**

带量突破颈线时多单进场，可买到5.6元附近，跌破颈线设停损，可设破5.3元后，风险不到6%，多头看支撑，支撑不破，看满足，达涨幅满足附近获利约120%，大赚小赔。

◆ **小叮咛：**

❶ 三角形除了收敛三角外，还有正三角形▲与倒三角形▼，通常正三角形为头部型态，倒三角形为底部型态。

❷ 荣化周线虽有正三角形的倾向，但12月4日的带量突破是往上突破，属量先价行的结构，量价结构配合，多头就能够顺利进行。

大师语录

"坚持自己的想法，别人的想法只是别人的，你所能用的只有自己的节奏，所以不要随波逐流。这样你才能在如流的人海中找到一块真正属于自己的领土。"

安德烈·科斯托兰尼（André Kostolany）

（二）2008-2009联电日线

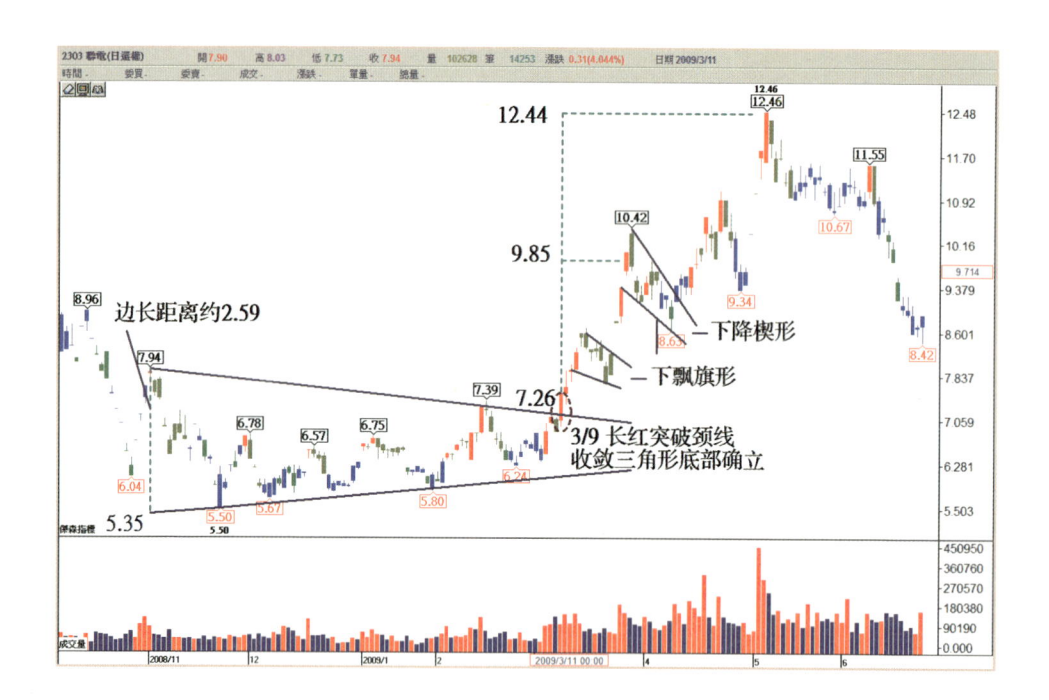

➡ **重点提示**：收敛三角形底部、涨幅满足、下飘旗形。

2009年3月9日联电日线长红突破颈线，收敛三角形确立，便可计算涨幅满足。

◆ **观察重点：**

❶ 三角形边长高点7.94元至低点约在5.35元，距离约2.59元。

❷ 突破颈线的位置约7.26元+2.59元＝等幅计算的涨幅满足9.85元。

联电达第一波涨幅满足附近（最高10.42元），便拉回整理，完成下降楔形越过前高后，便可再计算第二波涨幅满足。

❸第二波涨幅满足计算：

第一波涨幅满足9.85元+2.59元＝等幅计算的第二波涨幅满足12.44元。

联电达第二波涨幅满足附近（最高12.46元），便盘头回跌。

◆ 操作方式：

2009年3月9日长红突破颈线，收敛三角形底部确立，买单进场，可买在7.4元附近，停损设在当日长红低点6.94元，也是跌落线下时，风险约6%，达两波段涨幅满足附近获利了结约68%。

◆ 小叮咛：

3月9日突破的当时，或许没有把握是否为有效突破（有时候会留上影线收盘没过），此时除了看五分钟线或小时线是否带量突破，也可以前高7.39元为依据，突破便确立立刻买进，所以在操作方式会买在7.4元附近，停损也设好，如此风险便已锁定。

> **大师语录**
>
> "不顾市场情况，每天以感情冲动进进出出，是华尔街很多炒手亏钱的主要原因。他们试图像做其他工作一样，每天都能拿一笔钱回家。世界上没有比亏钱更好的老师。当你学习怎么做才不会亏钱时，你开始学习怎么赚钱了。"
>
> 杰西·利佛摩尔（Jesse L. Livermore）

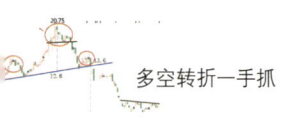

（三）2009 中航周线

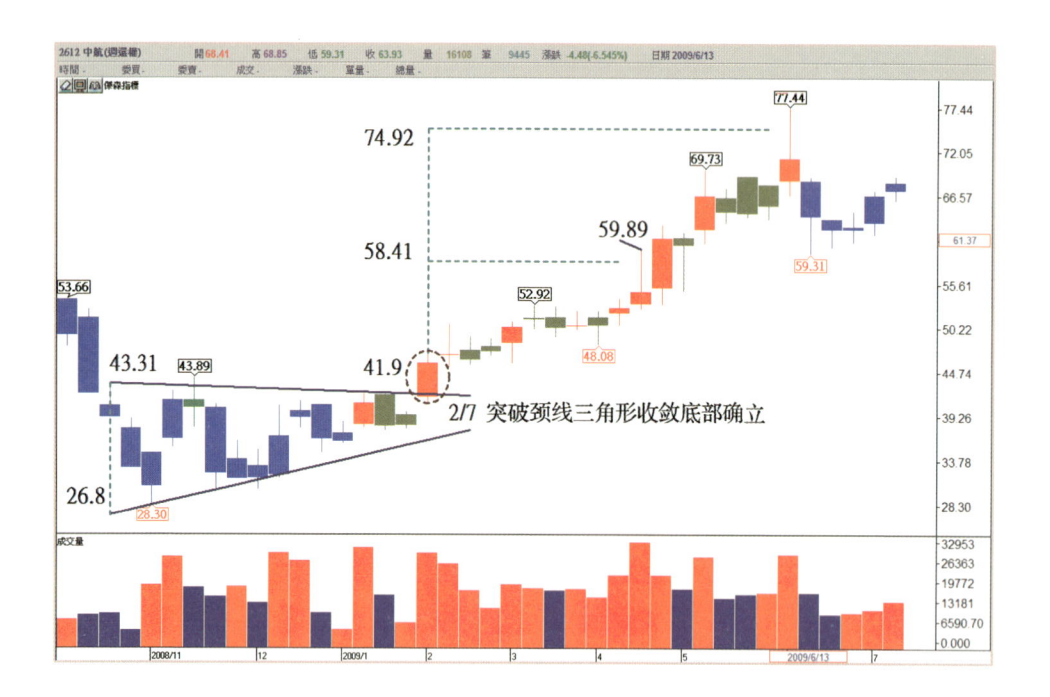

➡ **重点提示**：收敛三角形底部、涨幅满足。

中航周线2009年2月7日当周突破颈线，收敛三角形底部确立，便能计算涨幅满足。

◆ **观察重点：**

❶ 三角形边长高点43.31元至低点约在26.8元，距离约16.51元。
❷ 突破颈线的位置约在41.9元+16.51元＝等幅计算的涨幅满足58.41元。

中航涨至涨幅满足附近（最高59.89元）周线出现长上影线，仅做短线大幅震荡，便再度盘涨，无反转迹象，续看第二波涨幅满足。

❸第二波涨幅满足：

第一波涨幅满足58.41元+16.51元＝等幅计算的第二波涨幅满足74.92元。

中航达第二波涨幅满足附近（最高77.44元），进入长期盘头后反转。

◆ 操作方式：

中航2009年2月7日当周突破颈线，收敛三角形底部确立，买单进场可买在42元附近，停损设在当周带量长红低点40.88元，也是跌落线下时，风险约3%，达两波段涨幅满足，多单获利了结约78%。

◆ 小叮咛：

中航周线的收敛三角形倾向倒三角形，倒三角形大多属于底部的结构，因为上缘为平行，突破后至少近期的上档无压，多头容易进行，尤其是跌深后的底部型态颈线是平行的，突破后大多有相当大的涨幅。

大师语录

"买股票时，需要想像力；卖股票时，需要理智。"

安德烈·科斯托兰尼（André Kostolany）

（四）2011-2012新兴日线

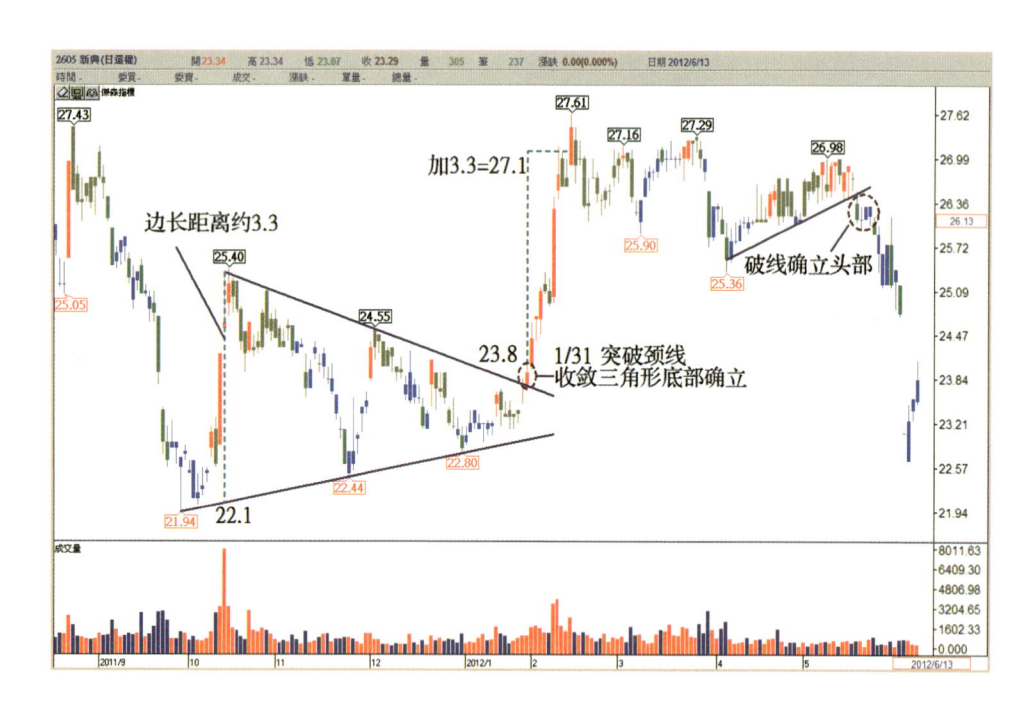

➡️ **重点提示**：收敛三角形底部、涨幅满足。

新兴日线2012年1月31日突破颈线，收敛三角形底部确立，便能计算涨幅满足。

◆ **观察重点**：

❶ 三角形边长25.4元高点减低点约22.1元，距离约3.3元。
❷ 突破颈线的位置约在23.8元+3.3元＝等幅计算的涨幅满足27.1元。

新兴涨至涨幅满足附近（最高27.61元）进入整理，由于整理时间过长未过前高且破线形成头部，因此仅能计算一波涨幅满足。

◆ **操作方式：**

2012年1月31日突破颈线，收敛三角形底部确立，多单进场，可买在23.9元附近，停损设在23.4元，也就是跌落线下时，风险约2%，达涨幅满足附近，多单获利了结约13%。

◆ **小叮咛：**

新兴日线收敛三角形上线颈线徧斜，突破后仍会有压，尤其边长高点，也就是大量高点25.4元为实质压，加上先前的盘跌层层压力，属于非大跌后的底部，相对涨幅便有限，也就是经过大跌后的收敛三角形，才容易有相对大的涨幅。

大师语录

"长期来看，证券市场无法脱离经济。投机者必须仔细观察分析本国的经济形势，当然还必须观察分析世界的经济形势。但要注意，具决定性的不是过去的发展，而是未来的发展。"

安德烈·科斯托兰尼（André Kostolany）

附注：时间波

◆ 内容说明：

时间波的计算与看法，我不记得曾在任何技术分析上看到相关的理论，这是我长期研究观察型态以来，认为对行情判断有相当大的助益，尤其是当时间到达对称时经常会出现变盘，时机非常巧合。主要原因是当结构转好或坏后，大多需要与转好或坏前，也就是左边（前面）整理区大约相同的整理时间来消化卖压，这时便会产生左右对称的结果。

◆ 计算方法：

时间波的计算要在相对高度的整理区。

❶ 若是转空型态（如假突破），对称的时间内通常是非盘即跌。在对称的时间内随时都会跌的状况下，拖过对称的时间过久，才有扭转空头的机会。

❷ 若是翻多型态（如破底翻），对称的时间内通常是非盘即涨。在对称的时间内随时都会涨，拖过对称的时间过久，才有再度转弱的机会。

熟悉后便能事先布局，再配合技术分析，在转折点适时加码。

◆ 举例说明：

（一）2013 华邦电日线

2013年6月7日华邦电跌落线下，假突破确立，此时便能计算出突破前的左边整理区为26天，就表示假突破后右边对称的26天里，属于非盘即跌的风险期，也就是大约26天或以内破线下跌的概率相当高，除非拖过26天后才有以盘代跌的机会（用时间换取空间），结果华邦电在26天内的第二十天翻黑破线完成头肩顶，直到达头肩顶计算的等幅跌幅满足6.56元附近才企稳（最低6.57元），因此在对称的风险期间做空为主，设好停损即可。

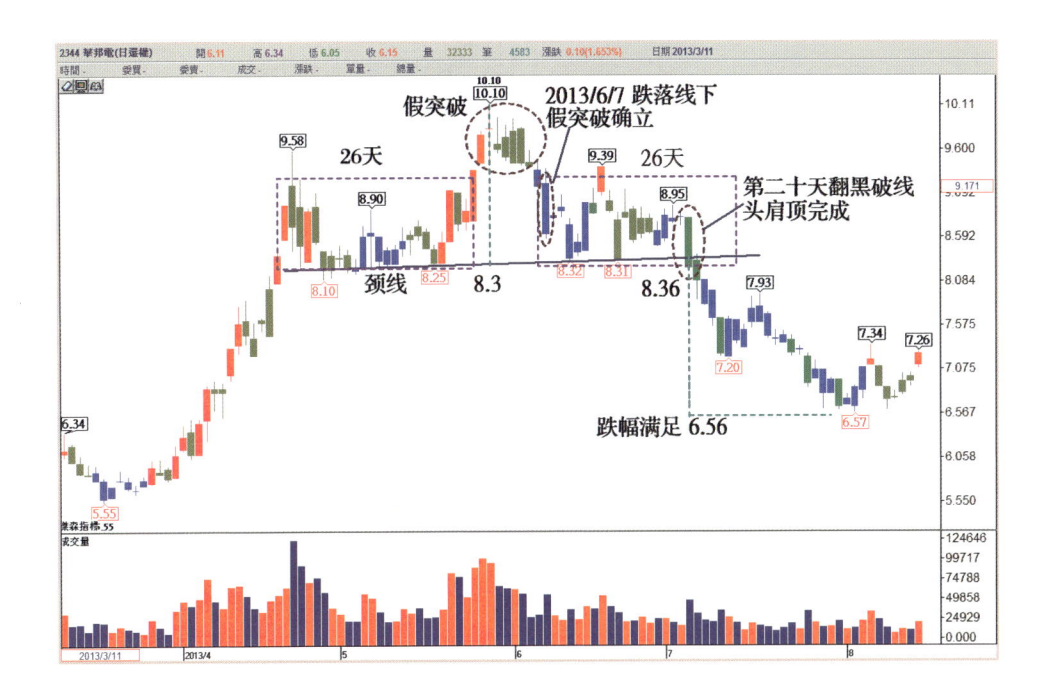

MEMO

（二）2011–2012大盘日线

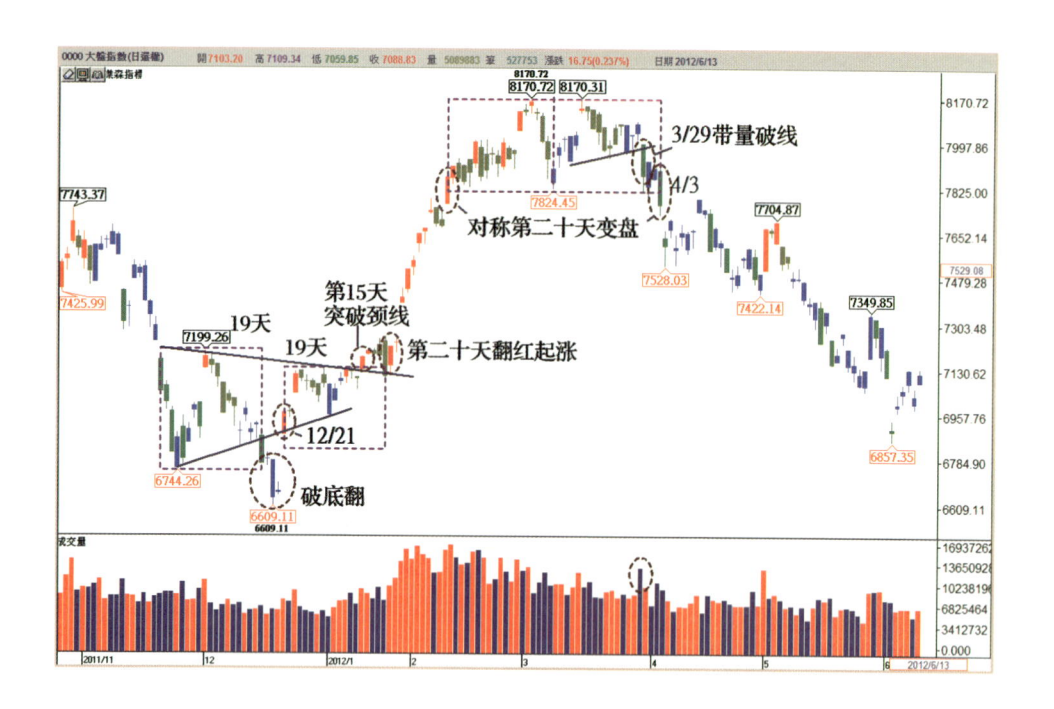

大盘日线2011年12月21日长红站回颈线，破底翻确立，也确立终结当时欧债风暴的空头结构翻空为多，此时便可计算出左边整理区共19天，表示右边也应有对称约19天非盘即涨的多头安全期，也就是说破底翻后的低点6609点不应该会再破的，破了就是判断错误多单停损的时候，结果台股在安全期内的第十五天突破颈线确立底部，更在对称整理的19天后，也就是第二十天，带量翻红，准时变盘，持续滚量上攻大涨。

操作上破底翻时多单进场，停损设在前波整理区低点6744点，风险仅约3%，突破颈线底部确立后，按照头肩底方式计算两波段涨幅满足，或3月29日带量破线转弱确立，波段获利了结即可。

这波底部完成后，上攻的多头波在3月29日带量翻黑破线，转弱确立，4月3日刚好就是左右两边对称的时间波，第二十天准时一日不差地翻黑跌破颈线，完成M头型态，向下变盘，操作上3月29日及4月3日翻黑破线皆为放空时机，站回线上停损，风险皆在2%以内，获利点可按照M头等幅计算两波段跌幅满足，或7422点反弹后再破底时，计算波段跌幅满足即可。

（三）2013法国日线

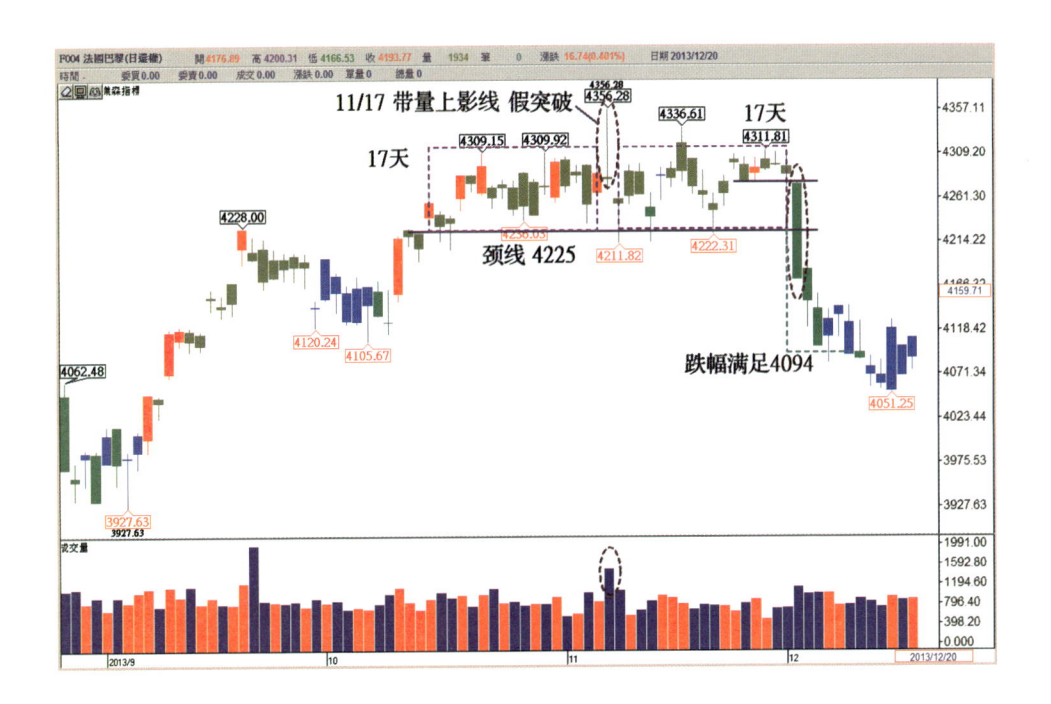

法国股市日线2013年11月17日带量上影线假突破，左边的整理区共17天，表示有对称17天非盘即跌的风险，右边也整理17天后隔日变盘，开盘先跌破6日低点小颈线，再破颈线头肩顶确立，达头肩顶型态计算的跌幅满足4094点附近后，才企稳拉高。

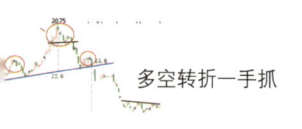

（四）2011大盘周线

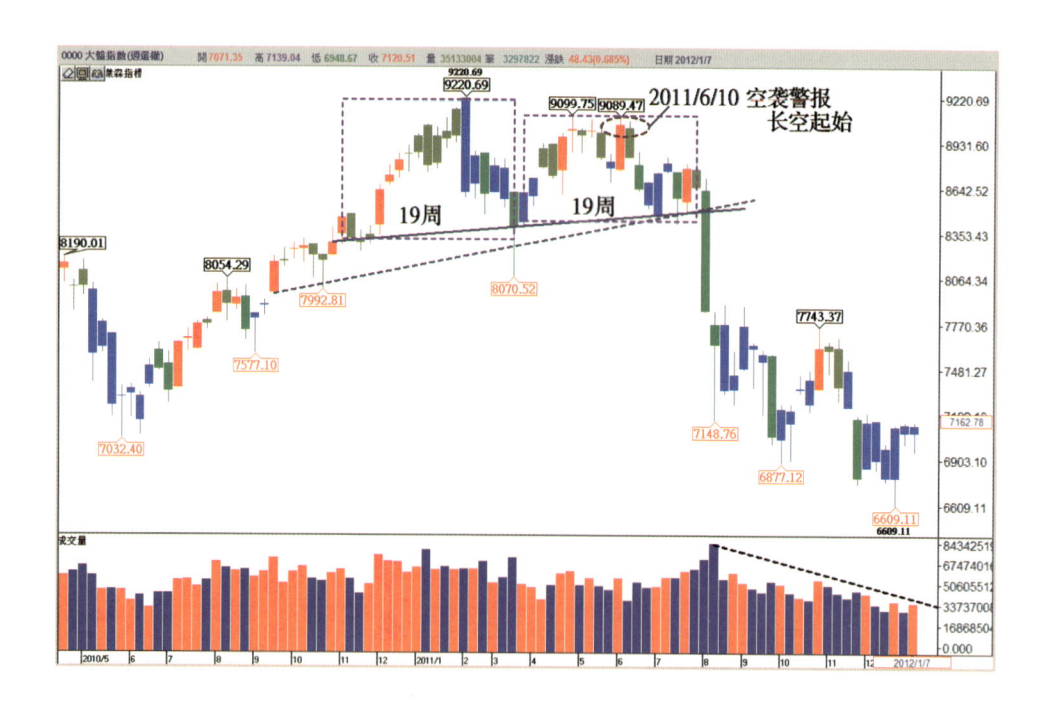

2011年大盘周线M头型态，蓝色虚线为技术分析的M头颈线，但是计算时间波是以相对高度的整理区作对称来计算（深蓝色实线），左边的头整理时间共19周，右边也整理19周后隔周变盘，注意这左边19周整理后无法立即计算右边的对称19周，而是右边配合2011年6月10日判断转空后，在整理接近19周型态完整后才开始计算，提供转折变盘的有效参考。

（五）2011-2012燿华日线

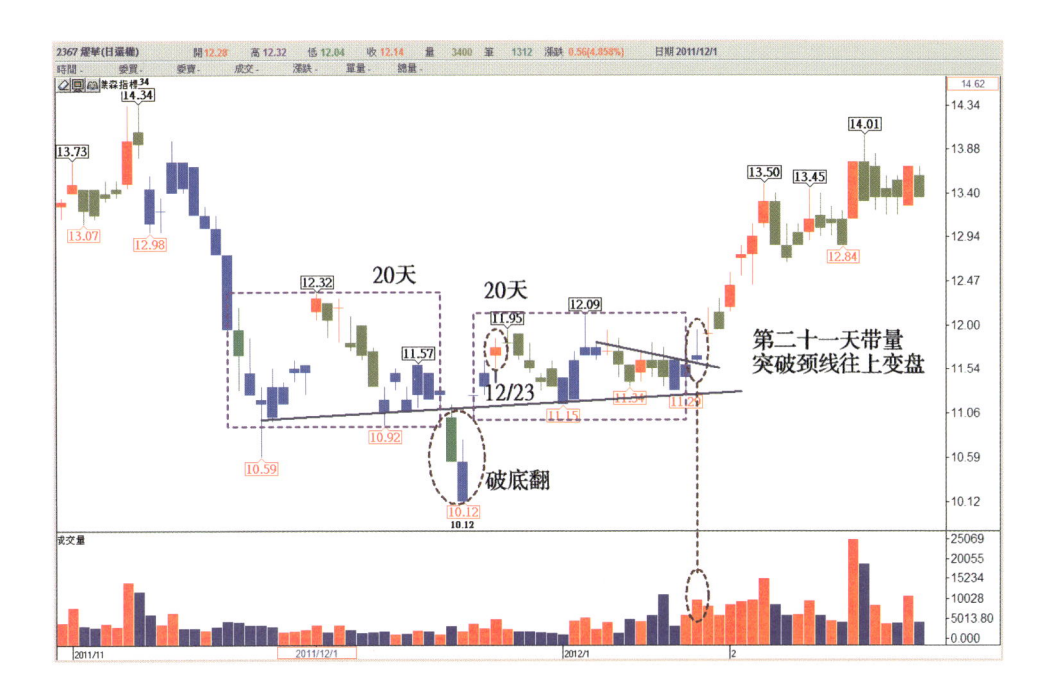

燿华日线2011年12月下旬破底翻企稳确立，此时便可计算出左边的整理期共20天，表示右边也会有对称20天非盘即涨的多头安全期，结果第21天带量突破颈线往上变盘（包括突破三个交易日前疑似带量不涨的高点化解危机），三个交易日后脱离底部区完成头肩底，操作上第21天带量突破颈线变盘时多单进场，停损设在短期整理区低点11.29元，风险不到5%，底部完成时，再计算头肩底的等幅涨幅满足，作为获利点参考即可。

> **大师语录**
>
> "一个人必须相信自己才能在这行生存。我从不接受别人的点子或内幕消息。"
>
> 杰西·利佛摩尔（Jesse L. Livermore）

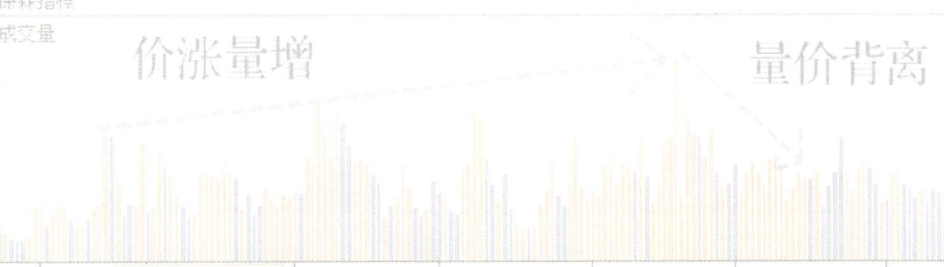

进阶篇

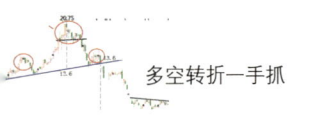

一、大盘

接下来看这十几年来的台股各时期量价结构与型态，只要熟悉技术篇型态结构的方法，应该都不难掌握较大趋势的转折机会。观察大盘，随大盘趋势，操作个股才会有更高的成功率。了解型态、掌握多空趋势才能随势操作，而做期指的大多是短线操作，这是不对的。指数的操作也是必须波段操作，一年可以做的波段没有几次，较大的波段甚至可能少至一两次，问题是做得到的波段趋势利润极为可观，绝对不是短线操作者可以想像的，投资人千万不要尝试短线，那会成为习惯，必败无疑。做短线的，要及时回头戒掉恶习，才有成功的机会。底下几乎是连接每个年份的大盘多空趋势，只要胆大心细，一旦出现难得的转折，无论是多头转折或空头转折，积极介入，严设停损，小赔大赚，一年只要抓到一两次的较大波段转折，便是成功的操作。

（一）1997-1998 台股日线

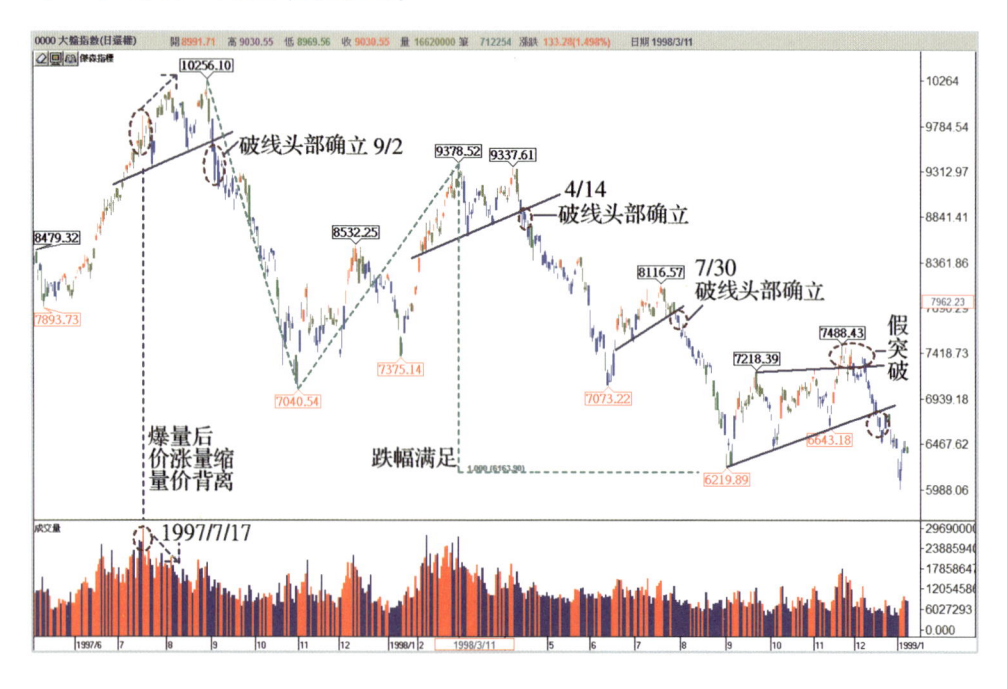

➡ **重点提示**：量价背离、跌幅满足、假突破。

大盘1997年7月17日爆2969亿元天量，技术面爆量后通常都还会有高点，随后价涨量缩量价背离。同年9月2日长黑掼破颈线头部，确立为长线卖出信号（红色虚圈部分，后续的红色虚圈都是反弹后破线头部确立），结束了1995年8月15日4474低点盘底后，长达约2年逾5500点的大多头行情。

◆ **观察重点：**

进入长空后的反弹波至9378高点盘头至1998年4月14日破颈线头部确立，直到跌破前低7040点后，便可计算跌幅满足。

❶ 自10256高点跌至7040低点，共跌3216点。
❷ 高点9378点－3216点＝等幅计算的跌幅满足6162点。

大盘达跌幅满足附近最低6219点企稳反弹，只是约三个月约1200点的缓步反弹，在长线的结构上属于相对弱势反弹，反弹波在假突破后结束，随后跌破颈线再跌一波才见底。

◆ **操作方式：**

❶ 1997年9月2日长黑掼破颈线，头部确立空单进场，可空在9340点附近，突破9650点也就是站回颈线时停损，风险约3.3%（本波可计算头部的等幅跌幅满足，共连跌三波）。
❷ 1998年4月14日破线头部确立空单进场，可空在8735点附近，突破8980点也就是站回颈线时停损，风险约2.8%。
❸ 同年1998年7月30日破线头部确立，空单进场，可空在7780点附近，突破7950点，也就是站回颈线时停损，风险约2.1%，达跌幅满足附近，空单回补获利在20%～34%。

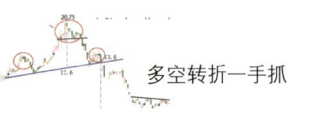

（二）1997-1999台股周线

→ **重点提示**：跌幅满足。

台股1997年8月自高点10256跌至7040点，反弹至9378点，然后回跌破7040点，便能计算跌幅满足。

◆ **观察重点一：**

绿色虚线部分：

❶自10256高点跌至7040点，共跌3216点。

❷高点9378点－3216点＝6162点。

1998年9月台股跌至跌幅满足附近（最低6219点）后进入约两个半月的反弹，反弹虽达1269点（最高11月下旬7488点），但就10256高点累积跌4037点的结构来看仍属相对弱势反弹。

随后同年12月中旬破线，隔一个月1999年1月上旬跌破前低6219点便可计算跌幅满足，这次的跌幅满足有两个高点可供计算。

◆ **观察重点二：**

紫色虚线部分：
❶ 自9378高点至7073点，共跌2305点。
❷ 高点8116点 −2305点 = 5811点。

绿色虚线部分：
❸ 另自8116高点至6219点，共跌1897点。
❹ 高点7488点 −1897点 = 5591点。

台股1999年2月上旬达跌幅满足附近（最低5422点），仅分别停留1−2周便做破底翻结束长空翻多回升。

◆ **操作方式：**

参考前一篇"1997−1998台股日线"，本篇周线作为辅助操作。

> **大师语录**
>
> "多样化只是一种避险的无知。"
>
> 威廉·欧尼尔（William O'Neil）

（三）1998台股日线

➡ **重点提示**：跌幅满足、破底翻。

台股1998年12月上旬假突破后再跌一波，技术面假突破确立通常都会跌破前低（6219点），跌破前低后便能计算跌幅满足。

◆ **观察重点：**

❶ 自8116高点跌至6219低点共跌1897点。

❷ 高点7488点－1897点＝等幅满足计算的跌幅满足5591点。

大盘跌至跌幅满足附近（最低1999年2月5日5422点）企稳，短线整理后连续二个跳空长红，在第二根长红（1999年2月22日）站回5988颈线附近破底翻确立，技术面破底翻确立后通常都会突破前高，盘势随后盘涨突破前高7488点。

◆ 操作方式：

　　破线头部确立时，空单进场，可空在7750点附近，停损设在7830点附近，也就是站回颈线反压，也是翻黑高点，风险仅约1%，反压站不回看跌幅满足附近，空单获利约30%。

◆ 小叮咛：

❶ 本篇连接前文"1997-1998台股日线"，弱势反弹后的假突破接续操作。
❷ 同样也是以前一篇"1997-1999台股周线"做辅助参考操作。
❸ 如同许多例子一样，假突破翻空后，最终以破底翻企稳买进信号结束空头。

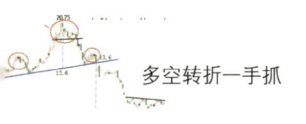

（四）1999台股日线

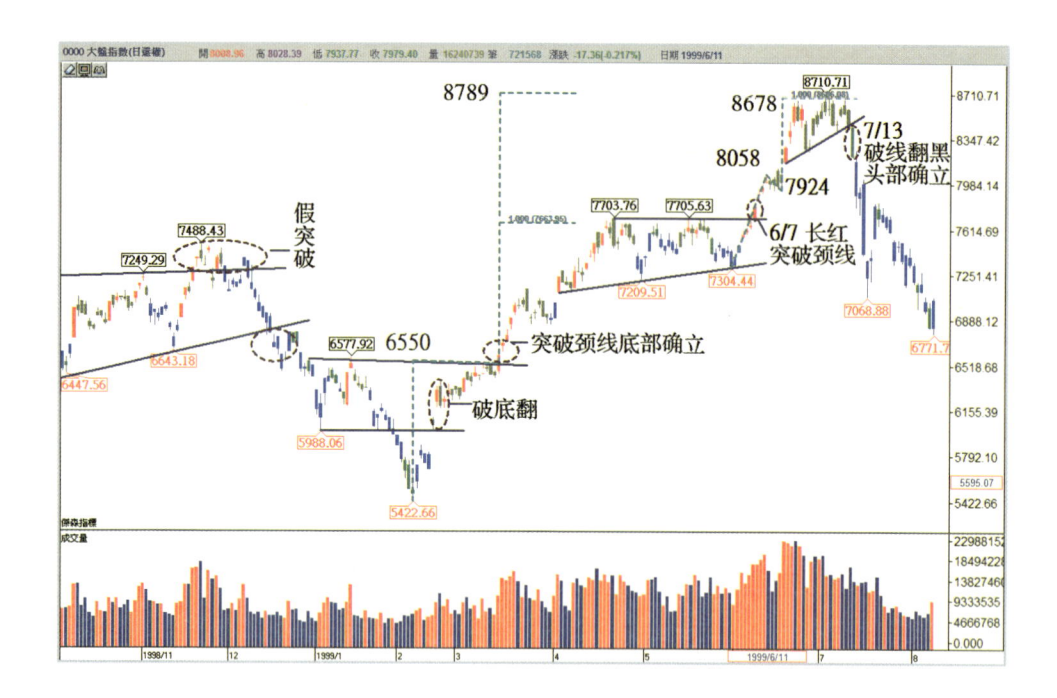

➡ **重点提示**：破底翻、涨幅满足。

台股日线破底翻后于同年1999年3月15日长红突破颈线，底部确立，技术面当日长红低点6440点不破，看底部计算的涨幅满足附近。

◆ 观察重点一：

❶ 颈线约在6550点−低点5422点＝1128点。
❷ 突破颈线的位置约在6533点＋1128点＝7661点。

台股4月下旬达涨幅满足附近便进入约两个月的整理期，同年6月7日突破整理区上缘颈线再创新高后，便可计算第二波涨幅满足。

第一波涨幅满足7661点+1128点＝等幅计算的第二波涨幅满足8789点，本波涨至8058点短线整理再创新高后，也可计算涨幅满足，都在差不多的位置。

◆ 观察重点二：

❶ 自低点7304点至短波高点8058点，共涨754点。
❷ 短波高点后的整理区低点7924点+754点＝8678点。

台股达涨幅满足附近（最高8710点）进入高档震荡盘头，随后7月13日带量长黑破线，将近一个月的头部确立，5422点以来的波段多头行情也告一段落，台股大幅回跌。

◆ 操作方式：

1999年3月15日长红突破颈线底部确立买进多单，可买在6580点附近，跌破长红低点6440点，也就是跌落线下时停损，风险约2.2%，达涨幅满足7661点附近多单减码，再达第二波涨幅满足附近，尤其是7月13日破线翻黑头部确立时，多单获利了结，可获利16%～31%。

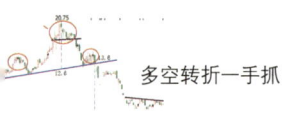

（五）1999-2001台股周线

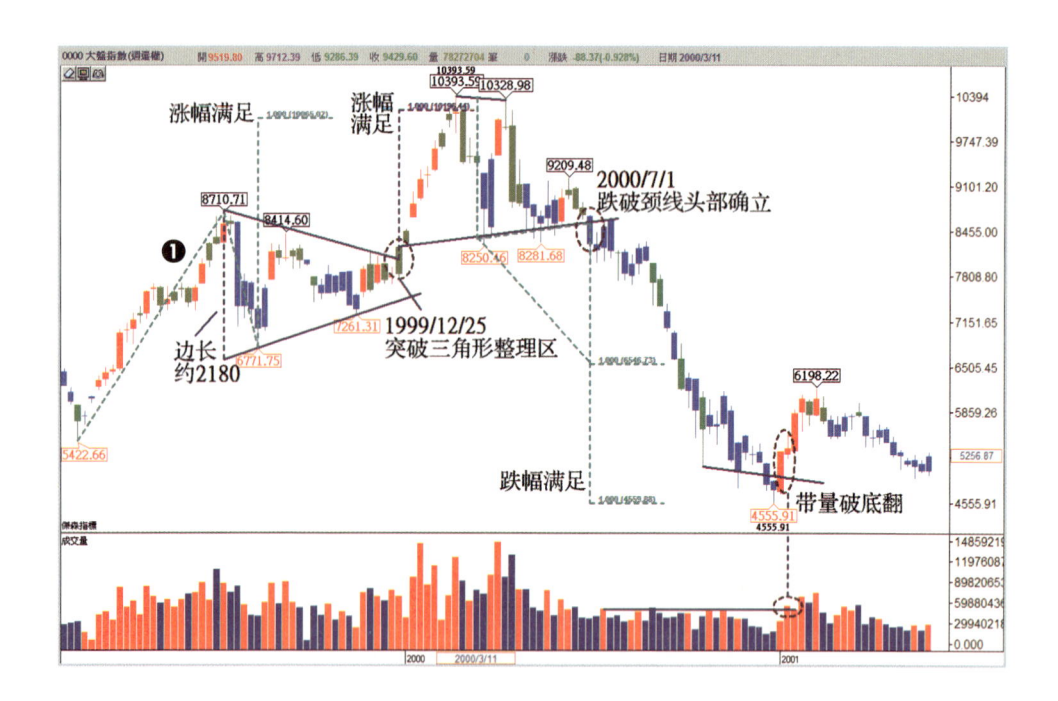

→ **重点提示**：涨跌幅满足、三角形整理、双头、破底翻。

涨幅满足、三角形整理：

台股1999年7月达8710高点多头后告一段落，大幅拉回并做长时间震荡整理，整理时间达约半年，后于年底12月25日当周突破三角形整理区上缘颈线，2周后突破8710点前高便能计算涨幅满足，有两种计算方式的满足点都落在大致相同的位置上。

◆ 观察重点一：

绿色虚线❶部分为大波段涨幅满足。

❶自5422低点涨至8710高点，共涨3288点。

❷低点6771点+3288点＝10059点。

◆ **观察重点二：**

深蓝色部分为三角形等幅满足计算方式，突破颈线后的涨幅＝三角形边长的等幅。

❶ 三角形边长高点8710点至颈线低点的直线距离约2180点。

❷ 突破三角形上缘颈线的位置约在8020点+2180点＝10200点（颈线反压突破变支撑，不破看涨幅满足附近，也就是买进停损风险约2.5%，获利约22%）。

双头、跌幅满足、破底翻：

台股2000年2月达涨幅满足附近（最高10393点）进入盘头，同年7月1日当周跌破颈线头部确立，颈线跌破后，便可计算跌幅满足。

◆ **观察重点三：**

❶ 10393点与10328点双头两个高点，连成直线的中间位置约在10360点。

❷ 10360点至颈线的位置约在8385点，幅度1975点。

❸ 跌破颈线的位置约在8550点−1975点＝6575点。

而这波空头直接进行两波跌幅，可见空头未见企稳迹象前抢反弹风险颇高，第二波跌幅满足计算，便是第一波的跌幅满足6575点再减1975点，得到4600点，要注意台股当年底达跌幅满足附近（最低4555点），才出现带量破底翻做较大幅度反弹。而7月1日跌破颈线做空的停损风险约6%，风险稍高，但波段获利更大，约44%。

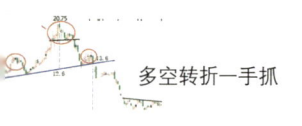

（六）2001台股日线

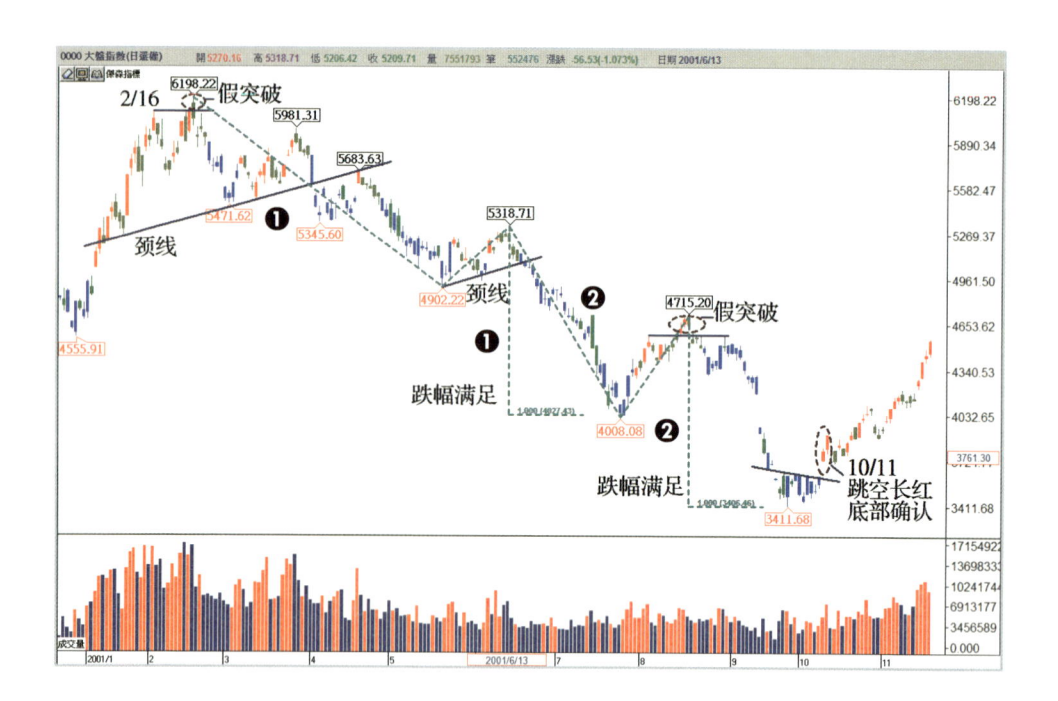

➡ **重点提示**：跌幅满足。

台股日线2000年12月28日达前一篇"1999-2001台股周线"计算跌幅满足附近，最低4555点弹至2001年2月16日6198点，出现假突破，结束1643点的反弹行情，盘跌的结构至同年6月下旬，跌破短期反弹低点4902点，便能计算跌幅满足。

◆ **观察重点一**：

绿色虚线❶部分

❶自6198高点跌至4902低点，共跌1296点。

❷高点5318点－1296点＝4022点。

台股跌至同年7月24日达跌幅满足附近（最低4008点）反弹。

弹至4715高点后，隔日跌回线下，出现假突破，结束反弹，再跌一波。同年9月13日跌破反弹低点4008点，便能计算跌幅满足。

◆ **观察重点二：**

绿色虚线❷部分

❶自5318高点跌至4008点，共跌1310点。

❷高点4715点−1310点＝3405点。

台股跌至同年9月下旬跌幅满足附近（最低9月26日3411点）打出短底，于10月11日跳空长红突破底部颈线，结束6198点以来的空头型态，也结束10393点长期盘跌的长空进入回升多头结构。

◆ **操作方式：**

❶2001年2月16日突破后隔日立即跌回线下，假突破确立空单进场，可空在5940点附近，突破前高6198点停损，风险约4.3%，达首波跌幅满足附近（绿色虚线❶部分），空单获利了结约32%。

❷同年8月20日跌落线下假突破确立，反弹波结束空单进场，可空在4540点附近，突破前高4715点停损，风险约3.8%，达跌幅满足附近（绿色虚线❷部分），空单回补获利约21%。

（七）2002台股日线

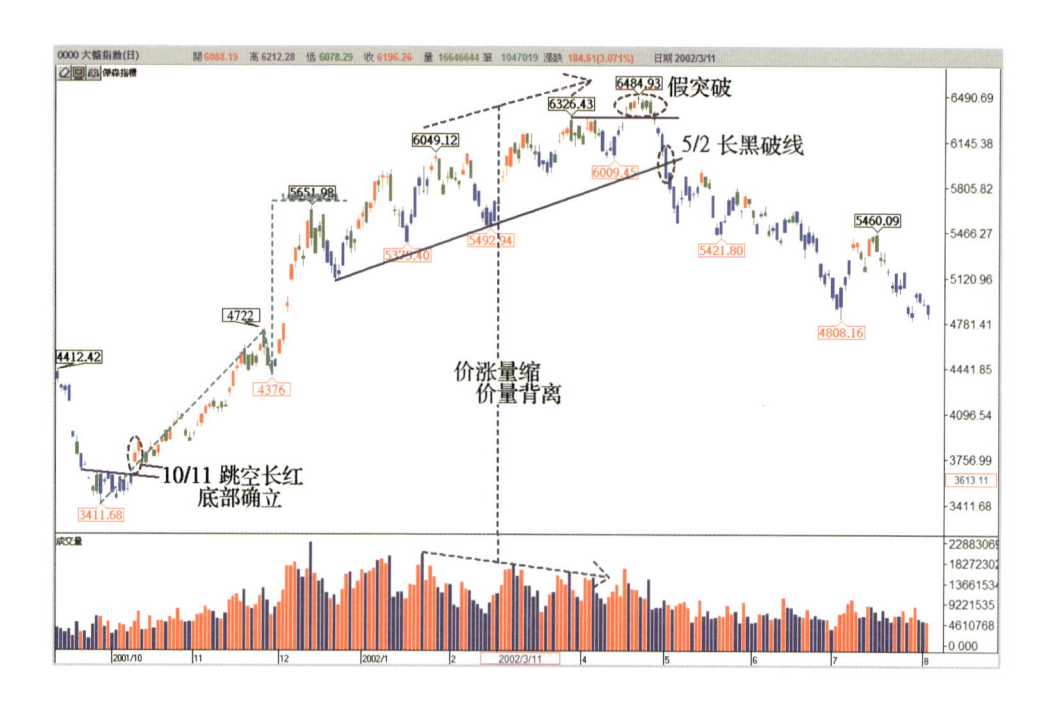

➡ **重点提示**：量价背离、涨幅满足、假突破。

台股3411点短底完成回升，达4722点压回再做突破时，便可计算涨幅满足。

◆ **观察重点：**

❶ 自3411低点涨至4722高点，共涨1311点。

❷ 低点4376点+1311点＝5687点。

台股2001年底达涨幅满足附近后震荡两个多月才进入缓步盘涨。

技术面2002年3月再创新高，缓步盘涨的过程中，很明显为价涨量缩的量价背离现象，直到2002年4月下旬出现假突破，多头露出败象，尤其在5月2日长黑摜破颈线，确立了假突破的长线卖出信号，同时也确立头部，进入大幅回跌，至接近起涨点附近（最低3845点）。

◆ **操作方式**：

2001年10月11日跳空突破颈线，买进可买在3750点附近，跌破颈线3600点附近停损，风险约4%，达涨幅满足5687点附近，获利约51%。

◆ **小叮咛**：

❶达涨幅满足后未出现确定的方向前，以观望为主。

❷当量价背离的结构出现后，再来注意转折的出现。

❸假突破便是转折信号，操作方式请参考下一篇"2002—2004台股周线"。

> **大师语录**
>
> "心理造就90%行情。认为影响股价（特别是短期走势）起伏的原因，主要并非受经济发展的影响，而是受制于投资者对消息的反应及心理因素。好消息未必一定令股价上升，大众对消息的反应才是影响股价的主要因素。"
>
> 安德烈·科斯托兰尼（André Kostolany）

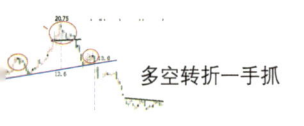

（八）2002-2004台股周线

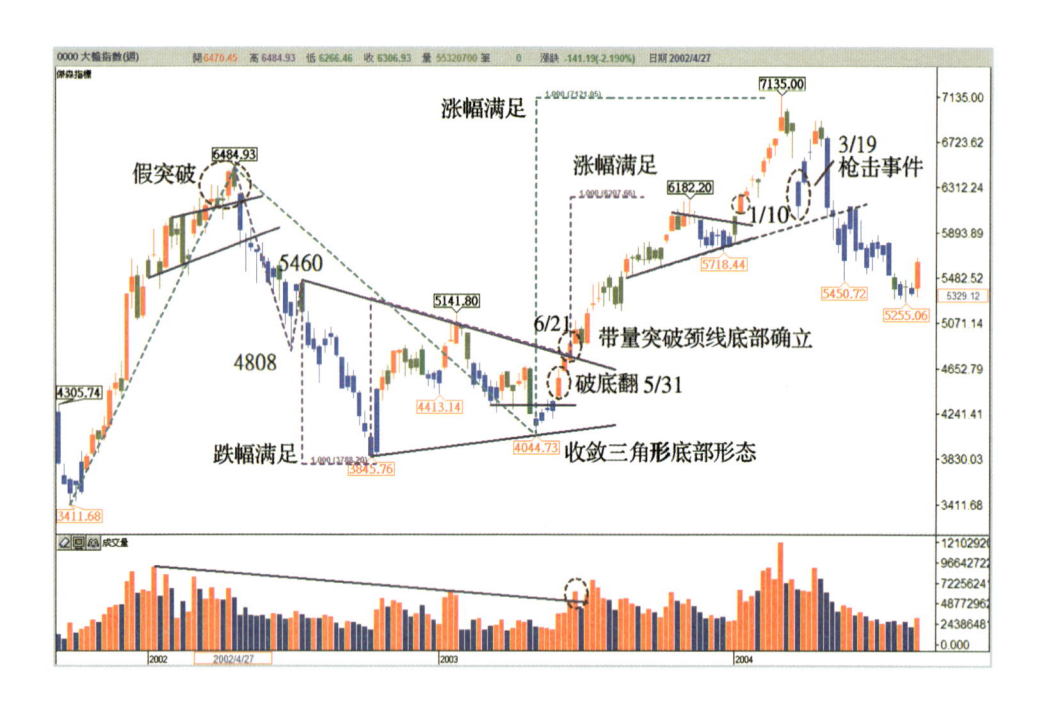

➡ **重点提示**：跌幅满足、破底翻、收敛三角形底部、涨幅满足。

台股周线2002年5月上旬假突破翻空，技术面自4808点反弹至5460点，回跌再破前低4808点后，便可计算跌幅满足。

◆ 观察重点一：

❶ 自6484高点减4808低点，共跌1676点。
❷ 高点5460点－1676点＝等幅计算的跌幅满足3784点。

打底的结构约半年，至2003年5月底翻红，站回颈线，出现破底翻多头买进信号，3周后带量突破颈线，收敛三角形底部型态确立，便可计算涨幅满足。

◆ **观察重点二：**

❶ 三角形边长约1415点（3845点至边长高点，约在5260点附近的距离）。

❷ 突破颈线的位置约在4810点+1415点=6225点。

台股盘涨至同年11月涨幅满足附近（最高6182点），进入整理约两个半月，才再度突破整理区颈线，续涨一波。

◆ **观察重点三：**

技术面突破前高6484点，便可计算大波段涨幅满足。

❶ 自3411低点涨至6484高点，共涨3073点。

❷ 低点4044点+3073点=等幅计算的涨幅满足7117点。

台股4044低点起涨的多头波至2004年3月上旬，达涨幅满足附近后（最高7135点），震荡3周，才在当时的"3·19"枪击事件利空后结束多头，翻空。

◆ **操作方式：**

❶ 2002年5月4日当周跌回颈线以下假突破确立放空，可空在5980点附近，突破当周高点6258点停损，风险约5%，达跌幅满足回补，获利约36%。

❷ 2003年5月31日当周破底翻，可买在4470点附近，跌破破底前的前低4240点停损，风险约5%，3周后6月21日当周带量突破颈线加码买进，可买在4930点附近，跌破颈线也是前一周低点4715点停损，风险约4.5%，达收敛三角形涨幅满足6224点附近，多单获利在26%～39%。

❸ 2004年1月10日当周带量突破颈线多单买回，可买在6150点附近，跌破颈线约6020点停损，风险约2%，达大波段涨幅满足附近，多单获利约15%。

（九）2004台股日线

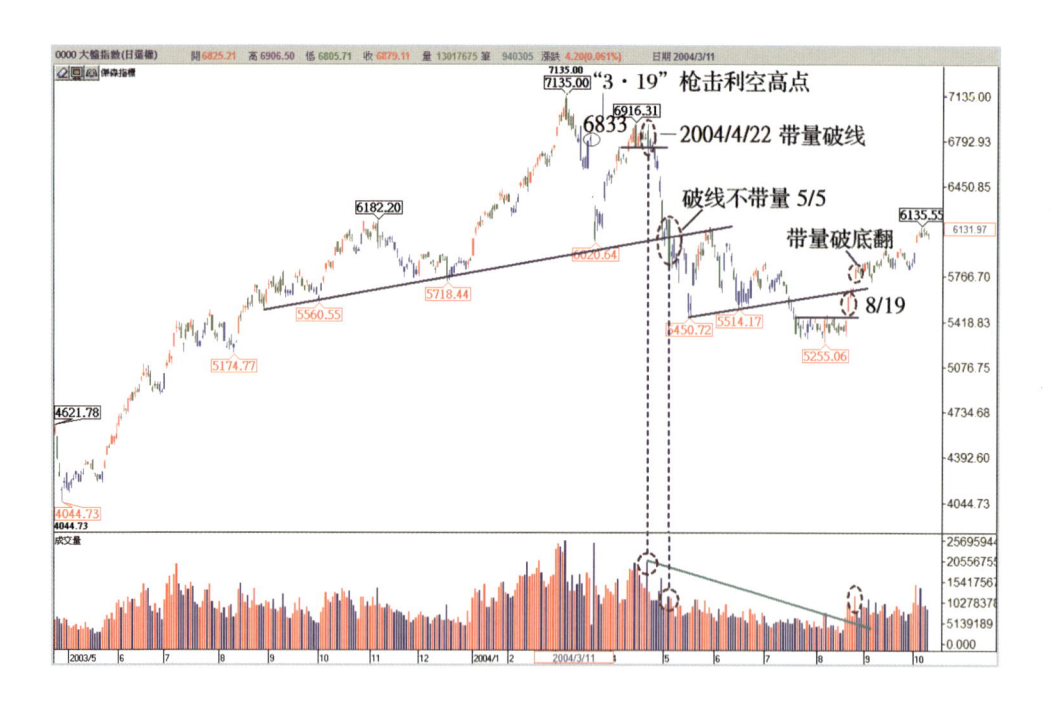

➡ **重点提示**：无预警利空的主力心态、破线有无带量、破底翻。

主力作价偶尔也会遇到突发性利空落跑不及，主力来不及跑，大多会有一波拉高解套波，因此利空短线大跌后，大多还是会拉高到利空起跌点附近，做主力解套的逃命波，主力跑了才真正会大幅回跌。

台湾地区股市业内盘特性，业内具滚量作价能力，一旦介入行情波动相当大。如图示，2004年3月上旬达大波段涨幅满足附近震荡，高档连续作价出量主力便有调节获利机会，但一波多头行情需在高档震荡一段期间，主力筹码才有较充裕的出货时间，这次震荡时间太短，遇到当年"3·19"枪击突发性利空，短线跳空大跌主力无法完全顺利出货，因此3月下旬至4月下旬约一个月的盘涨拉高至利空起跌高点附近震荡。

◆ **观察重点：**

　　拉高后于当年4月22日出现一根带量长黑破线翻空信号，技术面当日高点6912点已成反压，是翻空操作的空头停损点，结构上3月和4月也形成约两个月的高档震荡期，足以让4044点盘涨以来的多头主力有充裕的时间出货，4月22日带量长黑破线，便是主力出货完毕的退出翻空信号，主力跑了台股自然大幅下跌，破利空低点。

　　短线急跌至大颈线区附近仅支撑2日，在5月5日又见长黑摜破长达约八个月的大颈线支撑（可见主力落跑后切勿在颈线支撑做所谓的逢低承接），问题是接下来的这次的长黑破线并未带量，因此虽然破线也完成了反弹逃命线型态，短中期盘弱持续空头走势，但随后的跌幅并不太深，未出现长空走势而是中期修正，盘弱的走势至同年8月19日带量长红，突破约一个月的整理区颈线，随后带量站回颈线，破底翻企稳确立，结束了中期拉回的修正波。接下来振荡整理的时间超过一年。

◆ **操作方式：**

　　2004年4月22日带量翻黑破线做空，可空在6720点附近，突破长黑高点6912点停损，风险约3%，8月19日量突破下降趋势线，带量长红突破颈线，底部确立，空单回补在5550点附近，获利约17%。

> 大师语录
>
> 　　"多数的交易员因为缺乏纪律而遭致失败而非因知识不足而失败。"
>
> 　　　　　　　　　　　　　　安德烈·科斯托兰尼（André Kostolany）

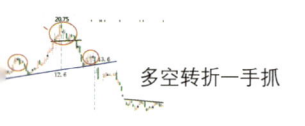

（十）2005 台股日线

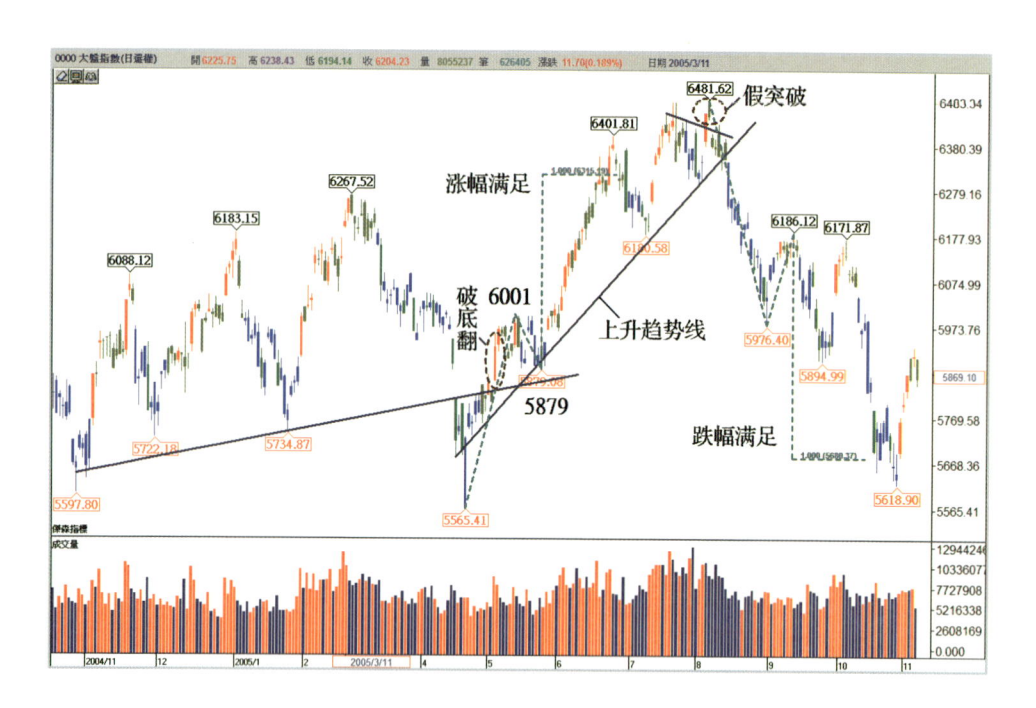

→ **重点提示**：破底翻、涨幅满足、假突破、跌幅满足。

2005年4月18日台股日线跌破长期整理的颈线，直到同年5月5日带量长红破底翻企稳确立，6月初突破整理区，便可计算涨幅满足。

◆ **观察重点一**：

❶ 自5565低点涨至6001高点，共涨436点。
❷ 低点5879点+436点＝等幅计算的涨幅满足6315点。

台股涨至同年6月中旬达涨幅满足附近（最高6401点），便进入高档震荡。

同年 8 月上旬出现假突破卖出信号，随后 8 月 15 日跌破上升趋势线进入盘跌趋势，同年 9 月下旬跌破反弹低点，便可计算跌幅满足。

◆ **观察重点二：**

❶ 自 6481 高点跌至 5976 低点，共跌 505 点。
❷ 高点 6186 点 −505 点＝等幅计算的跌幅满足 5681 点。

只是这波曾短暂拉回破底的颈线之上，但未过反弹高点 6186 点，后续再破底后就型态而言，仍续看跌幅满足。台股跌至同年 10 月 20 日最低 5618 点，然后止跌回升。

◆ **操作方法：**

❶ 2005 年 5 月 5 日破底翻买进，可买在 5930 点附近，停损设在当日长红低点 5851 点，也是颈线附近，风险约 1.4%，达涨幅满足 6315 点附近，获利约 6.5%。
❷ 同年 8 月 8 日假突破确立做空，可空在 6380 点附近，停损设在前高 6481 点，风险约 1.6%，达跌幅满足 5681 点附近，获利约 11%。

> **大师语录**
>
> "要学会迅速而利落地砍断亏损。不要期待自己永远不犯错，而是在错误发生时，尽快砍掉亏损。"
>
> 伯纳德·巴鲁克（Bernard Baruch）

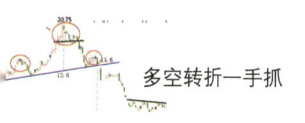

（十一）2005-2006台股日线

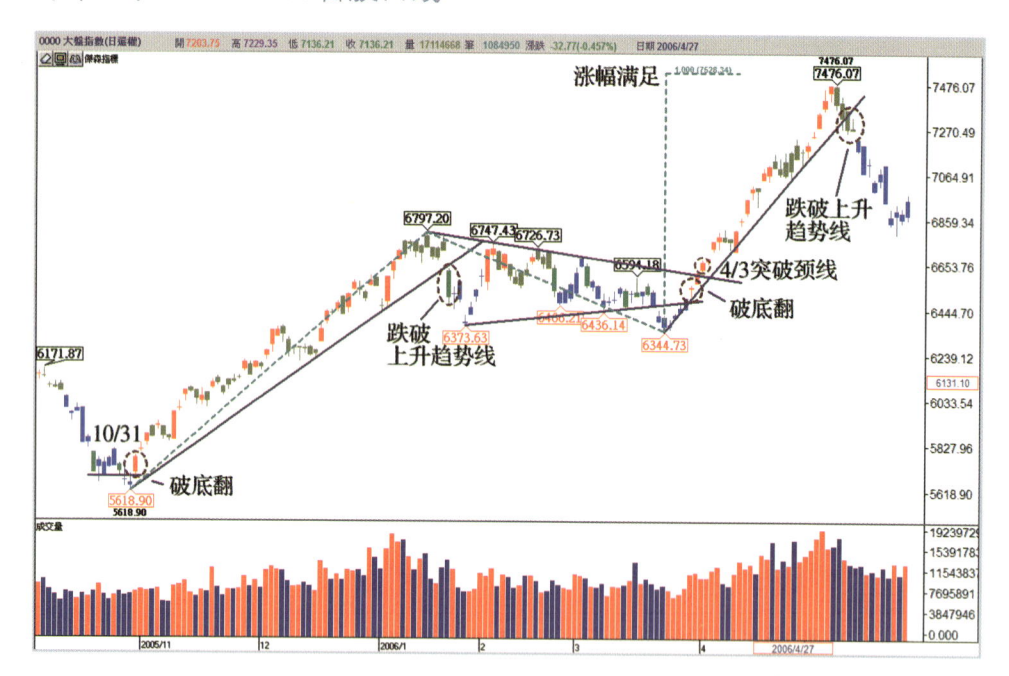

➡ **重点提示**：破底翻、涨幅满足。

2005年台股日线达跌幅满足后，同年10月31日出现破底翻企稳信号，随后一路回升，直到隔年2006年1月18日长黑跌破上升趋势线，多头才告一段落，整理约两个月。

同年3月底再度出现破底翻买进信号，随后突破整理区颈线，第二波涨势确立，盘涨越过前高6797点后，便可计算涨幅满足。

◆ **观察重点**：

❶ 自5618低点涨至6797高点，共涨1179点。
❷ 低点6344点+1179点＝等幅计算的涨幅满足7523点。
技术面4月3日突破整理区颈线后颈线压力变支撑，支撑不破看涨幅满足。

台股同年5月上旬达涨幅满足附近（最高7476点），5月10日带量回跌，隔日跌破上升趋势线，结束当年多头大幅回跌。

◆ **操作方式：**

❶ 2005年10月31日破底翻买进，可买在5750点附近，跌破5618点停损，风险约2.2%，2006年1月18日跌破上升趋势线卖出，可卖在6550点附近，获利约14%。

❷ 同年3月30日破底翻买回，可买在6530点附近，跌破破底翻的前低6436点停损，风险约1.4%，达涨幅满足附近，获利约14%。

◆ **小叮咛：**

这次达涨幅满足的反转相当快速，属于V型反转，若出脱不及可以三日低点为参考，当三日低点跌破时，也同时跌破上升趋势线，涨高后直接V型反转在台股指数属于较为少见的现象。

大师语录
"关键在于判断市场处于哪个阶段。" 安德烈·科斯托兰尼（André Kostolany）

多空转折一手抓

（十二）2006台股日线

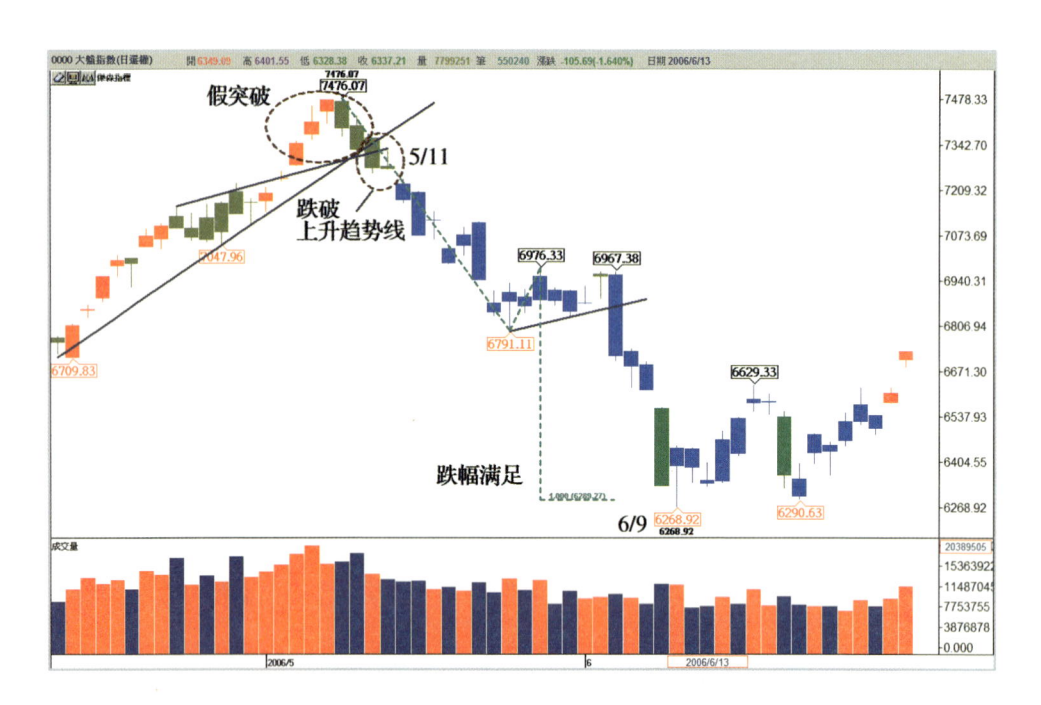

➡ **重点提示**：假突破、跌幅满足。

2006年5月上旬台股日线达涨幅满足附近，后拉回跌破上升趋势线，同时在型态上也属假突破确立的卖出信号（颈线突破压力变支撑，多头看支撑，跌破支撑便属转弱），盘跌反弹后同年6月5日长黑跌破反弹低点，便能计算跌幅满足。

◆ **观察重点**：

❶ 自7476高点跌至6791低点，共跌685点。

❷ 高点6976点－685点＝等幅计算的跌幅满足6291点。

台股同年6月9日达跌幅满足附近（最低6268点）止跌进入打底期。

◆ 操作方式：

2006年5月11日跌破上升趋势线，也跌破5月4日带量突破整理区的红K低点7278点，空单进场约可空在7270点，停损设在5月11日破线黑K高点7361点，风险约1.5%，达跌幅满足附近，空单获利了结约13%。

◆ 小叮咛：

❶ 2006年5月11日跌破上升趋势线及带量红K低点，同时也是上篇"2005-2006台股日线"提到的三日低点被跌破。

❷ 6月5日跌破反弹低点6791点时，也是空单加码点，同样站回线上停损，达跌幅满足附近，空单获利了结。

大师语录

"大多数菜鸟散户在亏损还算少的时候死抱不放。他们原本可以在受伤不重的情况下退出，却受制于情绪和人性，一厢情愿地一再延误，造成亏损越来越大，终致损失惨重。"

威廉·欧尼尔（William O'Neil）

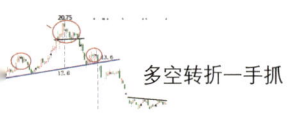

（十三）2006-2007台股周线

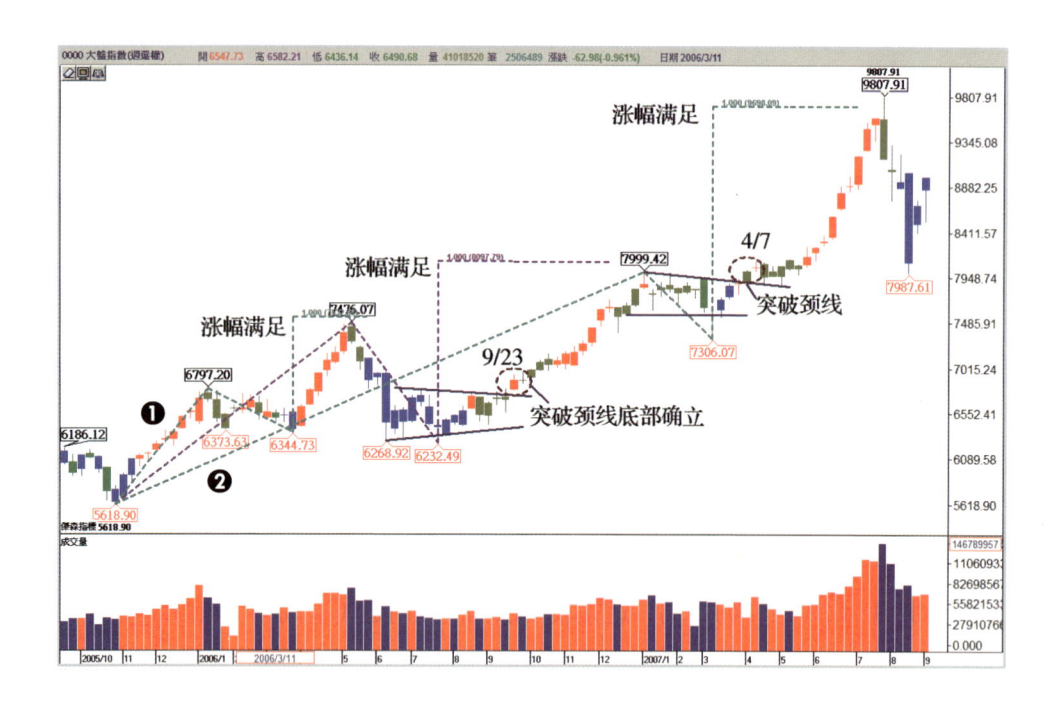

→ **重点提示**：涨幅满足。

台股周线2006年6月达跌幅满足后，同年9月下旬突破整理区上缘颈线，完成约三个月的底部，颈线6730点附近压力变支撑，支撑不破，看一路盘涨过前高后的涨幅满足附近。

图示为5618低点计算三个波段高点的涨幅满足。绿色虚线❶部分同日线请参考"2005-2006台股日线"。

◆ **观察重点一：**

红色虚线部分：

❶自5618低点涨至7476高点，共涨1858点。

❷低点6232点+1858点=等幅计算的涨幅满足8090点。

台股盘涨至隔年2007年1月中旬达涨幅满足附近（最高7999点），然后进入约三个月的整理期。

整理期间的日线3月初破底，3月中旬出现破底翻买进信号（周线为下影线），图示周线4月7日当周突破颈线，越过7999点前高，便可计算涨幅满足，同样颈线突破压力变支撑，支撑不破，看涨幅满足附近。

◆ 观察重点二：

绿色虚线❷部分：

❶自5618低点涨至7999高点，共涨2381点。

❷低点7306点+2381点=等幅计算的涨幅满足9687点。

台股盘涨至同年7月下旬，达大波段涨幅满足附近（最高9807点）便爆量反转，随后大区间震荡做头进入长空型态。

◆ 操作方法：

❶2006年9月23日当周突破颈线买进，可买在6870点附近，跌破颈线6730点附近停损，风险约2%，达涨幅满足附近，获利约13%。

❷2007年3月20日破底翻买进，可买在7750点附近，跌破破底翻前的前低7637点，也是破线确立停损，风险约1.5%，达绿色虚线❷部分的大波段涨幅满足附近，获利约25%。

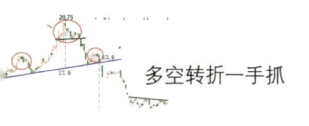

（十四）2006-2007台股日线

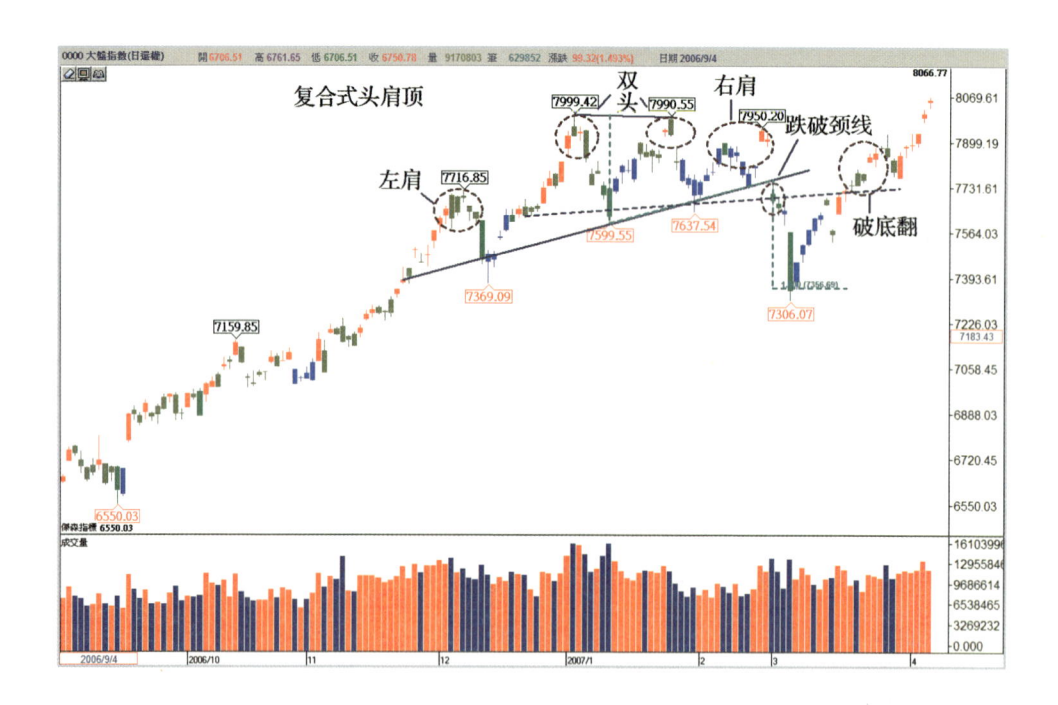

➡ **重点提示**：复合式头肩顶、跌幅满足、破底翻。

图示便是承前文"2006-2007台股周线"所提的"整理期间的日线3月初破底，3月中旬出现破底翻买进信号（周线为下影线）"，2007年3月1日带量跌破颈线，确立了约三个月的头部完成，便可计算跌幅满足。

图示为复合式头肩顶，除了有左肩与右肩外，还有与M头一样的双头，测量的方式与M头相同。

◆ **观察重点**：

❶ 双头高点连接与颈线的直线距离＝跌破颈线位置后的同等距离。

❷ 双头高点连接的中间值约7996点，与颈线7599点距离约397点。

❸跌破颈线（3月1日）的位置约在7730点－397点＝等幅计算的跌幅满足7333点。
❹技术面颈线压力未站回前看跌幅满足。

台股仅约四个交易日便达跌幅满足附近（最低7306点），而这次是以Ｖ型反转直接站回颈线，出现破底翻买信号，随后盘涨再创新高，进入前面周线所提的绿色虚线❷部分的大波段涨势。

◆ **操作方式：**

2007年3月1日带量跌破颈线做空，可空在7670点附近，站回颈线约7760点附近停损，风险约1.2%，达跌幅满足7333点附近，获利约4.4%。

◆ **小叮咛：**

❶这次计算跌幅满足获利幅度有限，可以不做操作。
❷若做空以相对规模来看，欲看第二波跌幅满足者，在破底翻确立后，须做停损动作，前一篇"2006-2007台股周线"为下影线未破线，也是重要的判断工具。

> **大师语录**
>
> "股票投资是一门艺术，历史和哲学在投资决策时显然比统计学和数学更有用。"
>
> 安德烈·科斯托兰尼（André Kostolany）

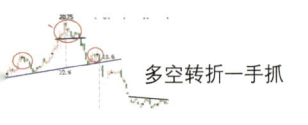

（十五）2007台股日线 ❶

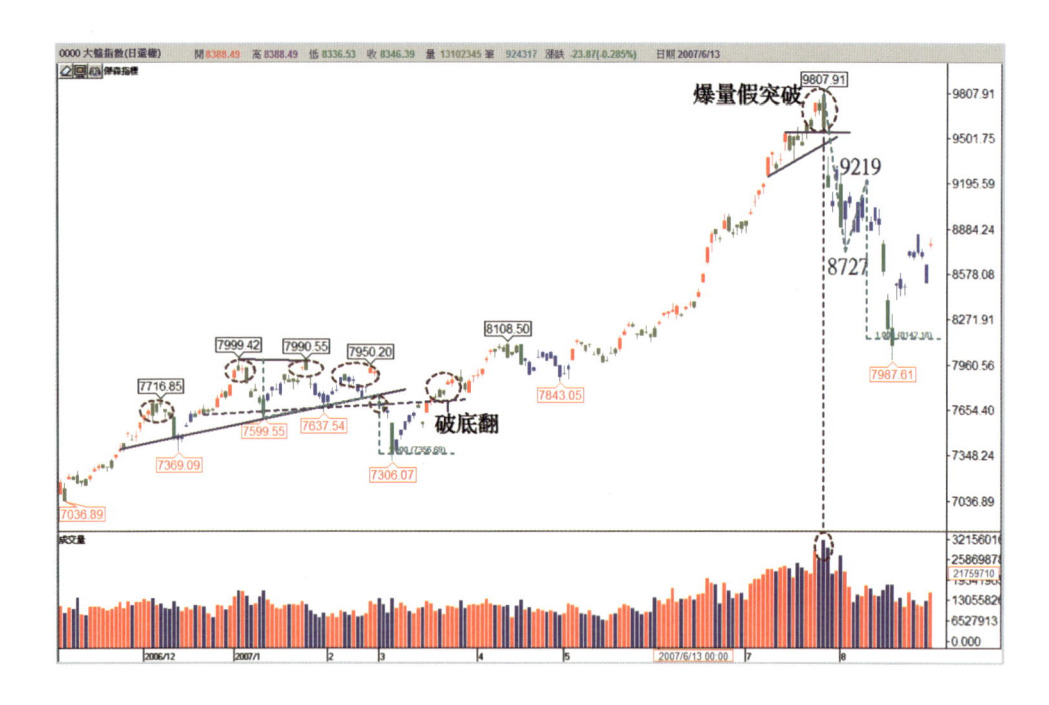

➡ **重点提示**：假突破、跌幅满足。

台股日线2007年7月下旬到达"2006-2007台股周线"所计算的大波段涨幅满足附近后（绿色虚线部分），7月26日出现爆出几乎与历史天量相同的量，重点这是爆量假突破的结构，极为明显的长线卖出信号。

◆ **观察重点**：

假突破跌深反弹后再破前低，便能计算跌幅满足。

❶ 自9807高点跌至8727低点，共跌1080点。

❷ 高点9219点－1080点＝等幅计算的跌幅满足8139点。

台股同年8月17日达跌幅满足附近（最低7987点）仅1日便大幅弹升回高点

做第二个头，整个逾1500点的高档大区间头部震荡期约半年。

所谓做空赚得快，2007年5月21日突破8100点，越过前高，花了两个多月的时间才到达高点，但9807点爆量反转至跌破8000点，共跌1807点的时间仅半个多月，这便是空头迷人的地方，掌握时机获利的速度颇为惊人。

◆ **操作方式：**

2007年7月27日首次受次贷风暴消息面影响，跳空大跌才确立了技术面7月26日的爆量假突破，因为当天大幅跳空的关系，空单介入的风险相对较高，可空在9250点附近，停损设在9566点也就是前一日收盘补空的位置（利空跳空的缺口通常不会被回补），风险约3.4%，达跌幅满足附近空单回补获利约12%。

◆ **小叮咛：**

此处为消息面影响急回，虽有空头波段利润，但头部结构不完整并非长空时机，操作一波空单后，需等待较完整的头部结构出现。

> 大师语录
>
> "职业投资者的工作，95%是在浪费时间，他们在阅读图表及营业报告，却忘记思考，但对投资者来说，这才是最重要的。"
>
> 安德烈·科斯托兰尼（André Kostolany）

（十六）2007台股日线 ❷

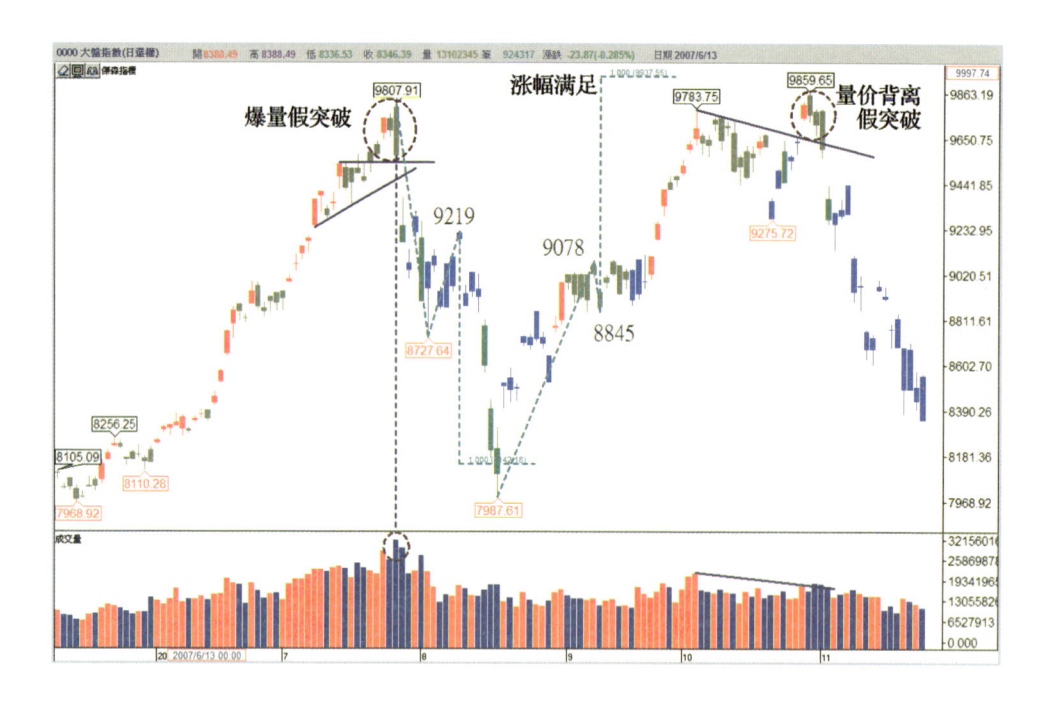

➡ **重点提示**：涨幅满足、量价背离、假突破。

承前文8月17日达跌幅满足附近后，以Ｖ型反转的方式回升，7月26日的爆量，通常在正常的情况下大量后大多还会有高点，当次却出现假突破的卖出信号，主要是7月27日突发性的次贷风暴令市场措手不及，因此只要注意量价结构的变化，仍可在假突破后全身而退，甚至反手做空。

当然高档爆量，表示主力已开始出货做获利了结的动作，但大多仍需在高档震荡盘头，才能完全顺利出货完毕，而这次的爆量因突发性利空，主力无法在高档完全顺利出货，如前面提到的"3·19"枪击事件，因此才有达跌幅满足后的Ｖ型反转再度拉高，且突破爆量高点9807点（最高9859点），还是完成了大量后还有高点的结构，所谓大量后几乎都还有高点，就是主力高档震荡出货手法产生的现象。

图示达跌幅满足弹升一波后整理，同年9月26日跳空长红，越过整理区高点便能计算涨幅满足（整理区上缘9078点附近压力突破变支撑，支撑不破看满足点）

◆ **观察重点一：**

❶ 自7987低点涨至9078高点，共涨1091点。

❷ 低点8845点+1091点＝等幅计算的涨幅满足9936点。

台股同年10月底涨至涨幅满足附近（最高9859点）再度出现假突破反转。

◆ **操作方法：**

这波涨高至10月，随后高档震荡了约一个月，已足以让主力顺利完全出货，10月29日跳空长红突破整理区随后再创新高，已明显量价背离，随后便是假突破卖出信号，头部完成后，曲终人散，以空单操作为原则。以这次为例，假突破后整理区上缘9670点附近为反压，空头看反压（反压是做空的停损点），反压未突破前，一路顺势做空直到趋势改变为止，这次量价背离假突破，产生的第二个高点头部，才是长空的开始。

> **注**
>
> **量价背离**
>
> 通常涨高后的量价背离，大多是主力已出货不再积极滚量作价，且相对高档市场的认同度不高，因此价创新高量却未过高，反而出现量缩趋势，是量价背离警讯，很容易引发市场筹码的反手杀出，形成追高者套牢的头部区。

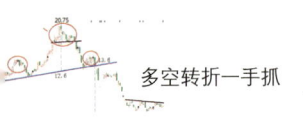

（十七）2007-2008台股日线

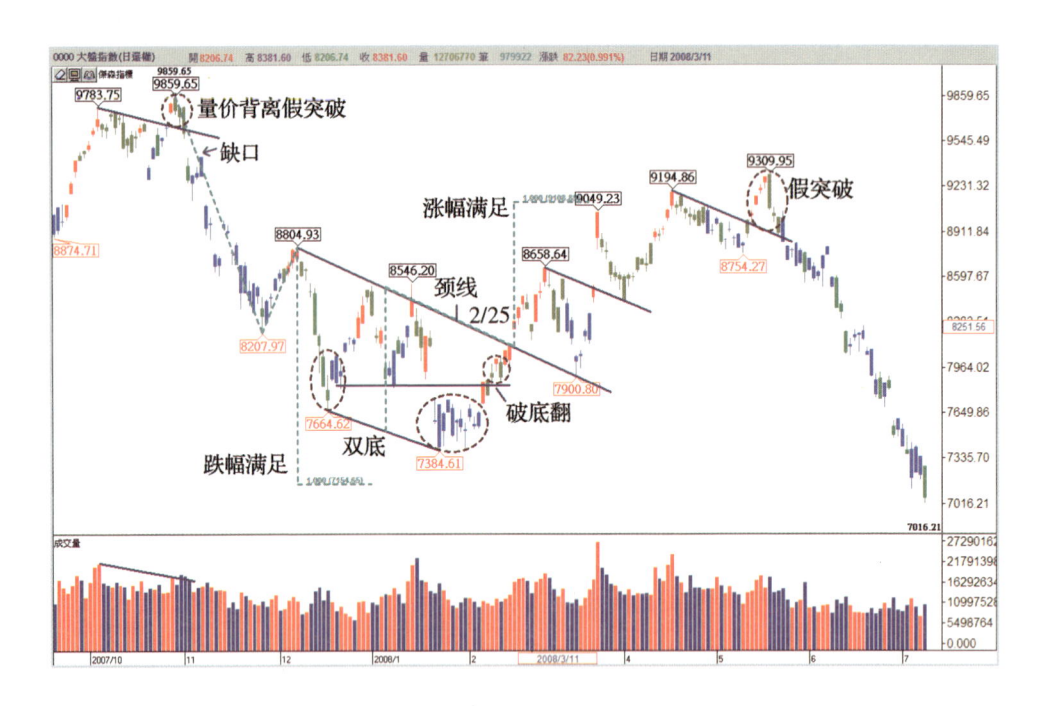

➡ **重点提示**：跌幅满足、破底翻、W底、涨幅满足、假突破。

2007年10月底量价背离假突破，进入一波空头修正，同年12月13日跌破反弹低点，便能计算跌幅满足。

◆ 观察重点一：

❶ 自9859高点跌至8207点，共跌1652点。
❷ 高点8804点－1652点＝等幅计算的跌幅满足7152点。

台股跌至隔年2008年1月下旬达跌幅满足附近（最低7384点，通常都会超跌），这波有未达满足229点的误差（约3.2%），不过仍是共跌2475点可接受的误差，筑出短底后，同年2月中旬破底翻企稳确立。

◆ 观察重点二：

同年2月25日突破颈线双底确立，便可计算W底型态的涨幅满足。

❶ 双底连线中间值至颈线的距离＝突破颈线后的距离。

❷ 双底连线中间值约7510点至颈线约8540点，距离约1030点。

❸ 2月25日突破时的颈线位置约在8140点＋1030点＝等幅计算的涨幅满足9170点。

台股同年4月17日最高9194点达涨幅满足附近后便进入盘头，盘头期至同年5月中下旬，出现再创新高后的假突破卖出信号，结构翻空后的空头走势，随着当年次贷金融风暴的失控，共崩跌5354点，相当惨烈。

◆ 操作方式：

❶ 2007年10月底量价背离后，11月12日跳空跌破颈线，假突破确立，进场做空，可空在9300点附近，停损设在9598点，也是前一日收盘的缺口（通常空头第一个跳空缺口大多不会回补），也刚好是站回颈线，风险约5%，达跌幅满足附近或破底翻的位置（约7900点），空单获利了结约15%。

❷ 破底翻的位置翻空为多，可买在7900点附近（2008年2月18日），停损设在破底翻前长红低点7707点，风险约2.7%，达涨幅满足附近，多单获利了结约16%。

❸ 这波反弹波达涨幅满足附近进入盘头后，高点出现在同年5月20日9359点，隔日立即出现假突破为反弹波结束，确立空单进场，布空点可空在8950点附近，停损设在4月14日大量高点反压9194点，风险约2.7%，达下一页日线计算的跌幅满足4352点附近，或下文"2007-2009台股周线"周线计算的跌幅满足4225点附近，空单获利了结都有50%以上。

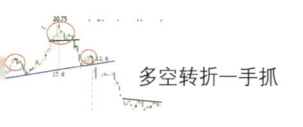

（十八）2008台股日线

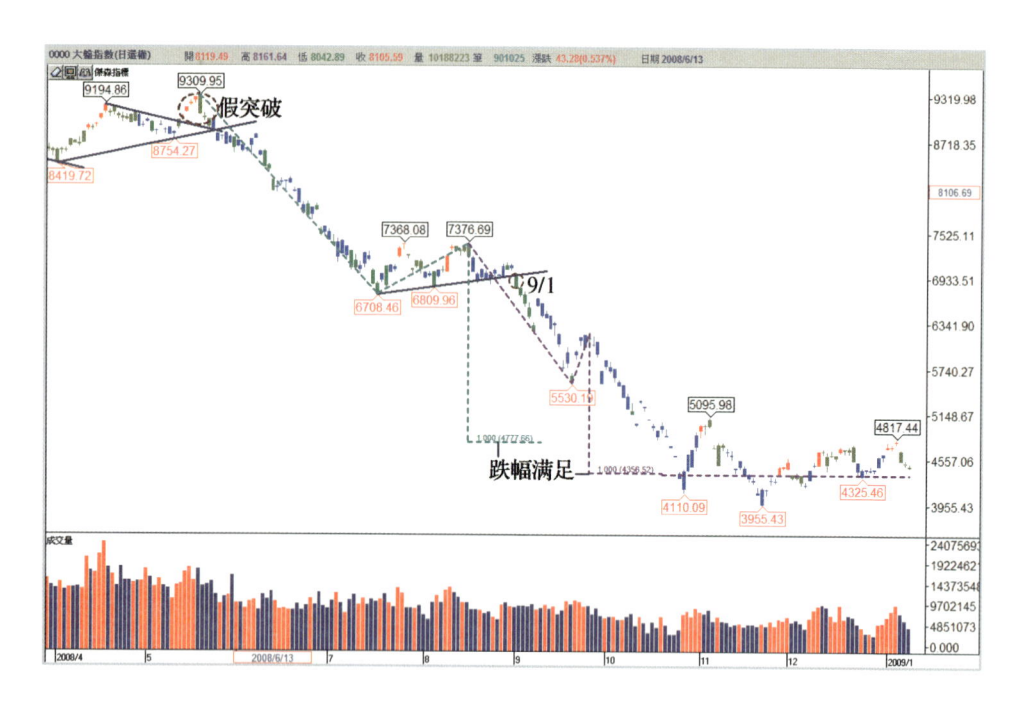

➡ **重点提示**：跌幅满足。

承"2007-2008台股日线"一文，台股2008年5月下旬假突破进入长空后，同年9月1日跌破反弹整理区颈线，隔日跌破前低6708点，便可计算跌幅满足。

◆ **观察重点一**：

❶ 自9309高点跌至6708低点，共跌2601点。

❷ 高点7376点－2601点＝等幅计算的跌幅满足4775点。

这次在达大波段跌幅满足附近时，也是次贷风暴爆发最烈时，在全球股市恐慌性杀盘带动下台股亦进入超跌，不过达大波段跌幅满足后，即使超跌也大多是相对低档区（周线图会更精确地计算出大波段跌幅满足），当时台股甚至实施跌幅减半，不过在利空下技术面仍可较精确地计算跌幅满足的波段低点。

从7376点进入第二大波跌势，9月18日出现5530点的反弹低点，在10月6日再破反弹低点后，便可计算跌幅满足。

◆ **观察重点二：**

❶ 自7376高点跌至5530低点，共跌1846点。
❷ 反弹高点6198点 − 1846点 ＝ 等幅计算的跌幅满足4352点。

台股10月28日达跌幅满足附近（最低4110点），便进入四个多月的打底期，最低虽曾见到3955低点，但随后破底翻底部确立，进入一波倍数涨幅的多头趋势。9309点起跌的这波长空趋势中多头伤亡惨烈，说明了随势而为的重要性，空头成形需随势空单波段操作，除非站上反压（空头看反压）停损利，或达跌幅满足附近，才作波段空单的获利或减码，直到技术面出现底部企稳信号才翻空为多，空头千万不要有捡便宜的心态去接掉下来的刀子，尤其是投机抢跌深反弹，切记随势而为。

◆ **操作方式：**

继"2007–2008台股日线"5月20日出现假突破的翻空空点后，9月1日跌破颈线为技术面上的又一次空单进场点，可空在6900点附近，停损设在7050点反压，也是站回颈线时，风险约2.2%，达跌幅满足附近，空单获利了结约40%。

（十九）2008-2009台股日线

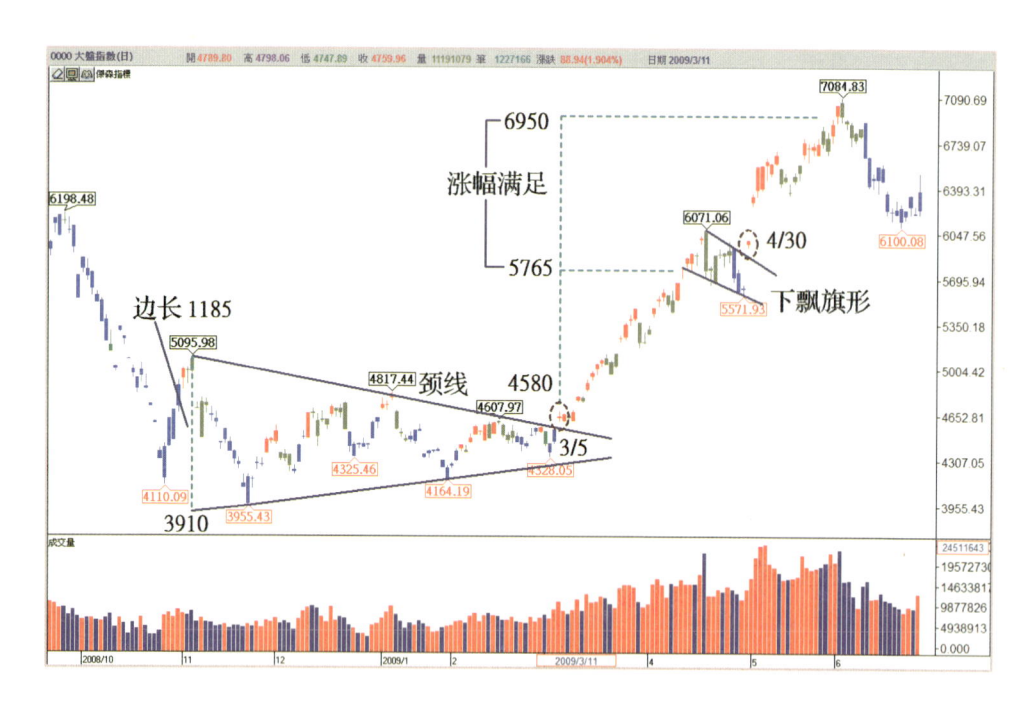

➡ **重点提示**：收敛三角形涨幅满足、下飘旗形。

2009年3月5日大盘日线突破颈线，收敛三角形确立，便可计算涨幅满足。

◆ **观察重点**：

❶ 三角形边长高点5095点至低点约在3910点，距离1185点。
❷ 突破颈线的位置约在4580点+1185点＝等幅计算的涨幅满足5765点。

大盘达涨幅满足附近，完成第一波涨势后进入震荡（最高6071点，最低5571点）。4月30日跳空突破颈线，完成下飘旗形（多头中继站），第二波涨势确立。

❸第二波涨幅满足计算：

第一波涨幅满足5765点+1185点＝等幅计算的第二波涨幅满足6950点。

大盘达第二波涨幅满足后大幅拉回。

◆ **操作方式：**

❶2009年3月5日突破颈线多单进场，可买在4620点附近，停损设在4500点附近，也就是跌落线下时，风险约2.5%，达两波段涨幅满足附近，多单获利了结约50%。

❷操作上若在跌幅满足附近布局多单，则底部确立时便是积极加码时，稳健的波段操作者则在确定底部时快速积极进场，停损设在跌破颈线时（技术面带量突破颈线后拉回便不能再跌破颈线），如此便可在有限的风险下获取大波段利润，当年大盘在突破颈线后就此喷出大涨，且多头维持了约两年。

> **大师语录**
>
> "三种迅速致富的可能：一透过带来财富的婚姻，二透过幸运的商业点子，三透过投机。"
>
> 安德烈·科斯托兰尼（André Kostolany）

（二十）2007-2009台股周线

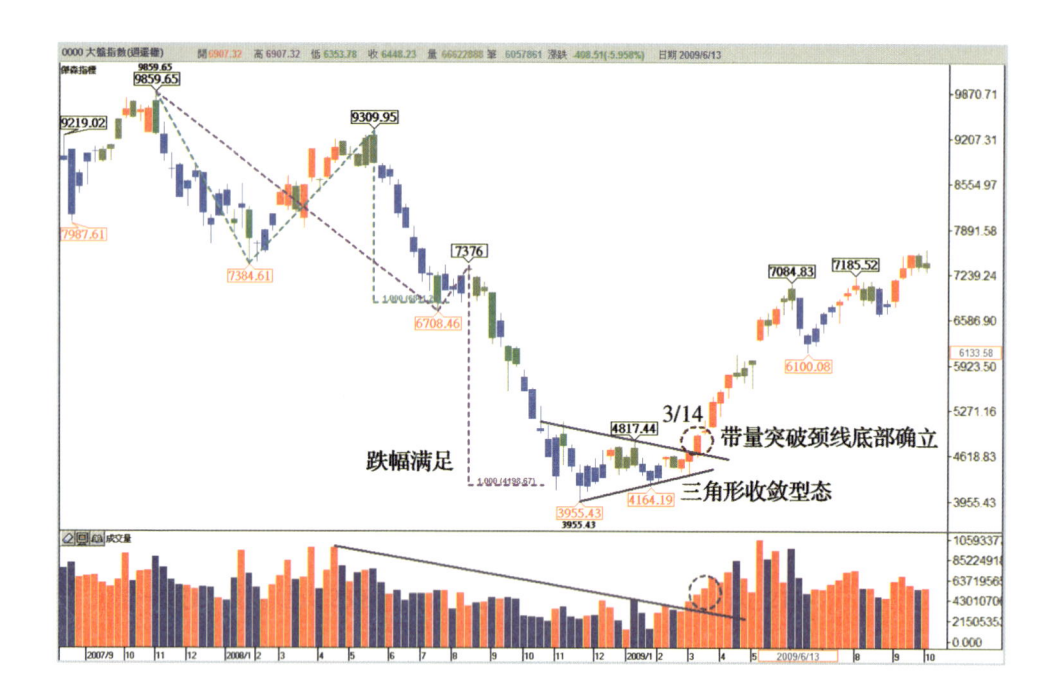

➡ **重点提示**：跌幅满足、三角形底部收敛型态。

周线除了同日线9309高点计算的大波段跌幅满足外，当年最高9859点也可以同样的方式计算跌幅满足，但无论哪种方式计算出来的位置都属相对低档底部区。

◆ 观察重点一：

红色虚线部分：

❶ 自9859高点跌至6708低点，共跌3151点。
❷ 高点7376点 - 3151点 = 等幅计算的跌幅满足4225点。

台股空头在次贷风暴的助威下2008年11月达跌幅满足附近，企稳盘底。

在9309点起跌的波段跌势中，亦可计算出跌深反弹低点附近位置。

◆ 观察重点二：

绿色虚线部分：
❶ 自9859高点跌至7384低点，共跌2475点。
❷ 高点9309点－2475点＝等幅满足计算的跌幅满足6834点。

台股2008年11月中旬跌至跌幅满足附近（最低6708点），才短线企稳，进行约一个月的反弹至7376点，结构上属弱势反弹，因此长空的结构当中，以不抢反弹逢高空为原则。而这次反弹后的最佳布空时机便是"9月1日跌破反弹整理区颈线"，停损设在站回颈线时，颈线反压未突破站回则波段空单一路抱至大波段跌幅满足附近，这便是小赔大赚的波段操作方式。

在大盘大跌后，除非有把握的个股逢低承接布局多单（但需注意资金控管），否则只有在技术面底部确立后，才做积极介入波段多单的动作。

◆ 操作方式：

图示周线，当台股达大波段跌幅满足附近后，经过约四个月的打底期至2009年3月14日当周，带量长红突破颈线，底部确立，为波段买进时机，结构上明显为三角形收敛型态，亦可视为3955点及4164点两个低点的双底型态，也就是所谓的W底，研究并深入了解技术面的量价结构，相对容易切入最佳时机的空点或买点，弥足基本面的盲点。

（二十一）2009-2010 台股日线

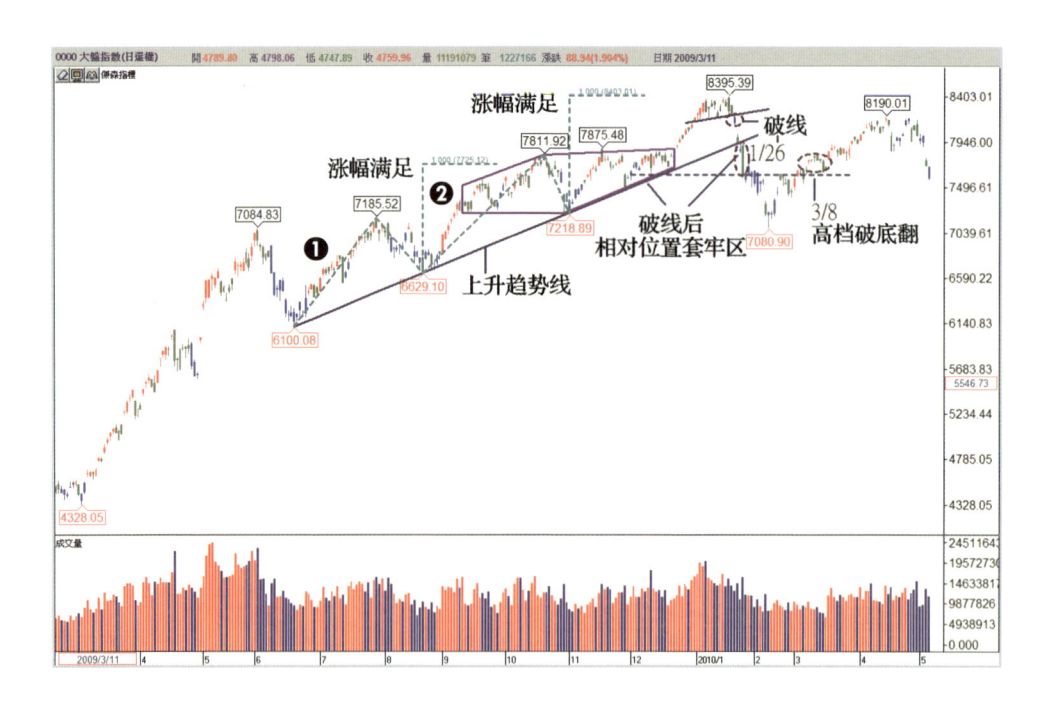

➡ **重点提示**：涨幅满足、破线、高档破底翻结构。

2009年开始的大波段多头中，对首波7084高点拉回至6100低点后进行的第二大波中的小波段，亦可计算涨幅满足。

越过前高至7185点拉回后，同年9月7日再创新高，便能计算涨幅满足，且确立的6629低点与前低6100点，形成一条上升趋势线。

◆ **观察重点一**：

绿色虚线❶部分：
❶自6100低点涨至7185点，共涨1085点。
❷低点6629点+1085点＝等幅计算的涨幅满足7714点。

台股同年10月中旬涨至涨幅满足附近（最高7811点）便做明显拉回，但仍维持在上升趋势线支撑之上。同年11月17日再过前高7811点，便能计算涨幅满足。

◆ 观察重点二：

绿色虚线❷部分：

❶ 自6629低点涨至7811高点，共涨1182点。

❷ 自7218低点+1182点＝等幅计算的涨幅满足8400点。

台股隔年2010年1月达涨幅满足附近（最高8395点），盘头大幅拉回。

这次1月21日破线短头确立，及1月26日跌破上升趋势线，首度出现结束波段多头的危机，此时波段多单通常先卖再说，避开进入空头的风险。指数在破线后约半个月跌约千点，直到3月8日站回线上出现高档的破底翻，才扭转空头颓势。不过在角度较高的地方做破底翻，虽然也是企稳信号，但相较低档破底翻的风险高出很多，因此在多单的重新介入除了慎选个股外（以先转强的类股为主，原则上量价不表态不介入），资金控管少量操作，尽量降低容错率。

在时间对称的结构下当1月26日破线转弱后，表示往前2009年9月上旬至12月中旬约三个半月，已成为相对位置的套牢区（紫色框区块），包括头部区共约四个半月的套牢区，理论上扭转结构也需要对称以上的时间，以盘代跌整理消化卖压。2010年3月8日拉回此套牢区，高档破底翻企稳确立后，此套牢区共震荡整理了约七个月，才再度盘涨进入第二大波多头的延续。

◆ **操作方法：**

本篇可做上一篇多头操作的延续参考，主要的重点在于1月21日破线短头确立空单进场，可空在8175点附近，突破前高8395点停损，风险约2.7%。

1月26日跌破上升趋势线空单加码，可空在7820点附近，突破8015点也就是站回线上时停损，风险约2.5%，但在3月8日高档破底翻扭转空头趋势后，在7760点附近空单需退出观望。

◆ **小叮咛：**

❶ 本书以成功的操作型态为主，但实际的操作上严格执行停损才是成功的重要关键。

❷ 失败的双底：

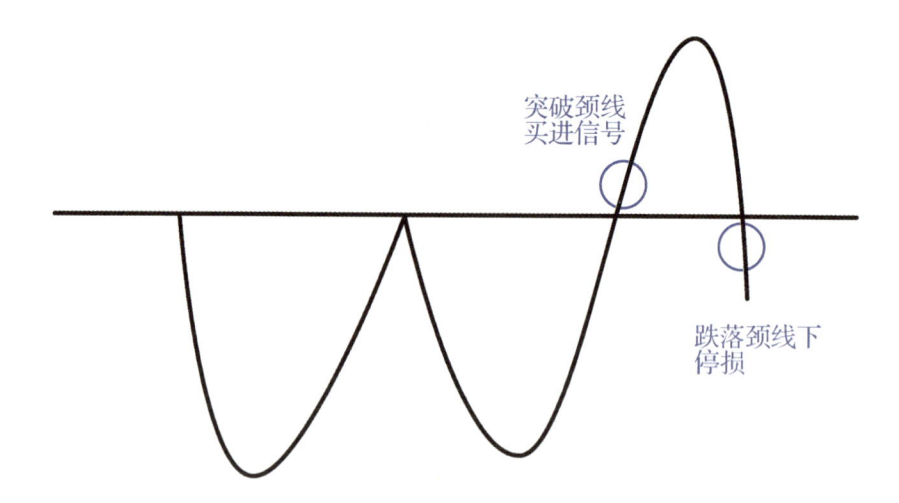

❸ 失败的收敛三角形底部

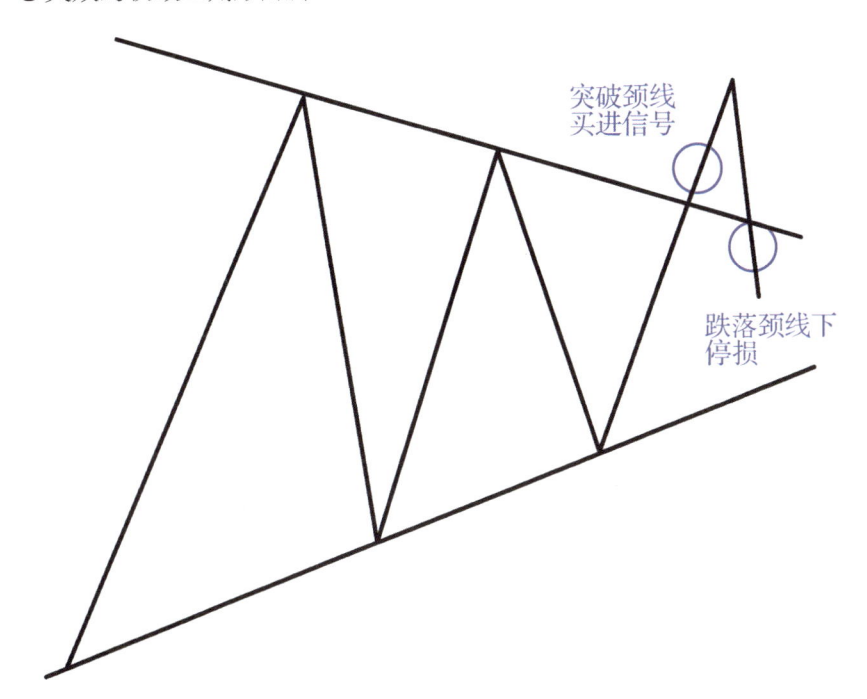

突破颈线
买进信号

跌落颈线下
停损

❹ 失败的头肩顶

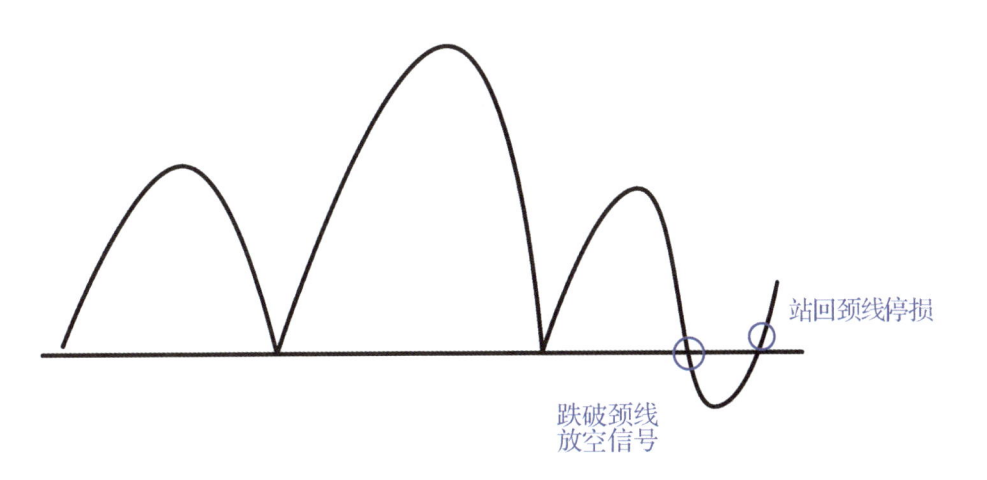

站回颈线停损

跌破颈线
放空信号

（二十二）2009-2011台股周线

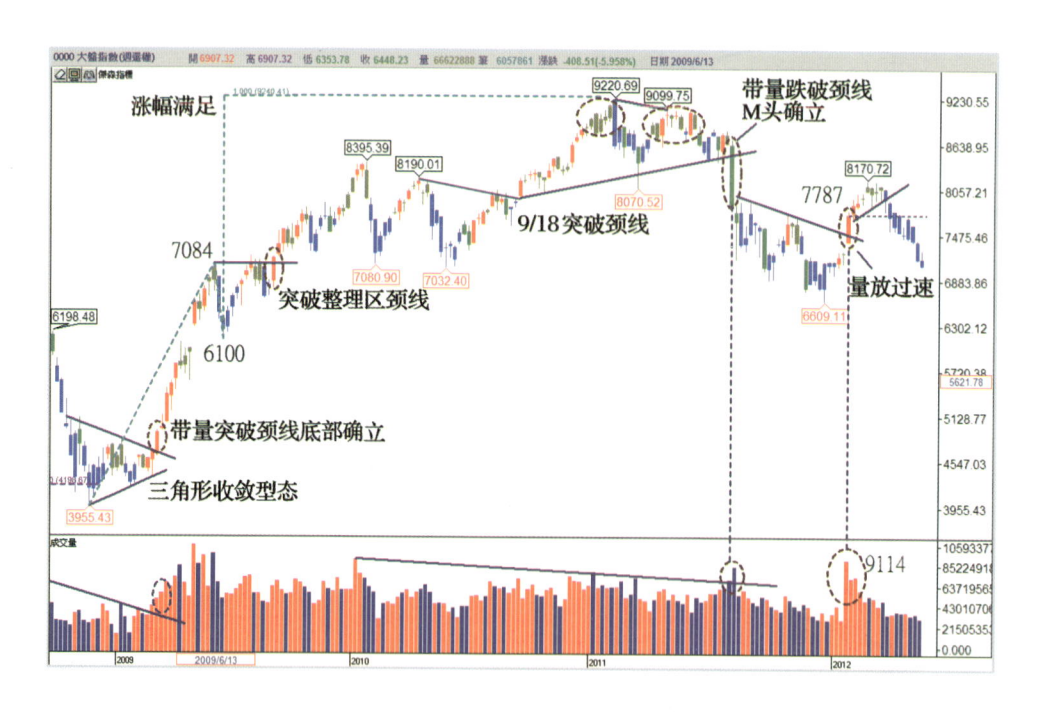

➡ **重点提示**：涨幅满足、M头、量放过速。

2009年3月14日带量突破颈线，底部确立为技术面最佳加码时机，波段大涨至同年6月间拉回整理，同年9月上旬突破整理区颈线越过前高，便可计算第二大波涨幅满足。9月18日当周突破颈线为买进信号，跌破颈线停损。

◆ **观察重点**：

❶ 自3955低点涨至7084点，共涨3129点。

❷ 低点6100点+3129点＝等幅计算的涨幅满足9229点。

台股盘涨至2011年2月中旬达涨幅满足附近（最高9220点），便进入长期盘头。

盘头期进行到同年8月6日，周线带量长黑摜破颈线，M型头部确立，M头的时间规模达约十一个月，盘跌的过程至隔年2012年2月4日，周线带量长红，突破颈线，出现底部型态，但底部的时间规模五个多月，远低于M头规模，且放量过速，如当时部落格预测主力求急不求长久，看短不看长，属于M头长空型态的反弹逃命波，台股随后盘头跌回起涨点。

◆ **操作方式：**

2009年3月14日当周大量突破底部确立多单进场，可买在4780点附近，停损设带量起涨低点4688点，风险约2%，达涨幅满足附近，获利了结约88%。就型态来看，若在2010初的震荡被中途洗出多单，也有约58%的波段多单获利。

◆ **小叮咛：**

"2008-2009台股日线"为同时期同样的三角形收敛底部操作，日线操作较即时，因此型态上有转折机会时，可观察较短K线，甚至是小时线或五分钟线的量价结构，以求更即时积极介入的时机。

> **大师语录**
>
> "使我犯错的是我没有足够的毅力按计划做，即只有在先满足入场条件时才入场。对每天都要买卖的人来说，他不可能有足够的理由和知识，使他每天的买卖都是理性的。"
>
> 杰西·利佛摩尔（Jesse L. Livermore）

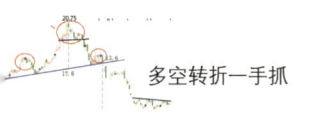

（二十三）2011-2012台股周线

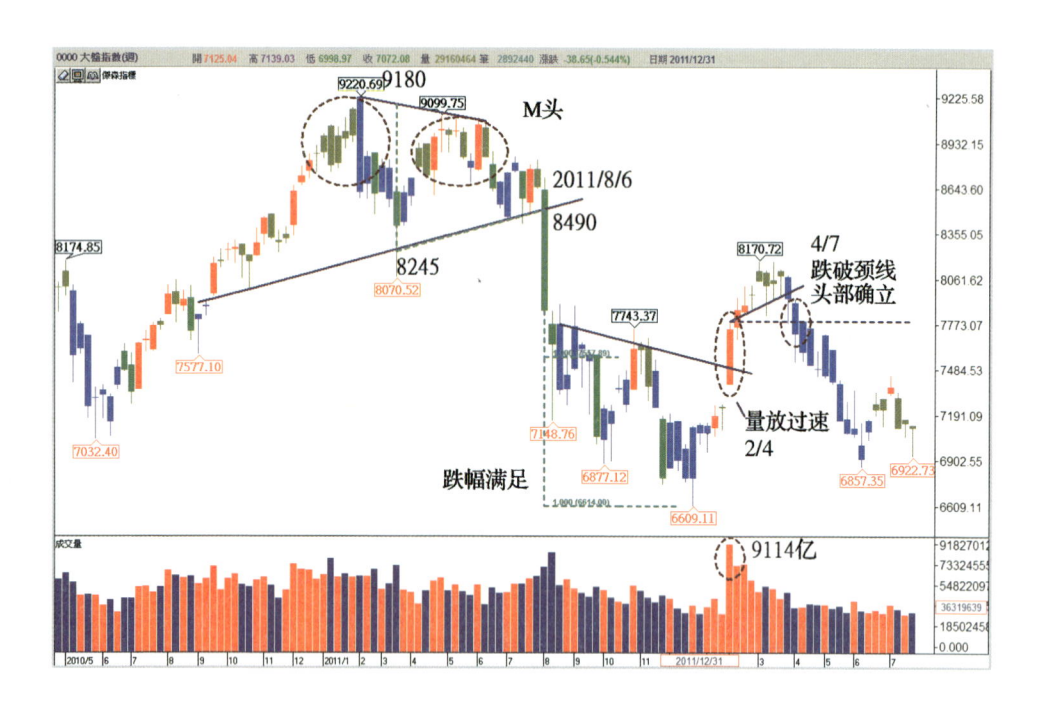

➡ **重点提示**：M头、跌幅满足、量放过速。

◆ **观察重点一**：

2011年空头的结构8月跌破颈线后可以M头的型态计算跌幅满足。

❶颈线约在8245点至双头连线的位置约在9180点，距离约935点。

❷跌破颈线的位置约在8490点-935点=等幅计算的跌幅满足7555点。

台股跌至第一波跌幅满足附近，大幅震荡后进入第二波跌势。

◆ **观察重点二：**

第二波跌幅满足计算为第一波跌幅满足 7555 点 −935 点 = 6620 点。

台股达第二波跌幅满足附近（最低 6609 点），配合日线出现破底翻后，便应翻空为多。

台股破底翻进行反弹波多头至 2012 年 2 月 4 日，周线带量长红，突破颈线，型态上突破颈线后，明显 6877 点及 6609 点双底成形也就是 W 底，不过这次却是量放过速，属于主力求急不求长久、看短不看长的结构。

大盘周线长红，突破颈线型态上约五个半月的底部成型，但相对上档 8200 点以上约 10 个半月的大头部区，规模差异仍大。因此未达相对时间规模的整理之前，应以反弹视之。

◆ **操作方法：**

❶ 量价结构上量放过速表示主力求急，而非大多头逐步放量求长久结构，表示业内作价看短不看长，但是量虽放过速却也表示业内成功作量吸引散户进场（融资增加）。通常都还会有一段类股轮动的盘头或盘涨期，以利其边拉边跑的动作。直到同年 4 月 7 日当周跌破颈线，完成短期头部结束反弹波，指数大幅回跌至起涨区，结果如当时部落格预测的"量放过速，主力求急而非求长久"。

❷ 部落格网址：ts888.blogspot.tw，参考 2012 年 2 月 7 日 PO 文。

多空转折一手抓

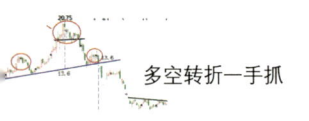

MEMO

二、个股

先了解大盘的趋势，再介入个股操作，将会大幅提高成功率。因此随势选股非常重要。当大盘脱离底部进入大波段起涨时，尤其是第一波段，大多数个股都会上涨，只是涨多涨少的问题而已。从经验上看，起涨第一波，跌深的低价转机股通常涨幅最为惊人。大盘若有第二波以上时，选股难度便随之上升，技术面量价结构产生的型态，便提供了相当大的帮助。

反之，进入空头的结构，状况大多是覆巢之下无完卵的。一般头部的完成，多半是在市场最无戒心的时候。这方面，技术面量价结构提供相当重要的判断，能率先市场抢得先机卖出股票，甚至反手放空。无论是大盘或个股的多空型态，前半部技术篇介绍的12种方法都足以提供判断。当然学无止境，不过切记，无论型态如何变化都还是建立在量价结构的基础上。另外，个股的多方趋势或空方趋势操作，至少要建立三至五档组合，切忌单压个股，有较大把握的趋势成形时，按个人的风险承受能力，先投入五成以上资金并严设停损。趋势若如预期，个股扩大获利时，再加码轮动股即可，届时即使是多单或空单满档，都是坐在波段趋势的轿子上。

> **大师语录**
>
> "相对于赚钱，我比较注意赔钱。别光想赚钱，要专注于保护你的战果。"
>
> 保罗·都铎·琼斯（Paul Tudor Jones）

（一）1997-1998华泰日线

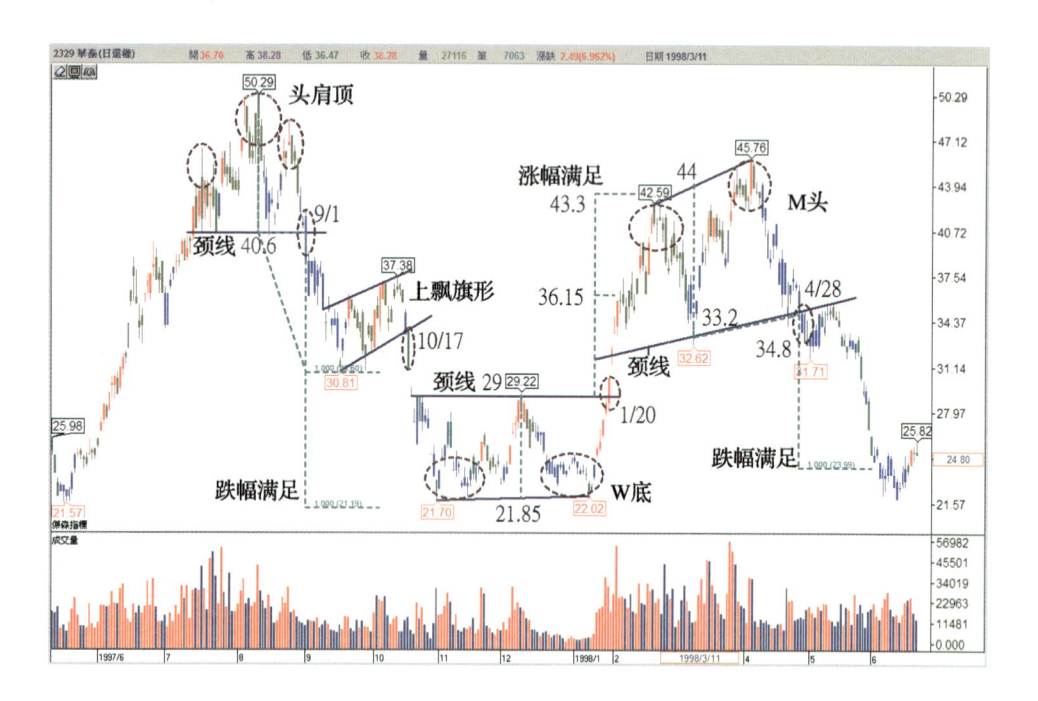

➡ **重点提示**：头肩顶、跌幅满足、上飘旗形、W底、涨幅满足、M头。

华泰日线1997年9月1日跌破颈线，三尊头型态的头肩顶确立便可计算跌幅满足。

◆ **观察重点一：**

❶ 头部高点50.29元至颈线的位置约40.6元，距离9.69元。
❷ 跌破颈线的位置40.6元（颈线为平行线）-9.69元＝等幅计算的跌幅满足30.91元。

华泰跌至跌幅满足附近（最低30.81元）反弹，同年10月17日长黑破线上飘旗形确立，隔日再破30.81元前低，便可再计算跌幅满足。

◆ **观察重点二：**

第一波跌幅满足 30.91 元 −9.69 元＝等幅计算的跌幅满足 21.22 元。

华泰达跌幅满足附近（最低 21.7 元）后企稳筑底，打底至隔年，1998 年 1 月 20 日突破颈线，W 底确立，便可计算涨幅满足。

◆ **观察重点三：**

❶ 双底低点中间值约 21.85 元至颈线位置约 29 元，距离 7.15 元。
❷ 突破颈线的位置 29 元（颈线为平行线）+7.15 元＝36.15 元。

华泰约三个月的底部突破约一周，便达涨幅满足附近，就规模而言，可直接计算第二波涨幅满足。

◆ **观察重点四：**

第一波涨幅满足 36.15 元 +7.15 元＝等幅计算的第二波涨幅满足 43.3 元。

华泰达第二波涨幅满足附近后，进入大区间震荡盘头（2 月中旬最高 42.59 元，4 月上旬最高 45.76 元），同年 4 月 28 日跌破颈线，M 头确立，便可计算跌幅满足。

◆ **观察重点五：**

❶ 双头高点中间值约44元，至颈线位置约33.2元，距离10.8元。
❷ 跌破颈线的位置约34.8元－10.8元＝等幅计算的跌幅满足24元。

华泰跌至同年6月达跌幅满足附近企稳。

◆ **操作方式：**

❶ 1997年9月1日跌破头肩顶颈线时，空单进场，可空在40元附近，停损设在42元附近，也就是站上颈线反压，风险约5%，反压站不回，看跌幅满足附近，空单回补获利，第一波跌幅满足附近获利约22%，第二波跌幅满足获利约47%。

❷ 1998年1月20日突破W底颈线，多单进场，约可买在29.5元，停损设在28元附近，也就是跌破颈线支撑，也是当日长红低点，风险约5%。支撑不破，看涨幅满足附近，多单获利了结，第一波涨幅满足附近获利约22%，第二波涨幅满足附近获利约42%。

❸ 1998年4月28日跌破M头颈线时，空单进场，可空在34元附近，停损设在36元附近，也就是站上颈线反压，风险约6%，反压站不回，看跌幅满足附近，获利约30%。

进阶篇 2

◆ 小叮咛：

有许多型态，如华泰的头肩顶型态，除了计算头肩顶型态的跌幅满足外，也可用波段跌幅满足做计算，大多会落在大致相同的位置上，只是如华泰有相当完整的头肩顶型态，便会以头肩顶为主计算跌幅满足。

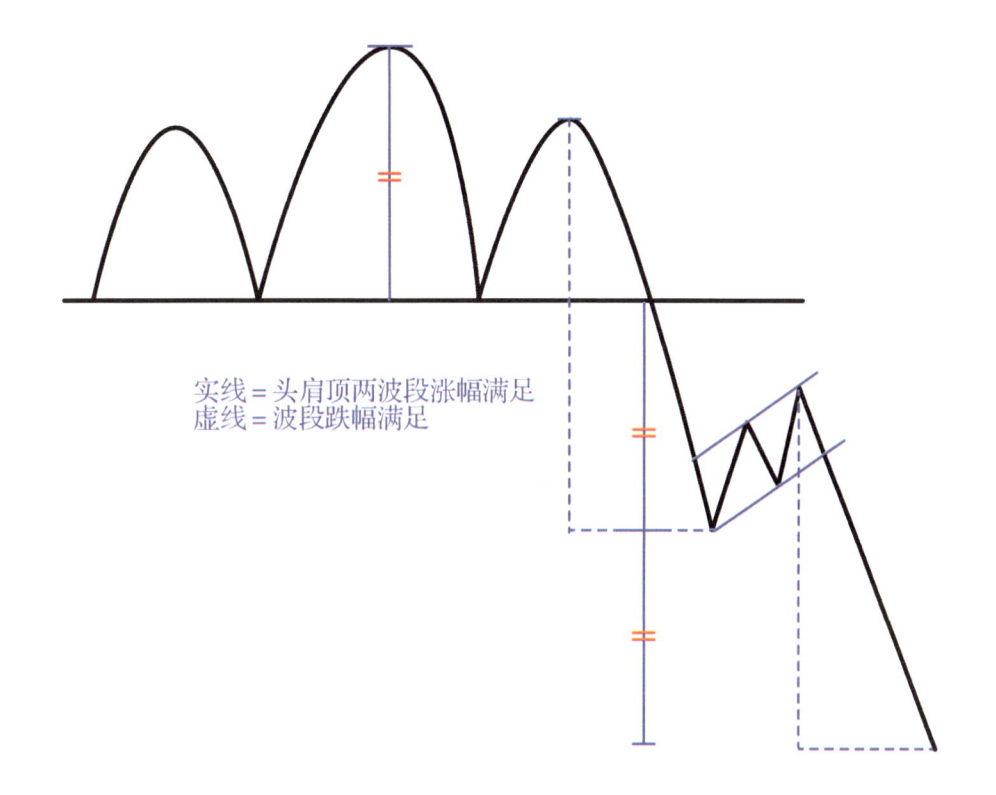

实线＝头肩顶两波段涨幅满足
虚线＝波段跌幅满足

大师语录

"大钱不存在于股票的日常小波动，大钱只存在大势之内。因此你需要判定大势的走向。"

杰西·利佛摩尔（Jesse L. Livermore）

（二）1997-1998联电日线

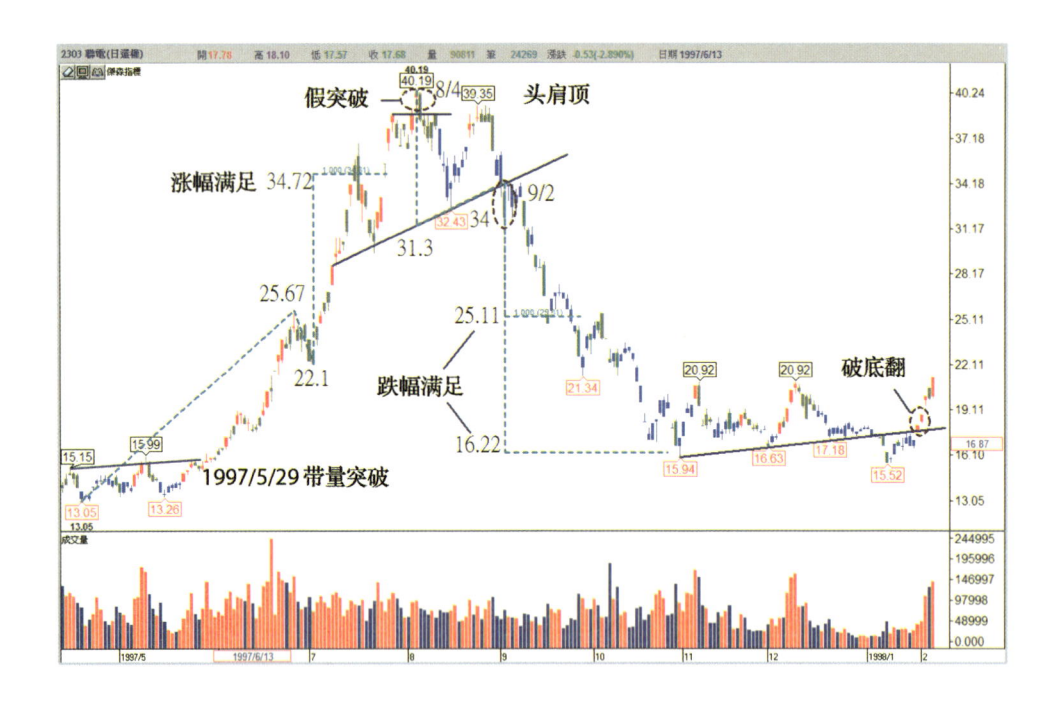

➡ **重点提示**：涨幅满足、假突破、头肩顶、跌幅满足、破底翻。

联电日线1997年首波涨至6月下旬拉回，7月初再创新高时便可计算涨幅满足。

◆ 观察重点一：

❶ 自13.05元低点涨至25.67元高点，共涨12.62元。
❷ 低点22.1元+12.62元＝等幅计算的波段涨幅满足34.72元。

联电涨至7月中旬，达涨幅满足附近，拉回后进行人区间盘头。8月4日达40.19元创历史新高，隔日便拉回突破的颈线以下，技术面假突破确立长线卖出信号。9月2日跳空长黑跌破颈线，头肩顶确立，便可计算跌幅满足。（注意：

破线隔日急弹未突破颈线为技术面的逃命线）

◆ **观察重点二：**

❶ 自头部高点40.19元至颈线位置约31.3元，距离8.89元。
❷ 跌破颈线位置约34元−8.89元＝等幅计算的跌幅满足25.11元。

联电9月15日达跌幅满足附近，短弹几日后回跌再破前低，便可计算第二波跌幅满足。第一波跌幅满足25.11元−8.89元＝等幅计算的第二波跌幅满足16.22元。

◆ **观察重点三：**

联电盘跌至同年10月30日，达跌幅满足附近（最低15.94元），才企稳筑底，盘底至隔年2月底才以破底翻确立底部，大幅反弹。

◆ **操作方式：**

❶ 1997年5月29日带量突破颈线，多单进场，可买在16元附近，停损设在15元也就是跌落线下时，风险约6.2%，达涨幅满足获利约117%。
❷ 跌破颈线时，空单进场，可空在33元附近，停损设在35元附近也就是站上颈线反压，风险约6%。反压站不回，看跌幅满足，空单回补获利，第一波跌幅满足获利约24%，第二波跌幅满足获利约52%。

（三）1998-2000友讯周线

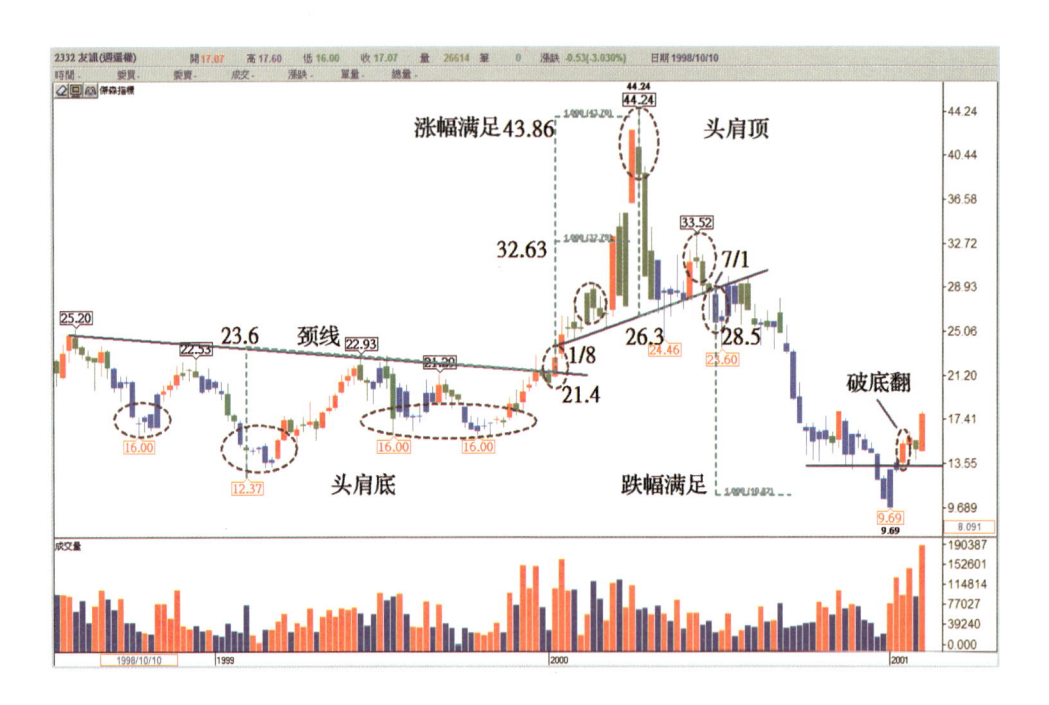

➡ **重点提示**：头肩底、涨幅满足、头肩顶、跌幅满足、破底翻。

如上图，2000年1月8日友讯周线当周带量长红，突破颈线，约一年半的大头肩底确立，便可计算涨幅满足。

◆ 观察重点一：

❶ 底部低点12.37元至颈线位置约23.6元，距离11.23元。
❷ 突破颈线的位置约21.4元+11.23元＝等幅计算的涨幅满足32.63元。

友讯同年3月中旬达涨幅满足附近后，周线一周大幅拉回逾15%，隔周再大幅回升约25%，充分反映当时网络泡沫投机的气氛，技术面越过前高便可再计算第二波涨幅满足。

◆ **观察重点二：**

第一波涨幅满足 32.63 元 +11.23 元＝等幅计算的第二波涨幅满足 43.86 元。

友讯 4 月 8 日当周达第二波涨幅满足附近（最高 44.24 元），V 型反转，股价急转直下，反映当时友讯搭上网络泡沫的末班车后，随着泡沫戳破，股价怎么上去怎么下来的投机走势。同年 7 月 1 日当周，跌破颈线，头肩顶确立，便可计算跌幅满足。

◆ **观察重点三：**

❶ 自头部高点 44.24 元至颈线位置约在 26.3 元，距离 17.94 元。
❷ 自跌破颈线位置约在 28.5 元 −17.94 元＝等幅计算的跌幅满足 10.56 元。

友讯长期盘跌至隔年 2001 年 1 月初，达跌幅满足附近（最低 9.69 元）才企稳破底翻，大幅反弹。

◆ **操作方式：**

❶ 突破颈线时买进，约可买在 21.5 元，停损设在 20.5 元，也就是跌落线下时，风险约 5%，达涨幅满足获利了结，获利 51% ～ 104%。
❷ 跌破颈线时空单进场，可空在 28.3 元附近，停损设在 30 元附近，也就是站上颈线反压，风险约 6%，反压站不回，看跌幅满足附近，空单回补获利约 60%。

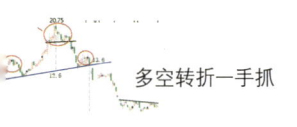

（四）1998-2001茂矽周线

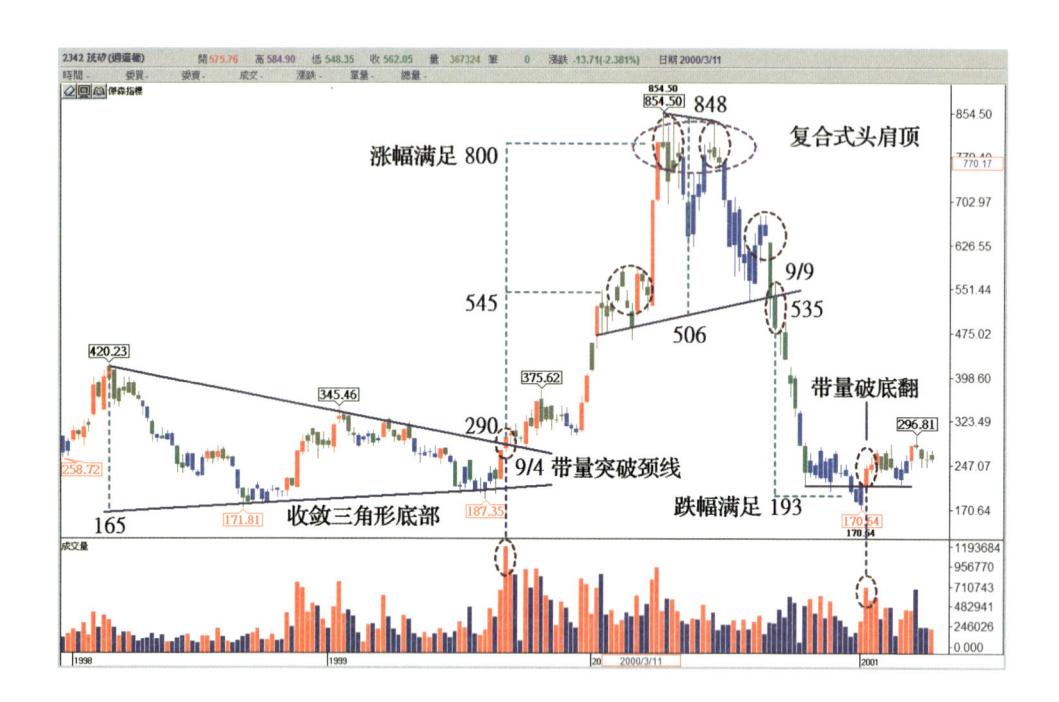

➡ **重点提示**：收敛三角形底部、涨幅满足、复合式头肩顶、跌幅满足、破底翻。

茂矽周线（图示为茂矽几次减资后的还原权值图）1999年9月4日带量突破颈线，逾一年半的底部确立便可计算涨幅满足。

◆ 观察重点一：

❶ 1999年8月7日波段最低点187.35元＝当时价位20.5元。

❷ 2000年4月8日波段最高点854.5元＝当时价位93.5元。

❸ 2001年1月6日波段最低点170.64元＝当时价位16.5元。

❹ 三角形边长的高点420元至低点约在165元，距离255元。

❺ 突破颈线的位置约在290元＋255元＝等幅计算的涨幅满足545元。

茂矽盘涨至隔年2000年2月，达涨幅满足附近，震荡整理，整理后再度突破整理区高点，便能计算第二波涨幅满足。

◆ **观察重点二：**

第一波涨幅满足545元+255元＝等幅计算的第二波涨幅满足800元。

茂矽同年4月初达第二波涨幅满足附近，便进入大区间震荡盘头，先盘出M头后，再盘出复合式头肩顶。同年9月9日，长黑跌破颈线，复合式头肩顶确立，便可计算跌幅满足。

◆ **观察重点三：**

❶头部高点中间均值约848元至颈线位置约在506元，距离342元。
❷跌破颈线的位置约在535元－342元＝等幅计算的跌幅满足193元。

茂矽跌至同年底达跌幅满足附近，仅震荡2周便带量翻红，破底翻企稳确立。

◆ **操作方式：**

❶1999年9月4日当周突破收敛三角形底部型态颈线时，多单进场，可买在295元附近，停损设在267元，也就是跌破颈线支撑，也是当周大量长红低点，风险约9%。支撑不破，看涨幅满足附近，多单获利了结，第一波涨幅满足附近获利约84%，第二波涨幅满足附近获利约170%。

❷2000年9月9日当周，跌破复合式头肩顶颈线时，空单进场，可空在530元附近，停损设在563元，也就是站回颈线反压，也是当周长黑高点，风险约6%；反压站不回，看跌幅满足附近，空单回补，获利约63%。

（五）1998-2003台积电周线

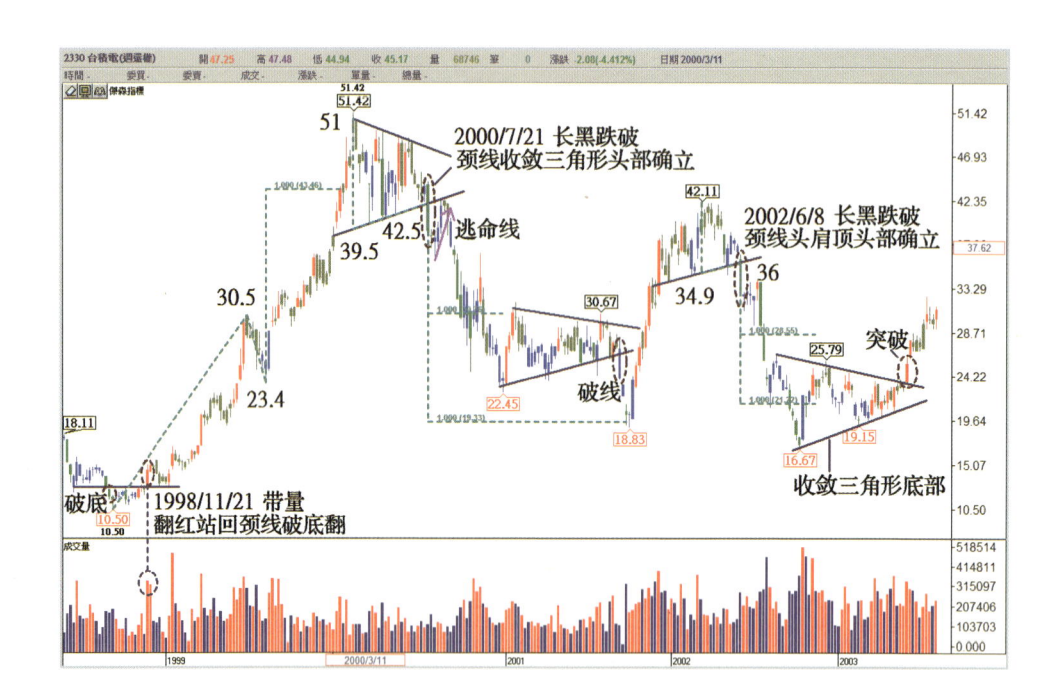

➡ **重点提示**：破底翻、涨幅满足、收敛三角形头部、头肩顶、跌幅满足、收敛三角形底部。

图示为台积电1998年至2003年周线K线型态（填权息），1998年8月29日当周破底，同年11月21日当周，出现带量长红破底翻，为底部企稳确立的波段买进信号。隔年1999年6月26日当周，见首波高点30.5元，拉回最低23.4元，当股价回升，至同年9月4日再过前高30.5元，便能计算波段涨幅满足。

◆ **观察重点一：**

❶ 自最低点10.5元至30.5元高点，共涨20元。

❷ 低点23.4元+20元＝等幅计算的涨幅满足43.4元。

台积电盘涨至隔年 2000 年 1 月下旬，达涨幅满足附近后，虽然持续超涨（最高 51 元），但型态上仍是以大波段涨幅满足为中心，做高档大区间震荡，长达约半年。同年 7 月 21 日当周，长黑摜破颈线，收敛三角形头部确立，破颈线的位置约在 42.5 元，这是对应 1998 年 11 月 21 日当周，站回颈线破底翻在 12.8 元附近以来的多头结束确立，也就是技术面波段操作会买在破底翻底部确立的 13 元附近。卖在跌破颈线头部确立后的 42 元附近，时间约一年八个月，波段获利约 220%。

◆ 观察重点二：

❶ 当收敛三角形颈线跌破头部确立后，便可计算跌幅满足。
   计算方式：三角形边长＝跌破颈线后的等长。
❷ 三角形边长高点约 51 元 − 颈线位置约 39.5 元＝11.5 元。
❸ 跌破颈线的位置约 42.5 元 −11.5 元＝等幅计算的跌幅满足 31 元。

台积电跌至首波跌幅满足附近后，以满足点为中心，做大区间震荡约两个月（最低 24.56 元，最高 36.91 元）后再度破底。

◆ 观察重点三：

第二波跌幅满足：
第一波跌幅足点 31 元 −11.5 元＝等幅计算的跌幅满足 19.5 元。

台积电 2001 年 9 月跌破长期收敛整理型态下缘颈线 3 周后，达第二波跌幅满足附近（最低 18.8 元），然后直接 V 形反转回升，先站回颈线，破底翻后持续大涨至最高 42.11 元才反转。

◆ **观察重点四：**

2002年6月8日，长黑跌破颈线，头肩顶型态的头部确立，便可计算跌幅满足：

❶ 头部高点42.1元至颈线位置约在34.9元，距离7.2元。
❷ 跌破颈线的位置约在36元－7.2元＝等幅计算的跌幅满足28.8元。

台积电首波跌至同年7月6日当周最低29.37元，反弹至最高34.14元，完成逃命线后再度破底。

◆ **观察重点五：**

第二波跌幅满足计算：
第一波跌幅满足点28.8元－7.2元＝等幅计算的跌幅满足21.6元。

台积电达第二波跌幅满足后，以满足点为中心，作区间打底，大约八个月（最低16.67元，最高25.79元）。2003年5月31日当周长红突破整理区上缘颈线，完成收敛三角形底部，进入一波多头行情。

◆ **操作方式：**

❶ 1998年11月21日当周带量长红破底翻时，多单进场，约可买在13.3元，停损设在12.5元，也是当周大量长红低点支撑，风险约6%，支撑不破，看涨幅满足附近，多单获利约226%。
❷ 2002年7月21日当周长黑攒破颈线时，空单进场，可空在42元附近，停损设在44元附近，也就是站上颈线反压，也是长黑高点，风险约5%。反压站不回，看跌幅满足附近，空单获利了结，第一波跌幅满足附近获利约26%，第二波跌幅满足附近获利约53%。

❸2002年6月8日当周长黑摜破颈线时，空单进场，可空在34.5元附近，停损设在36元附近，也就是站上颈线反压，风险约4.3%。反压站不回，看跌幅满足附近，空单获利了结，第一波跌幅满足附近获利约15%，第二波跌幅满足附近获利约36%。

◆ 小叮咛：

由"1998–2003台积电周线"的例子来看，约五年的时间里，只有两次明显突破的波段买点（2001年达两波段跌幅满足后的破底翻或可加算一次），及两次跌破颈线完成头部的波段卖点（空点）。操作波段要有耐心，机会是等出来的。

MEMO

注：跌破颈线后反弹未站回颈线称之为逃命线（粉色箭头部分）。

多空转折一手抓

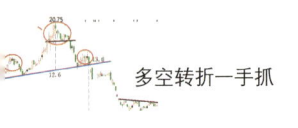

（六）1999-2002金宝周线

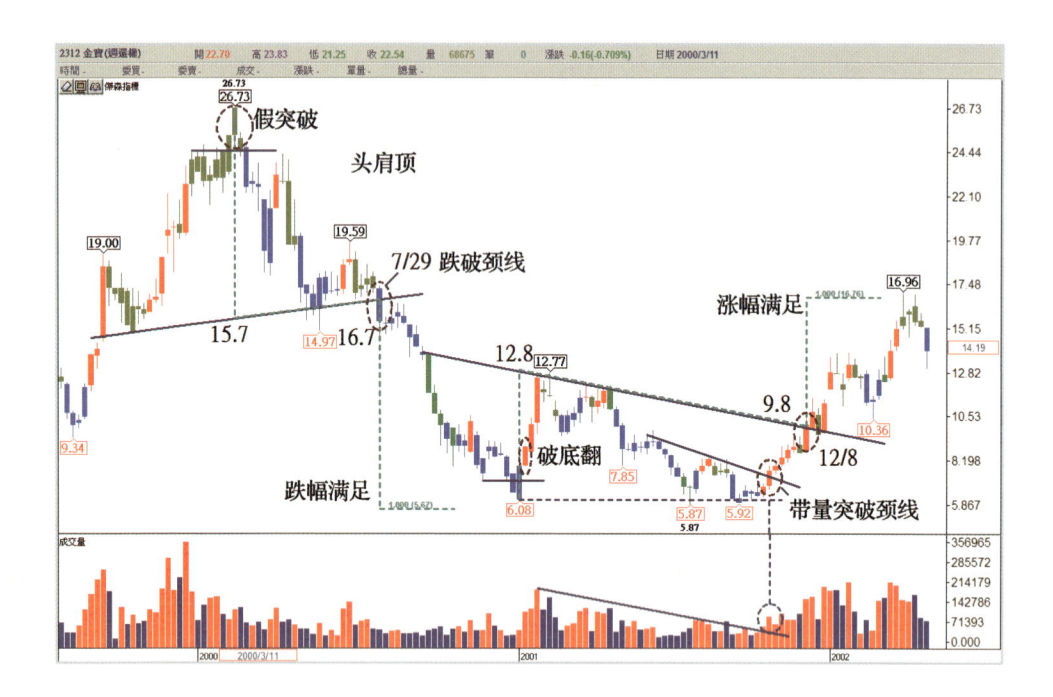

➡ **重点提示**：假突破、头肩顶、跌幅满足、头部与底部的规模、收敛三角形、涨幅满足。

金宝2000年2月突破上缘颈线又跌回破线，假突破确立长线卖出信号，股价盘跌至同年7月29日当周，跌破颈线，头肩顶确立，便能计算跌幅满足。

◆ **观察重点一：**

❶ 自头部高点26.73元垂直至颈线位置，约在15.7元，距离11.03元。
❷ 跌破颈线位置约在16.7元 -11.03元＝等幅计算的跌幅满足5.67元。

金宝盘跌至隔年2001年初，达跌幅满足附近（最低6.08元）后破底翻急弹，这次破底翻的底部规模仅两个多月，远小于头肩顶十个多月的头部规模，通常以短线反弹视之（但因跌深弹幅也达倍数），3周急弹后进入长期盘跌，至同年10月27日当周，带量长红，突破颈线，底部确立，此时对应年初低点底部规模已达十个多月，较易有大波段多头走势，12月8日带量长红，突破大收敛三角形颈线，便可计算涨幅满足。

◆ 观察重点二：

❶ 自6.08元低点垂直至上缘颈线位置，约在12.8元，距离6.72元。
❷ 突破颈线的位置约在9.8元+6.72元＝等幅计算的涨幅满足16.52元。

金宝波段大涨至隔年2002年4月，达涨幅满足附近（最高16.96元）才盘头翻空。

◆ 操作方式：

❶ 空单操作

2000年2月21日假突破确立后，空单进场，可空在22.9元附近，停损设在站上颈线24.4元时，风险约6.5%，同年7月29日当周，跌破颈线确立为空单加码点，可空在16元附近，站回颈线16.7元之上为停损利点，风险约5%（假突破高档空单停利，破线加码空单停损），颈线反压站不回，看跌幅满足附近，空单回补获利，获利50%以上。

❷ 多单操作

2001年10月27日当周带量突破颈线后，多单进场，可买在7.5元附近，风险约7%，也就是跌破颈线时，同年12月8日当周再度带量突破大颈线后，为多单加码信号，可买在9.7元附近，风险约7%，停损也就是跌破颈线时，颈线支撑不破，看涨幅满足附近，获利70%～120%。

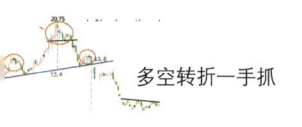

（七）2002-2004友达周线

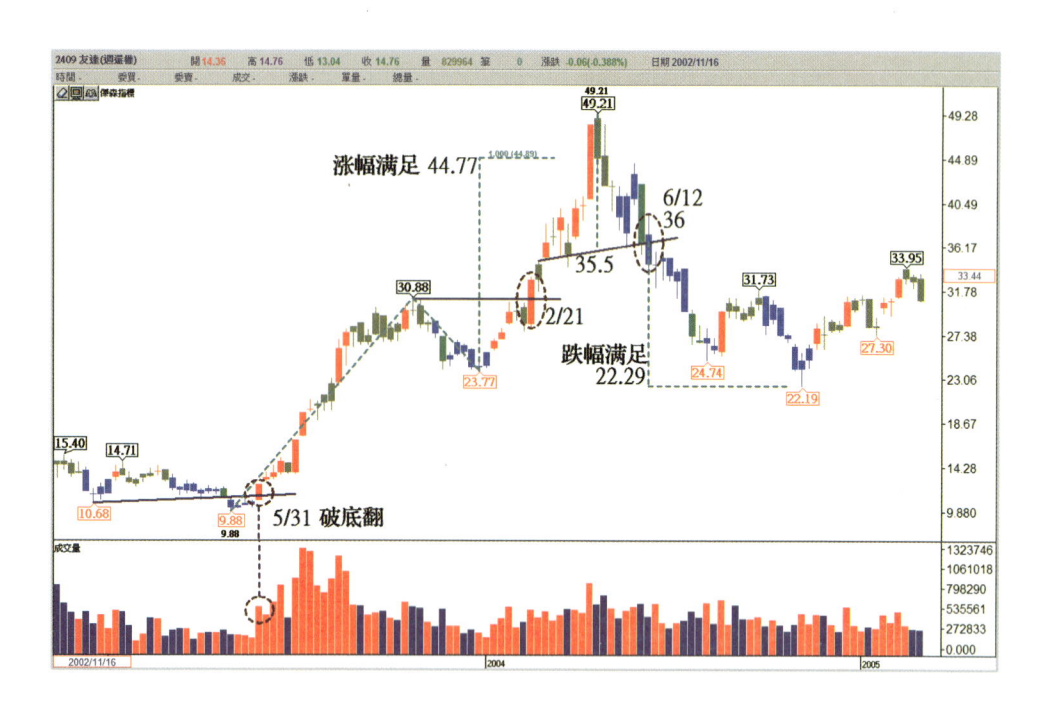

➡ **重点提示**：破底翻、涨幅满足、头肩顶、跌幅满足。

友达周线2002年5月31日出现带量破底翻买进信号，股价就此数倍波段大涨，第一大波涨至30.88元拉回修正，2004年2月21长红突破前高，便能计算涨幅满足。

◆ 观察重点一：

❶ 自9.88元低点涨至30.88元高点，共涨21元。
❷ 低点23.77元+21元＝等幅计算的涨幅满足44.77元。

友达同年4月中旬达涨幅满足附近（最高49.21元），不到3周便急速反转盘头，同年6月12日跌破颈线头肩顶确立，便可计算跌幅满足。

◆ **观察重点二：**

❶ 自头部高点49.21元至颈线位置，约在35.5元，距离13.71元。
❷ 跌破颈线位置约在36元－13.71元＝等幅计算的跌幅满足22.29元。

友达盘跌至同年11月6日达跌幅满足附近（最低22.19元），企稳打底后回升。

◆ **操作方法：**

❶ 多单操作：

友达日线2003年5月26日破底翻确立，隔日买进在11.6元附近，停损设在破底前低点10.68元跌破后（破底前的区间才是主力成本区），风险约8%。当周周末5月31日收盘长红周线破底翻，达周线涨幅满足44.77元附近的波段利润约286%，利润是风险的35倍。唯有一次日线11月17日破线，短线转弱，可能卖出的位置在26.5元附近，波段利润也高达约128%。

❷ 空单操作：

友达周线2004年6月12日当周跌破36元颈线，便是空单进场布空时。破线后放空的位置在35元附近，36元颈线跌破支撑变反压，空头看反压因此站回颈线反压之上停损，可设约5%停损。反压站不回，看头肩顶波段跌幅满足22.29元附近空单回补，波段利润约36%。

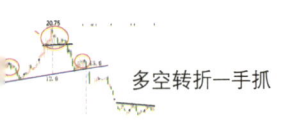

（八）2003-2008光磊周线

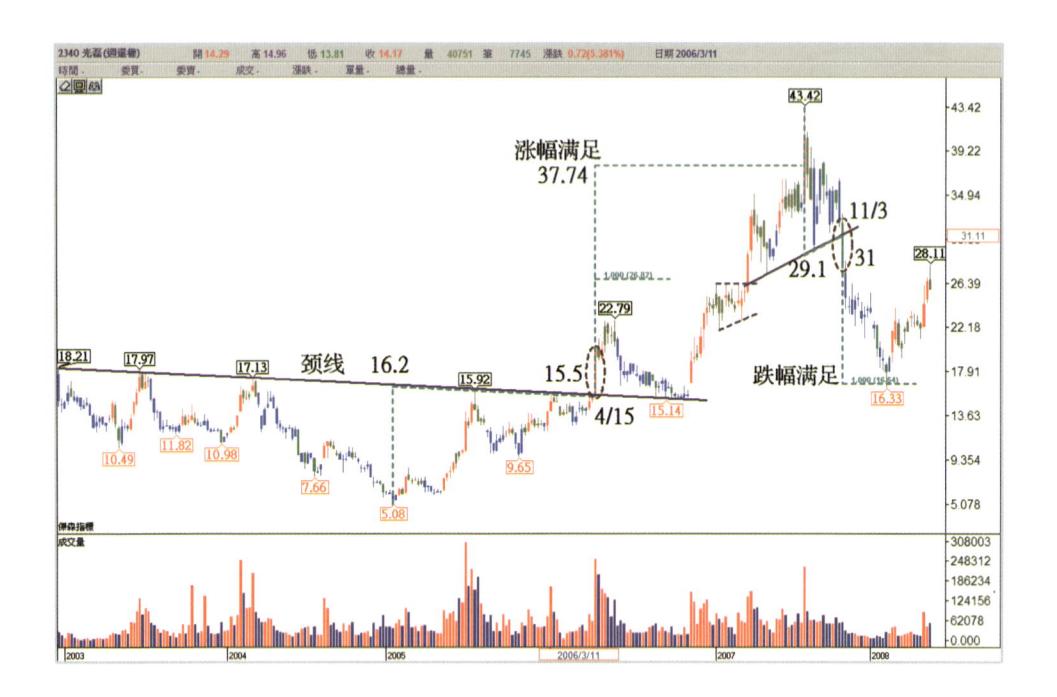

➡ **重点提示**：底部、涨幅满足、头肩顶、跌幅满足。

光磊周线2006年4月15日当周突破颈线，带量长红，三年四个多月的底部确立，便可计算涨幅满足，只是突破颈线后的回测颈线时间为少见的约半年之久。

◆ 观察重点一：

❶ 自底部低点5.08元至颈线位置，约在16.2元，距离11.12元。
❷ 突破颈线的位置约在15.5元+11.12元＝等幅计算的涨幅满足26.62元。

光磊2007年初，达涨幅满足附近整理达三个多月，同年3月4日当周，突破旗形整理上缘，便可计算第二波涨幅满足。

第一波涨幅满足26.62元+11.12元＝等幅计算的第二波涨幅满足37.74元。

光磊同年7月底，达第二波涨幅满足附近后进入盘头，11月3日当周长黑跌破颈线，头肩顶确立，便可计算跌幅满足。

◆ **观察重点二：**

❶ 自头部高点43.42元至颈线位置约在29.1元，距离14.32元。
❷ 破线位置约在31元－14.32元＝等幅计算的跌幅满足16.68元。

光磊盘跌至隔年2月中旬，达跌幅满足附近企稳反弹。

◆ **操作方式：**

❶ 2006年4月15日当周带量突破颈线买进，可买在16元附近，跌破颈线约14.8元停损，风险约8%，达两波段涨幅满足26.62元及37.74元附近，获利65%～135%。

❷ 2007年11月3日当周长黑跌破颈线空单进场，约可空在30.5元，停损设在32元也就是站回线上时，风险约5%，达跌幅满足附近空单回补获利约45%。

大师语录

"别想买到最低、卖到最高。"

伯纳德·巴鲁克（Bernard Baruch）

（九）2003-2013宏碁日线

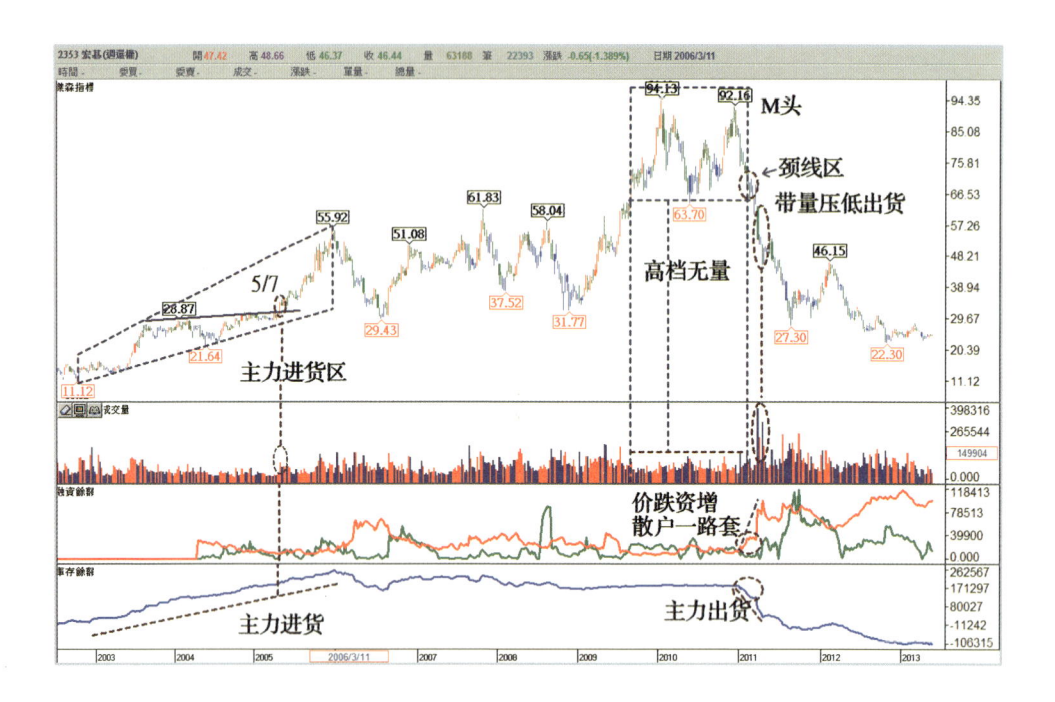

➡ **重点提示**：高档压低出货。

自从2008年高油价产生的全球金融风暴崩盘至当年底见低点后，庞大的印钞救市，以及不断的量化宽松政策造成泡沫式的资金多头行情。台股亦至当年低点弹升，个股涨幅甚至以数倍计，因此许多个股高涨后，常见主力在时间与空间的有利条件下，高档做压低出货的方式（尤其是外资主力）。

◆ **观察重点**：

宏碁自2008年11月21日低点31.77元（填权息）波段大涨，涨幅高达约200%后，修正再大区间盘头。

2011年初库存余额显示主力在高档积极落跑压低出货，融资散户则以为短线

178

急跌逢低买进，股价一路盘跌惨遭套牢，可见基本面里，苹果颠覆市场的iPad对平板电脑及NB市场的冲击相当大。

如图示，2003年上半年宏碁在14元附近区间震荡打底，随后一路盘涨，拉高进货，至2005年5月7日带量长红，突破颈线，发动攻势，主力进货区的平均成本粗估在26元或以下。筹码集中在法人手中。于2009年至2010年拉高至65元附近至90余元，高档震荡无量。2010年底自高档92.16元压回至颈线附近，很明显出现价跌资增、主力库存减的高档压低出货结构（咖啡色虚圈部分），股价在颈线之上震荡盘弱约一个月后，只做短暂3天反弹便跳空崩跌，可见高档"颈线支撑区是主力法人压低出货的最大陷阱"。

◆ **操作方法：**

误判颈线支撑低接的散户在跌破支撑后，噩梦才刚开始，后续虚圈部分宏碁爆量下跌，融资急速增加且主力库存更快速出货，属带量压低出货，股价一路盘跌下来连环套，越来越多无知的散户套牢。主力约26元以下的原始筹码随便卖随便赚。其实因误判而在颈线支撑买进并不可怕，可怕的是跌破支撑不知严格执行停损，因为停损后的损失有限，不知停损则如宏碁跌破支撑一年的大M头成形股价腰斩再腰斩，操作上宁可做错也不要留错，做错还能小赔大赚，留错则翻身困难。

> 注　更多详细内容请参考2011年3月23日部落格PO文。

（十）2004-2012台达电周线

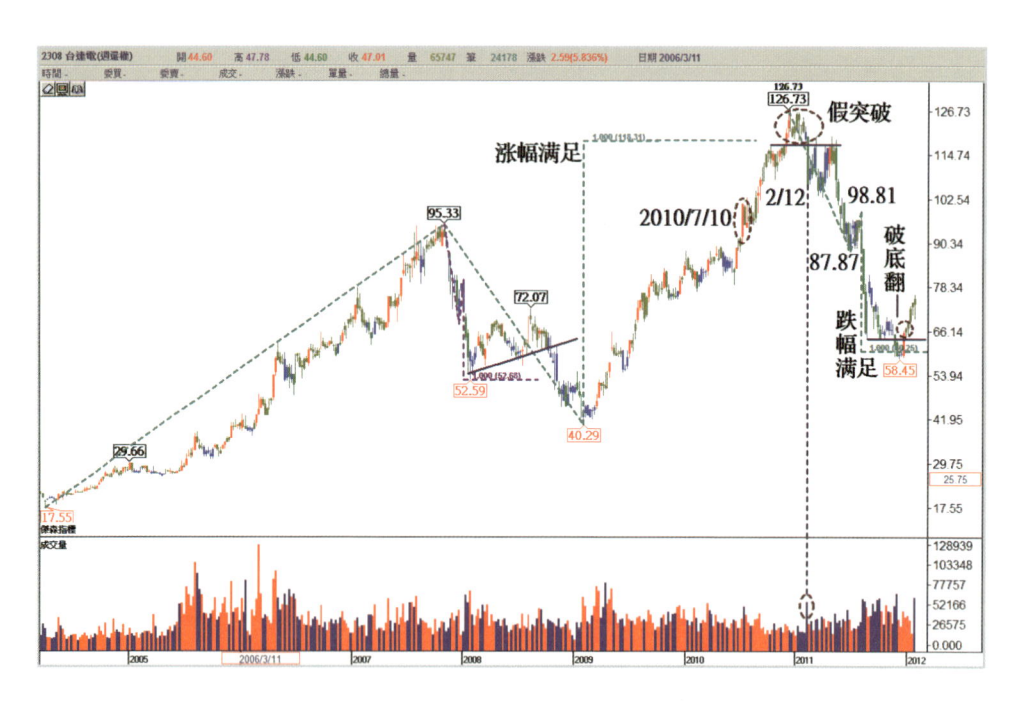

➡ **重点提示**：涨幅满足、假突破、跌幅满足、破底翻。

台达电周线2010年7月10日当周长红，突破前高95.33元后，便可计算大波段涨幅满足。

◆ 观察重点一：

❶ 自17.55元低点涨至95.33元高点，共涨77.78元。
❷ 低点40.29元+77.78元＝等幅计算的涨幅满足118.07元。

台达电同年底达涨幅满足附近进入盘头（最高126.73元），至隔年2011年2月12日当周带量长黑，确立了假突破翻空的长线卖出信号，结束两年多头行情，进入长空修正。同年8月7日当周跌破反弹低点87.87元，便能计算跌幅满足。

◆ **观察重点二**：

❶ 自126.73元高点跌至87.87元，共跌38.86元。

❷ 98.81元高点 −38.86元 ＝ 等幅计算的跌幅满足59.95元。

台达电盘跌至同年11月底达跌幅满足附近，进入打底（最低58.45元），年底12月24日当周长红破底翻，底部确立，结束约一年的空头大跌修正，进入另一波大多头行情。

◆ **操作方式**：

2011年2月12日当周带量长黑，跌破颈线，假突破确立，放空，可空在118元附近，停损设在125元，站回颈线时，风险约6%，达跌幅满足59.95元附近，空单回补，获利约49%。

◆ **小叮咛**：

这篇的型态分析，主要是确定高档假突破卖点的做空时机。

大师语录

"犯错并没有什么好羞耻的，只有知错不改才是耻辱。"

乔治·索罗斯（George Soros）

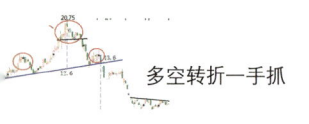

（十一）2006-2008神达日线

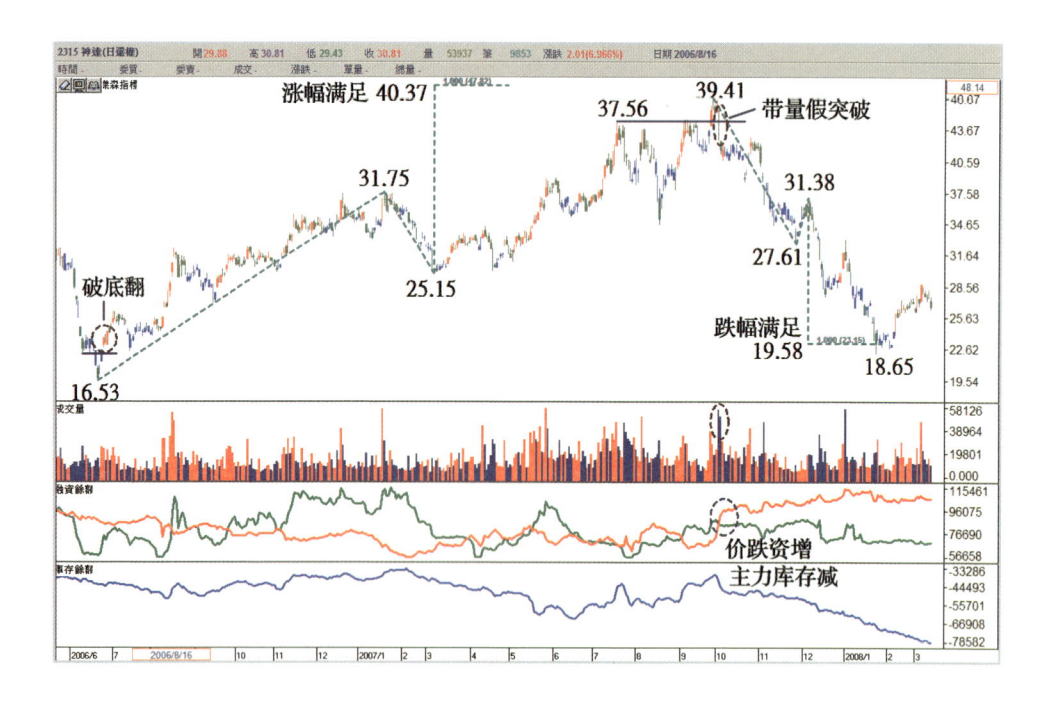

➡ **重点提示**：破底翻、涨幅满足、假突破、跌幅满足。

如上图，神达日线2006年6月26日破底翻筑底后，盘涨进入一波长多走势，隔年2007年5月28日突破拉回整理后的前高，便可计算大波段涨幅满足。

◆ **观察重点一：**

❶ 自16.53元低点涨至31.75元，共涨15.22元。
❷ 低点25.15元+15.22元＝等幅计算的涨幅满足40.37元。

神达同年10月1日最高39.41元达涨幅满足附近，隔日带量跌回线下假突破确立长线卖出信号，结束多头行情进入价跌资增、主力库存减的长空结构，同年12月13日跌破反弹低点便可计算跌幅满足。

◆ **观察重点二：**

❶ 自39.41元高点跌至27.61元低点，共跌11.8元。

❷ 高点31.38元－11.8元＝等幅计算的跌幅满足19.58元。

神达盘跌至隔年2008年1月下旬达跌幅满足附近，才筑短底反弹。

◆ **操作方式：**

❶ 2006年6月26日破底翻底部确立，买进，可买在19.5元附近，跌破18元停损，风险约8%，达涨幅满足40.37元附近，尤其在10月2日带量假突破后，多单获利了结约88%。

❷ 当日随之翻多为空，可空在36.8元附近，停损设在19元附近，站回颈线时，风险约6%，达跌幅满足附近，空单回补，获利约46%。

大师语录

"投资法则只有两条：第一条是绝对不要赔钱，第二条是绝对不要忘了第一条。"

沃伦·巴菲特（Warren Buffett）

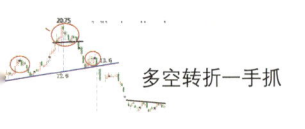

（十二）2006-2009友讯周线

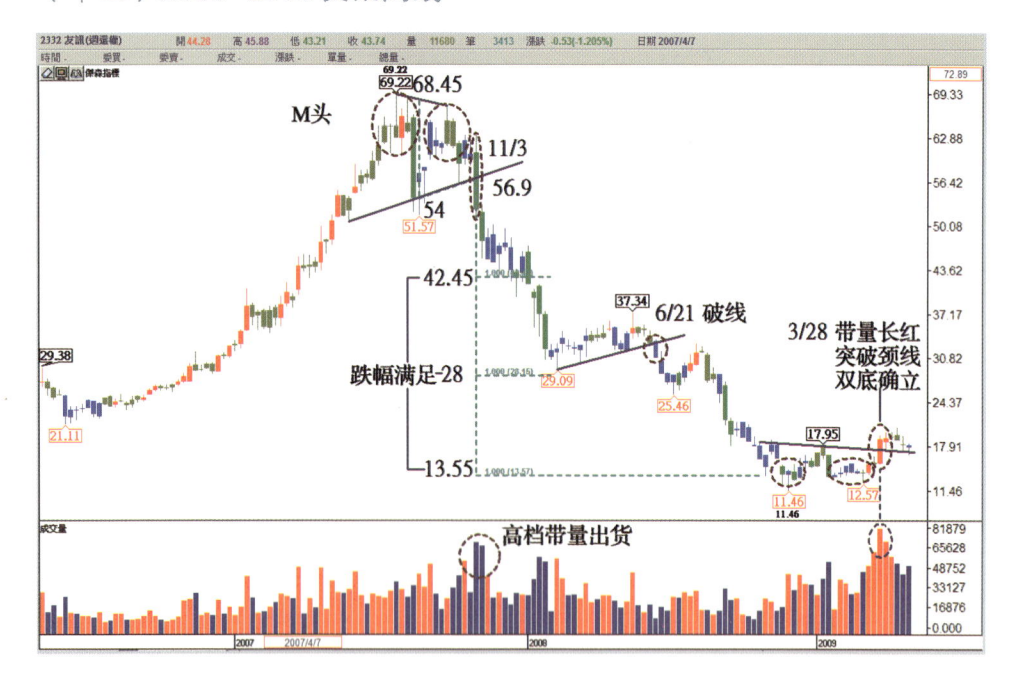

➡ **重点提示**：M头、三波段跌幅满足、W双底型态。

友讯周线2007年11月3日当周爆量长黑，跌破颈线，M头确立。而破线后连续两周爆量长黑，极为明显为高档压低出货结构，后续随之出现三波段的极弱势长空盘跌型态。

◆ 观察重点一：

第一波跌幅满足，周线跌破颈线后，便能计算跌幅满足。

❶ M头两个高点的中间值约68.45元，至颈线位置约54元，距离14.45元。
❷ 跌破颈线的位置约56.9元-14.45元＝等幅计算的跌幅满足42.45元。

友讯同年12月22日当周达跌幅满足附近，反弹约2周。

◆ 观察重点二：

第一波跌幅满足42.45元−14.45元＝等幅计算的第二波跌幅满足28元。

友讯隔年2008年2月23当周达第二波跌幅满足附近企稳，虽仅弱势反弹，但整理期长达约四个月。直到同年6月21日当周破线结束整理，转弱确立，隔周跌破前低，便能计算第三波跌幅满足。

◆ 观察重点三：

第二波跌幅满足28元−14.45元＝等幅计算的第三波跌幅满足13.55元。

友讯盘跌至同年11月下旬达第三波跌幅满足附近（最低11.46元）才企稳，整理盘底至隔年2009年3月28日，带量长红，突破颈线，约五个月的W双底确立，结束了长达约一年半的长空型态，正式翻为多头。

◆ 操作方式：

❶ 2007年11月3日带量跌破M头颈线，空单进场可空在56元附近，停损设在58元附近，站回颈线时，风险约4%，达第二波跌幅满足附近，空单获利了结约45%。

❷ 2008年6月21日当周破线，空单再度进场，可空在32元附近，突破34.2元站回颈线时停损，风险约7%，达第三波跌幅满足附近，空单获利了结约57%。

（十三）2007-2008鸿准周线

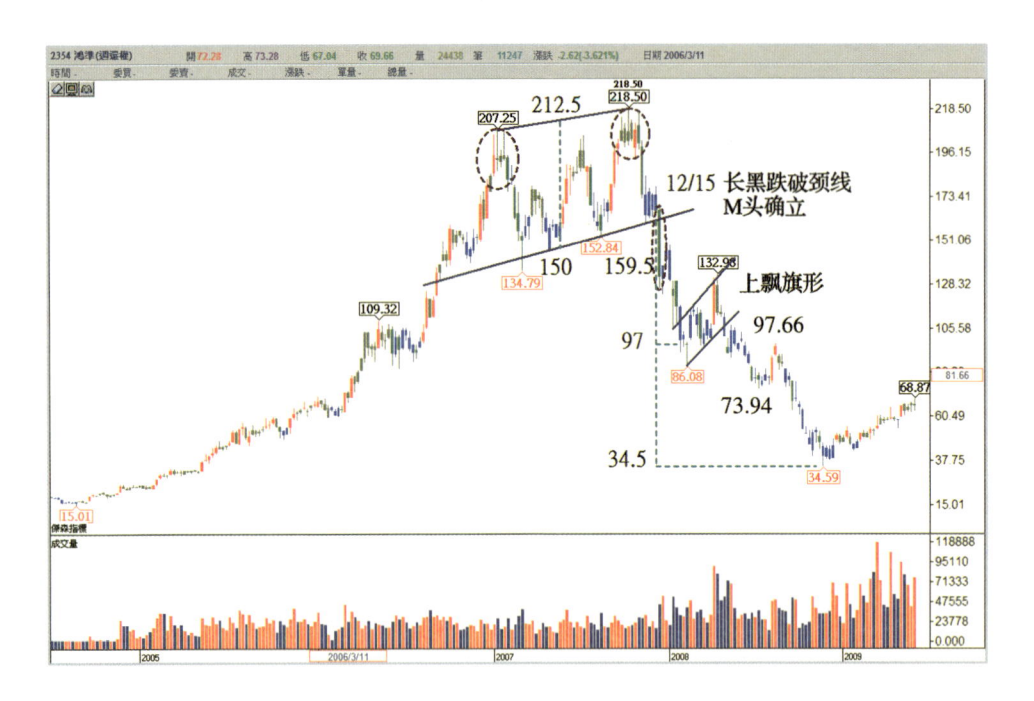

➡ **重点提示**：M头、跌幅满足。

2007年12月15日当周鸿准周线带量跌破颈线，M头确立，便可计算跌幅满足。

◆ **观察重点**：

❶ 双头高点连接的中间均值约在212.5元，至颈线约在150元，距离约62.5元。

❷ 跌破颈线的位置约在159.5元－62.5元＝等幅计算的跌幅满足97元。

鸿准跌至跌幅满足附近（最低86.08元）反弹，形成上飘旗形破线后，便可计算第二波跌幅满足。

❸ 第一波跌幅满足97元－62.5元＝等幅计算的第二波跌幅满足34.5元。
❹ 鸿准达第二波跌幅满足附近（最低34.59元）便筑底回升。

◆ **操作方式：**

2007年12月15日当周带量跌破颈线，M头确立，空单进场，约可空在152.5元（跌破前低152.84元时确定破线），停损设在162元附近，站回颈线时，风险约6.2%，达两波段跌幅满足附近，空单获利了结约70%（第一波跌幅满足则有约36%）。

◆ **小叮咛：**

上飘旗形完成的两波段跌势，也可以波段跌幅满足做计算。
❶ 上飘旗形反弹高点132.98元－低点73.94元＝59.04元。
❷ 反弹高点97.66元－59.04元＝等幅计算的跌幅满足38.62元，也是落在大致相同的底部位置下缘处（底部区高低点34.59～54.9元）。

大师语录

"投资者分两类：固执的和犹豫的。胜利者是固执的人。"

安德烈·科斯托兰尼（André Kostolany）

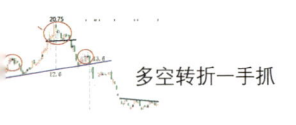

（十四）2007-2011台泥周线

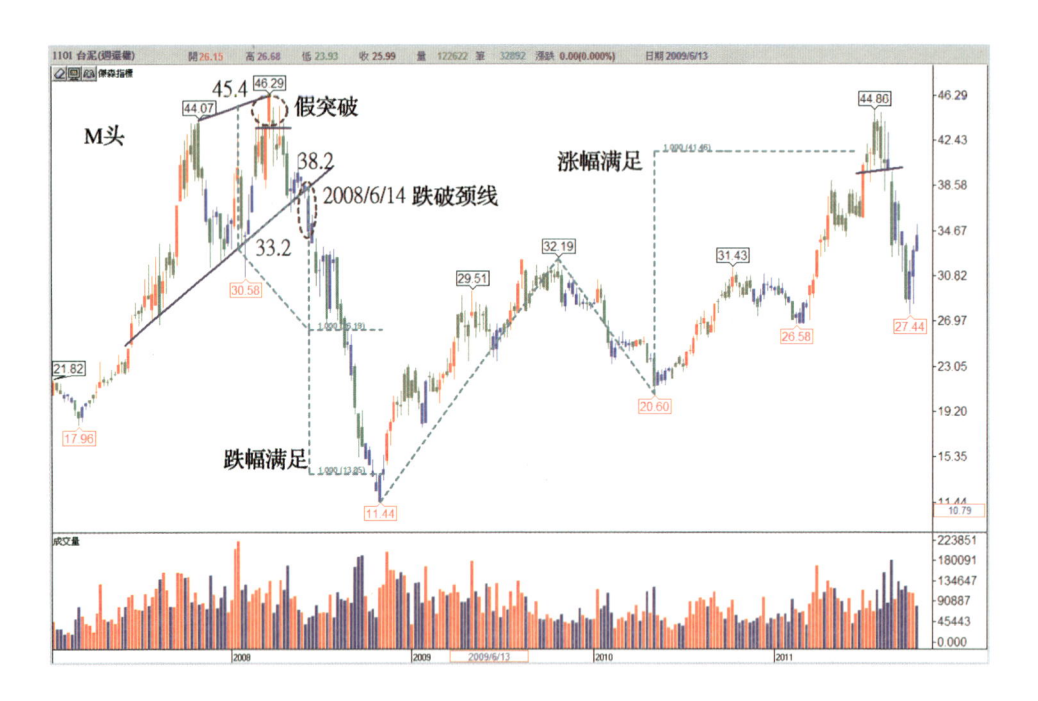

➡ **重点提示**：M头、假突破、跌幅满足、涨幅满足。

台泥周线2007年9月下旬拉高盘头，至2008年6月14日当周跌破颈线，M头确立，便可计算跌幅满足（第二个头部已明显出现假突破的高档卖出信号）。

◆ 观察重点一：

M头两个高点连线的中间位置在45.4元附近，垂直相对的颈线中间位置在33.2元附近，45.4元-33.2元＝12.2元。

跌破颈线的位置约在38.2元-12.2元＝等幅计算的跌幅满足26元。

台泥跌至首波跌幅满足附近（最低26.6元），短线快速反弹，反弹后回跌再破前低，便可计算第二波跌幅满足，头部的规模够大且跌势快又急，通常表示还会有第二波跌势（除非整理的时间够长，以时间修正争取空间的修正）。

◆ **观察重点二：**

第一波跌幅满足26元 – 12.2元＝等幅满足计算的第二波跌幅满足13.8元。

台泥跌至跌幅满足附近初期，虽有超跌（最低11.44元），但立即V型反转，随后盘涨，共进行两年多的两大波多头走势，2011年4月2日当周带量突破前高，便可计算大波段涨幅满足。

◆ **观察重点三：**

❶ 自11.44元低点至32.19元高点，共涨20.75元。
❷ 低点20.6元 +20.75元＝等幅计算的大波段涨幅满足41.35元。

台泥同年中涨至涨幅满足附近盘头而下大幅回跌。

◆ **操作方式：**

❶ 2008年6月14日当周跌破颈线，进场做空，可空在37.5元附近，站回颈线，停损可设在39元，风险约4%，达两波段跌幅满足，空单获利了结约63%。

❷ 若以基本面来看，台泥为绩优龙头股之一，当年的金融风暴造成股价崩跌，而在当年以前至少连续3年以上EPS都逾1.5元以上（2005年至2007年1.97元、2.26元、2.55元逐年成长，2008年则受金融风暴影响为1.75元）。当台泥达跌幅满足13.8元附近时，还原权息在17元附近（最低14.15元），且当年净值仍高达逾20元，达跌幅满足附近，便具现股买进长期投资价值，达大波段涨幅满足，多单获利了结约200%。

多空转折一手抓

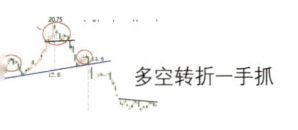

（十五）2008-2009彩晶日线

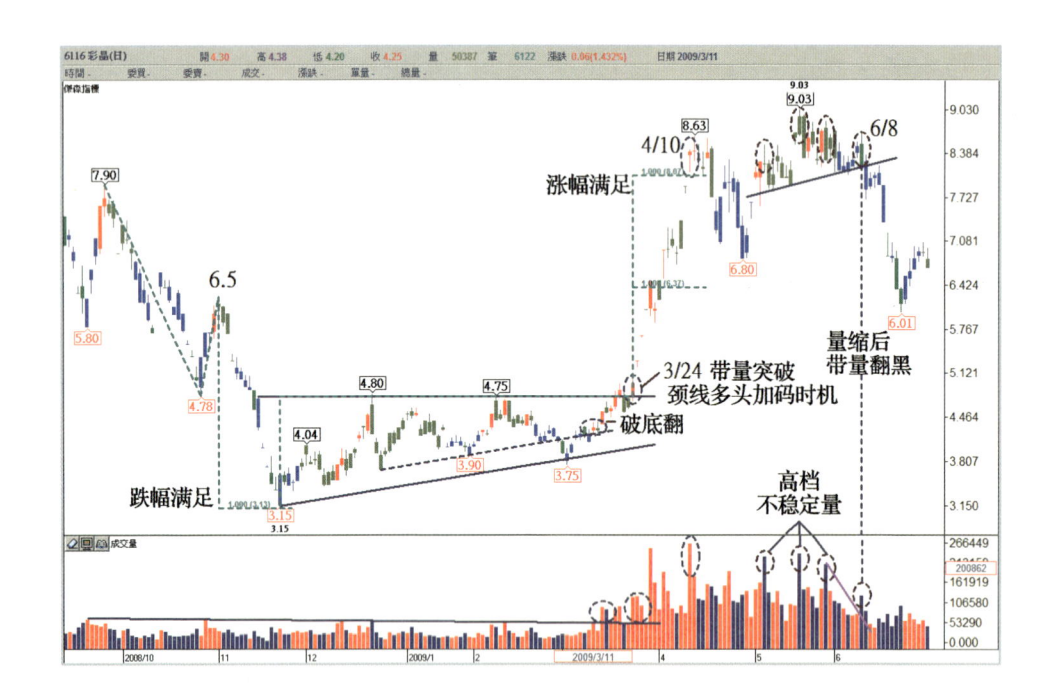

➡ **重点提示**：跌幅满足、收敛底型、涨幅满足、不稳定量盘头。

所谓随势而为，便是随大盘趋势做多空的选股顺势操作，如前文"2007-2009台股周线"提到，2009年3月14日周线带量长红，突破颈线，三角形收敛底部型态确立，而以日线来看，则是在当周的3月11日为确定突破（前一周3月5日已微幅带量突破）。此时便是随势积极介入个股多单的时机，通常跌深后的低价转机股大多弹幅可观，可作为多单布局标的。

◆ **观察重点一**：

彩晶当时介入多单的主要因素有四点。

❶达跌幅满足盘底约四个月。

❷虽然低价但每天成交量两万至三万张，流动性足，非常好进出（当时仍可

❸ 大盘 3 月 11 日突破颈线的同时，彩晶也带量破底翻，确立为企稳翻多信号。
❹ 彩晶当时减资后净值回到票面价值附近，股价远低于净值，预估至少有一季以上的安全期。

技术面随势破底翻后，当天收盘价 4.25 元，距破底翻后的支撑 4 元附近符合停损 5% ~ 7% 的低风险，即使破前低 3.75 元才停损也是相对风险有限，所以此股成为当时笔者积极布局多单时占资金最大比重的个股。

接下来 3 月 24 日带量突破颈线（4.8 元附近）为多头加码时机，技术面突破颈线后两个交易日前（3 月 20 日）的低点 4.51 元已成为提高的支撑。跌破支撑为加码多单的停损点，也是破底翻买进的多单停利点（颈线突破再拉回跌破属假突破），随后股价喷出。接下来是等待卖出时机，在股价突破颈线时，便能计算涨幅满足。

◆ 观察重点二：

收敛底部的边长＝突破颈线后的等长。
❶ 边长低点 3.15 元至颈线约 4.8 元，距离 1.65 元。
❷ 突破颈线的位置约 4.8 元 +1.65 元＝等幅计算的涨幅满足 6.45 元。

彩晶喷出一路不破 3 日低点属极强势，且转机股大多是一波到底的投机行情。因此直接计算第二波。

◆ 观察重点三：

第一波涨幅满足6.45元再加边长距离1.65元＝等幅计算的第二波涨幅满足8.1元。

◆ 操作方式：

❶ 3月11日带量破底翻，多单进场，约可买在4.25元，跌破4元，停损风险约6%，3月13日带更大的9万多张量长红，底型时的量最多5万多张，量先价行，随大盘翻多趋势，随势积极买进多单，约可买在4.4元，停损设在出量前的短线整理区低点4.07元，风险约7.5%。3月24日带量突破颈线，多单做最后加码，约可买在4.8元，停损设在4.5元，也就是跌落线下时，达两波段涨幅满足多单获利了结68%～92%。

❷ 型态上来看，涨幅满足8.1元附近也是前波起跌高点压力区，为多单获利调节时机，4月10日爆量也符合爆量后大多还有高点。4月15日也是在涨幅满足附近，才见喷出以来的首破三日低点。高档震荡至5月期间三个带量都是开盘拉高走低，为高档不稳定量易做头的结构，6月8日为量缩后带量不涨且翻黑，隔日破线，头部确立为波段卖出信号，波段剩余多单需积极获利了结退出。

❸ 这是预估安全期内操作的转机股波段行情，转机股一旦有结束迹象，便应见好就收，无需留恋，因为随着时间拉长，不确定性增加，风险也随之增加。彩晶大区间震荡至隔年初2010年1月4日高点8.7元后，随着面板景气陷入长空，盘跌至2011年12月19日最低1.2元。

❹ 商品一年大多有一两次转折的大波段机会财，无论多头转折或空头转折，要胆大心细，一旦转折出现，设好停损，积极介入操作，便能以有限的风险获取难得一次的大波段利润。如彩晶3月11日的破底翻4.25元至4月中旬涨至涨幅满足8.1元附近（最高8.63元，波段最高9.03元），仅约一个

月获利90%至逾倍数，突破颈线的加码点更仅约半个月便达涨幅满足。股票不要经常进出短线操作，勤做功课才有实力掌握波段时机，以逸待劳。

MEMO

（十六）2008-2011台化周线

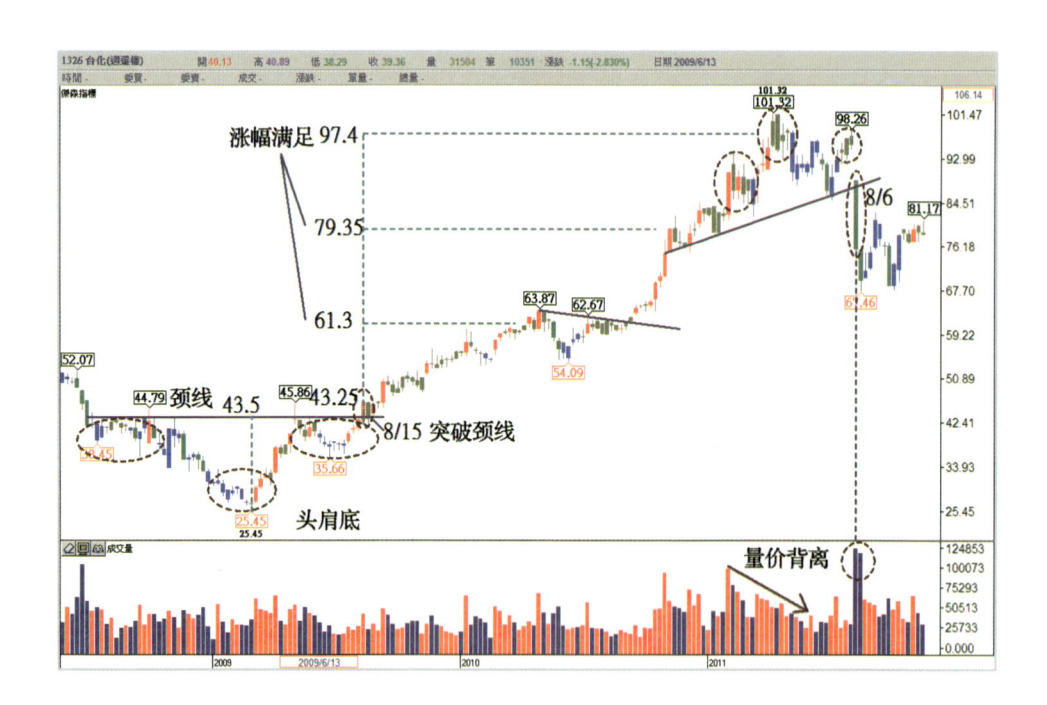

➡ **重点提示**：头肩底、涨幅满足、头肩顶。

台化周线2009年8月15日长红突破颈线，约一年的头肩底确立，便可计算涨幅满足。

◆ **观察重点一：**

第一波涨幅满足：

❶底部低点25.45元，至颈线约在43.5元，距离18.05元。

❷突破颈线的位置约43.25元+18.05元＝等幅计算的涨幅满足61.3元。

台化盘涨至隔年2010年4月达涨幅满足附近才做较大回档整理，约四个月的整理过后再过前高时，便可计算第二波涨幅满足。

◆ **观察重点二：**

第二波涨幅满足：
第一波涨幅满足61.3元+18.05元＝等幅计算的第二波涨幅满足79.35元。

台化同年11月达第二波涨幅满足附近后，强势整理约一个月便持续盘涨，盘涨的结构未出现卖出信号，续做第三波涨幅满足计算。

◆ **观察重点三：**

第三波涨幅满足：
第二波涨幅满足79.35元+18.05元＝等幅计算的第三波涨幅满足97.4元。

台化盘涨至隔年4月达涨幅满足附近才进入盘头，同年8月6日当周爆量长黑，摜破约八个月的颈线，完成头肩顶（也可计算跌幅满足），才结束为期约两年的大多头走势。

◆ **操作方式**

2009年8月15日当周突破颈线买单进场，可买在44.9元附近，设停损在跌破42元后（跌破颈线确立），风险约6%，支撑不破看满足，至少有第一波获利约35%，通常会在第二波涨幅满足附近，获利了结约75%，第三波则约110%。

（十七）2008-2012元太日线

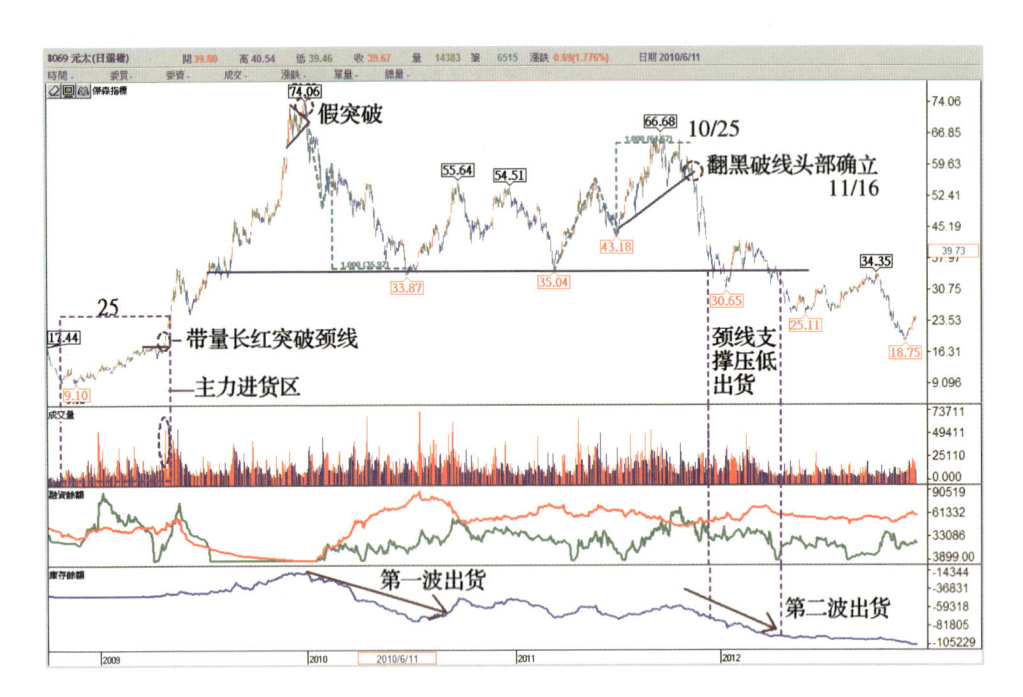

➡ **重点提示**：主力颈线支撑区压低出货陷阱、波段跌幅满足、头肩顶。

元太2008年11月最低9.1元，筑底盘涨至隔年2009年5月5日带量长红，突破18元附近颈线，接着连续长红滚量至25元附近都属主力进货区，主力平均成本粗估低于20元。股价转机题材大涨至2010年1月2日带量长黑，假突破确立，库存余额自此一路下降，显示主力长期炒高，开始自高档持续性压低出货（65元附近压低至35元附近），此为第一波出货。

2011年当年度高获利的转机题材发酵，再拉一波（2010年由亏转盈EPS3.85元，2011年大幅成长至EPS6.05元），达涨幅满足后，盘头至10月25日出现带量假突破（股价在60元附近）。11月16日翻黑破线，头部确立，库存余额自10月25日假突破后便开始一路下降，重点就在盘跌至2009年8月附近、2010年7月附近及2011年3月附近，三个低点连接形成长达约两年四个月的大颈线，支撑在35元附近，主力就在此处震荡出货达约四个月之久。

主力的初期成本在20元以下，第一波高档压低出货，获利数倍，成本大降。第二波拉高后再度出货，虽然股价自最高66元附近跌至35元区间，看似跌幅已深，但对主力而言随便卖随便赚（包括公司派也是主力的一种），尤其是法人长期操控的股票，大涨后最喜好用这种手法出货。不知情的散户以为跌深后支撑区逢低承接，便掉入其压低出货陷阱。元太震荡后破底长期盘跌，此类跌深至颈线区，融资持续增加，库存余额持续减少，通常就是法人颈线支撑区压低出货的最大陷阱区。元太隔年2012年获利急转直下，由高获利转为亏损，春江水暖鸭先知，了解结构便能避开风险。

◆ **观察重点：**

❶ 元太技术面的最佳空点在翻黑破线头部确立时，也是主力第二波出货的起始点，下图便是头部确立进入下跌波区域的截图。

❷ 当股价自43.03元反弹后，再跌破反弹低点43.03元，便可计算跌幅满足。

- 自65.31元高点跌至43.03元低点，共跌22.28元。
- 反弹高点52.3元−22.28元＝30.02元。

◆ **操作方式：**

❶ 2011年11月16日破线头部确立进场，通常跌破整理半个多月整理区的低点55.94元，确立翻空，可空在55.9元附近，停损设59元也就是站回线上时，风险约5.5%。

❷ 元太达跌幅满足附近（最低30.65元）才出现破底翻，企稳作中期反弹，达跌幅满足附近或破底翻时空单获利了结37%以上。

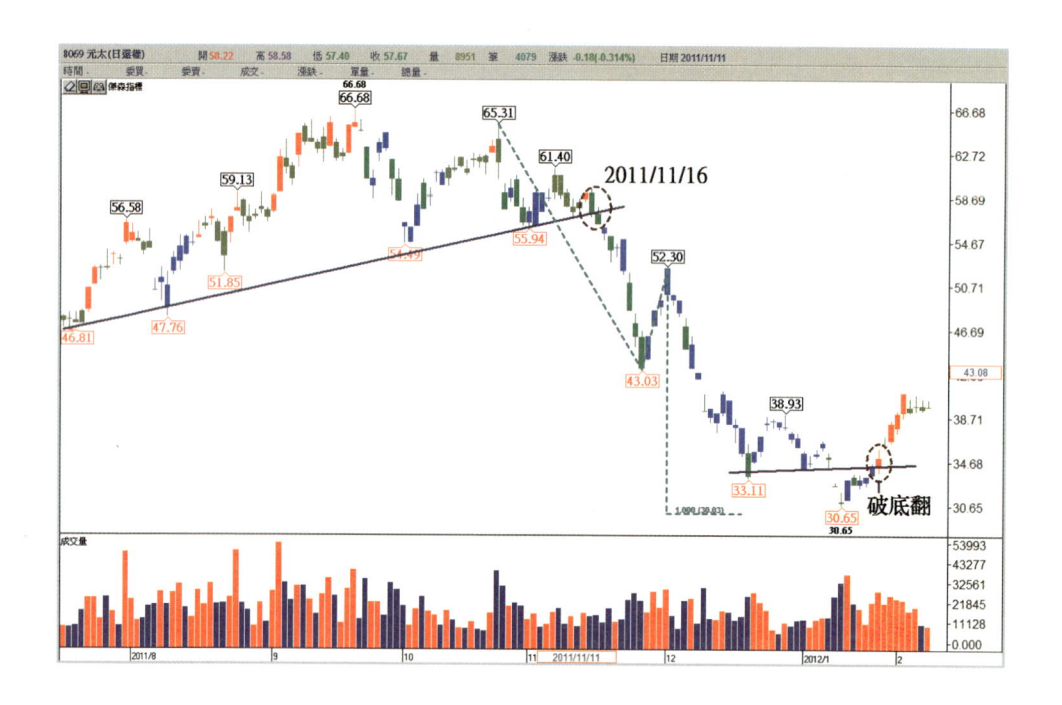

同样的图形也可以头肩顶做计算，空点相同。（如下图）
2011年11月16日跌破颈线头肩顶确立，便可计算跌幅满足。

第一波跌幅满足：
❶ 头部高点66.68元至垂直颈线位置约在52.6元，距离14.08元。
❷ 跌破颈线的位置约在57.5元－14.08元＝等幅计算的跌幅满足43.42元。

元太达第一波跌幅满足附近（最低43.03元），便开始短线急弹，作逃命反弹。

第二波跌幅满足：
第一波跌幅满足43.42元－14.08元＝等幅计算的第二波跌幅满足29.34元。

元太两波跌幅满足与上图计算的波段跌幅满足，位置大致相同。

进阶篇

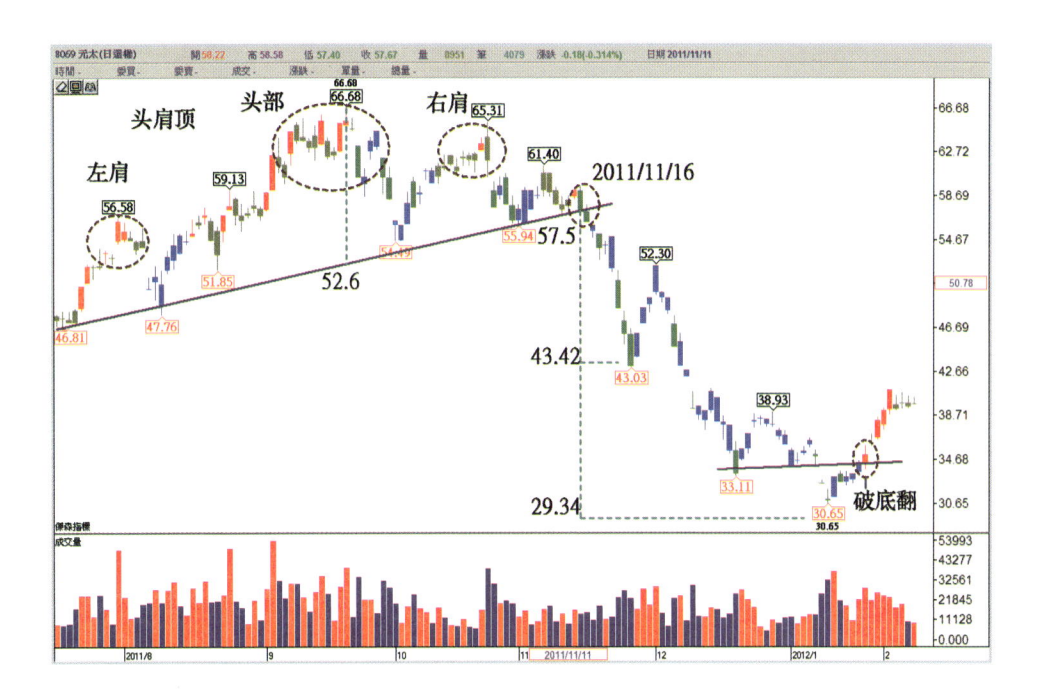

大师语录

"只有仔细分析失败，才能从中获利；只有惨败才会让人回到现实。"

安德烈·科斯托兰尼（André Kostolany）

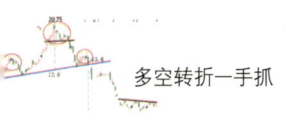

（十八）2009裕日车日线

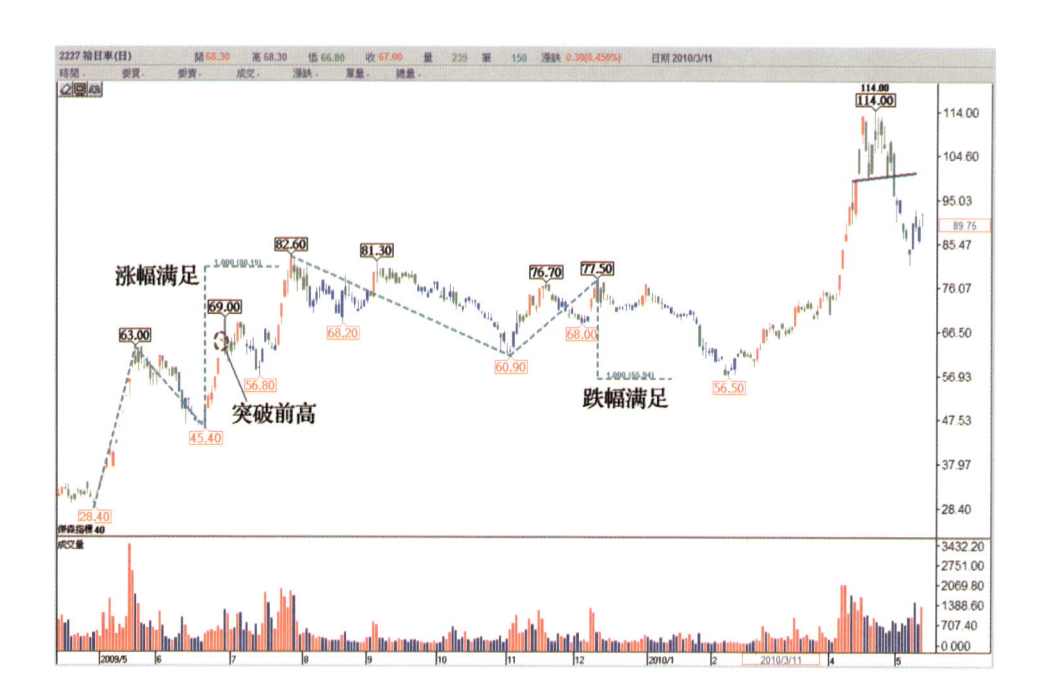

➡ **重点提示**：涨跌幅满足。

裕日车日线2009年6月26日突破前高63元后，便可计算涨幅满足。

◆ 观察重点一：

❶ 自28.4元起涨低点至63元，共涨34.6元。

❷ 低点45.4元+34.6元＝等幅计算的涨幅满足80元。

股价最高达82.6元附近，便做约半年的拉回修正，幅度约31%。

下图裕日车技术面接续上图达跌幅满足附近后，2010年3月3日带量长红，破底翻企稳确立。同年4月7日长红突破颈线，隔日4月8日再度长红且带量突破新高（前高82.6元），此时便可计算涨幅满足。这次计算的是更大波段的涨幅满足。

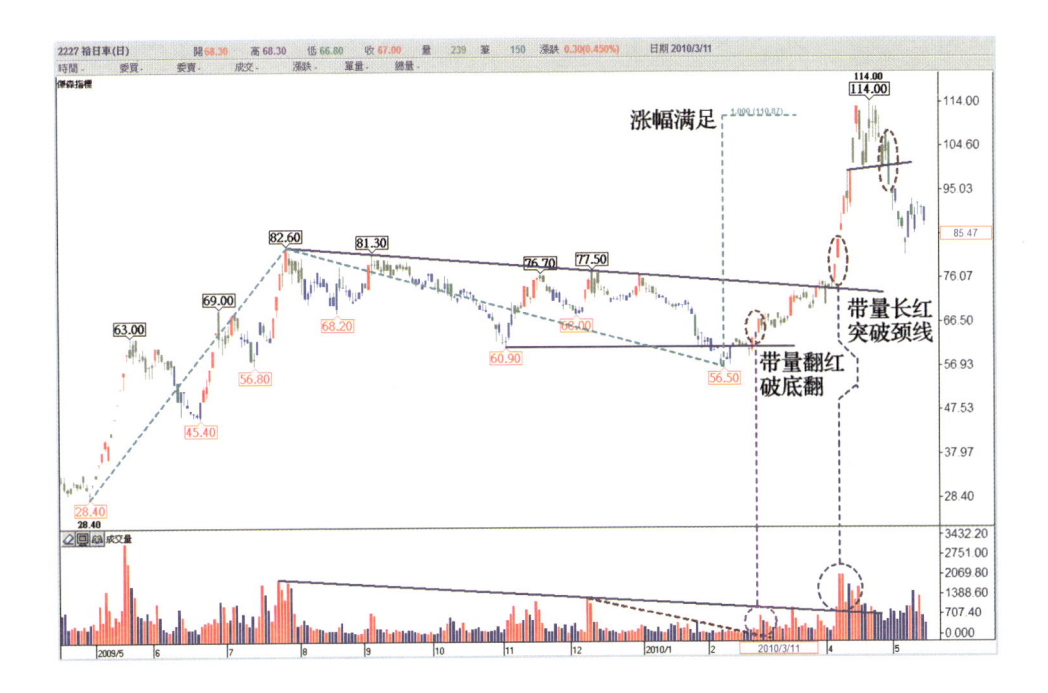

◆ 观察重点二：

❶ 自28.4元起涨低点至82.6元，共涨54.2元。

❷ 低点56.5元+54.2元＝等幅满足计算的涨幅满足110.7元。

◆ 操作方式：

❶ 操作上，在突破颈线后，不破颈线支撑74元上看波段涨幅满足110.7元附近。

❷ 裕日车股价达涨幅满足附近后（最高114元）便盘头至同年4月30日长黑跌破头部颈线，转弱确立，大幅回档。

（十九）2009-2012宏达电周线

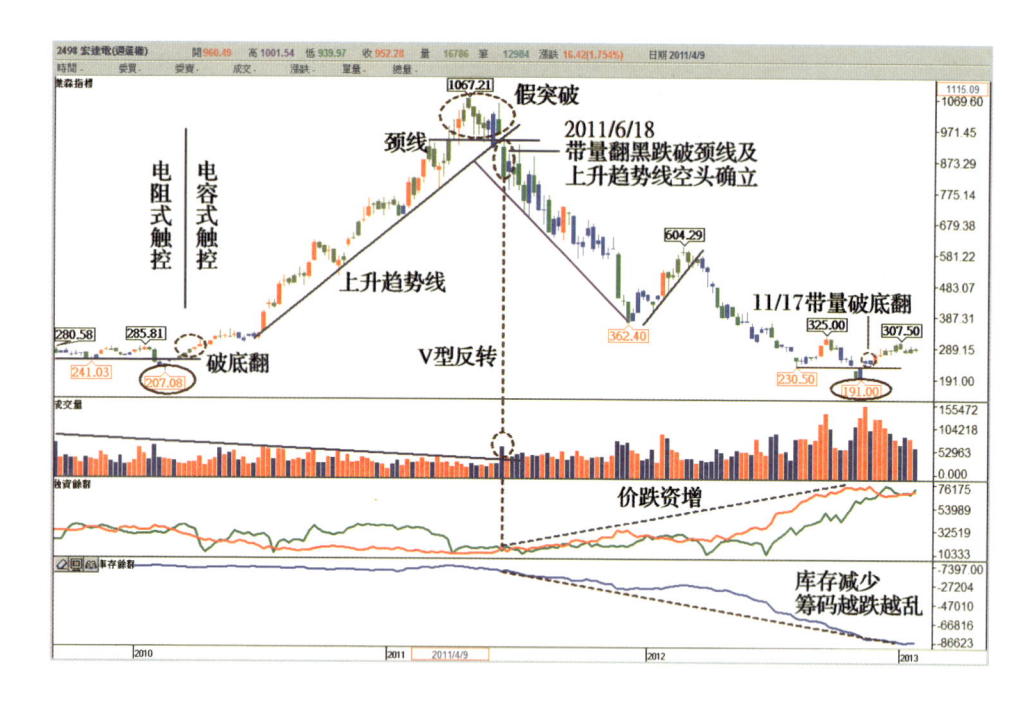

➡ **重点提示**：破底翻、假突破、价跌资增。

宏达电周线图2010年初以前，股价停滞不前，主要原因是当时使用的电阻式触控的操控性低于竞争对手的电容式触控。自从产品改用电容式触控后，股价在技术面也出现破底翻的买进信号，所以基本面的改变会反应在技术面上。宏达电自此一路大涨至千元以上，飙涨约400%。

◆ **观察重点**：

2011年6月开始自高档积极压低出货，6月18日当周带量长黑破线，假突破确立，果然如当时部落格PO文的预期翻空股价一路崩跌，型态上出现了V型反转。通常V型反转大多出现在投机股上，贵为当时股王的宏达电也如投机股般V型反转，而且大波段起涨的低点207.08元也被跌破，这种情况通常都是公司长期衰退的征兆，最好的情况唯有长期整理，以时间换取空间。筹码面明显价跌资增且库存持续大减，表示筹码越跌越乱，有了威盛的前车之鉴（与威盛同一董事长，威盛股价最高629元，长期盘跌至最低4.89元，这是不计算减资的价位，如下图威盛月线），果然不值得信任。

◆ **操作方式：**

宏达电周线2010年4月3日当周破底翻，确立底部，多单进场，约可买在276元，停损设在257元，也就是跌落线下时，风险约7%。2011年6月18日当周带量翻黑，跌破颈线及上升趋势线，假突破翻空确立，多单获利了结，约可卖在900元，波段获利约226%，同时翻多为空，约可空在900元，停损设在940元附近，也就是站回线上时，风险约4.5%。2012年11月17日当周带量站回线上，破底翻企稳确立，空单获利回补，约可补在248元，波段获利约72%。

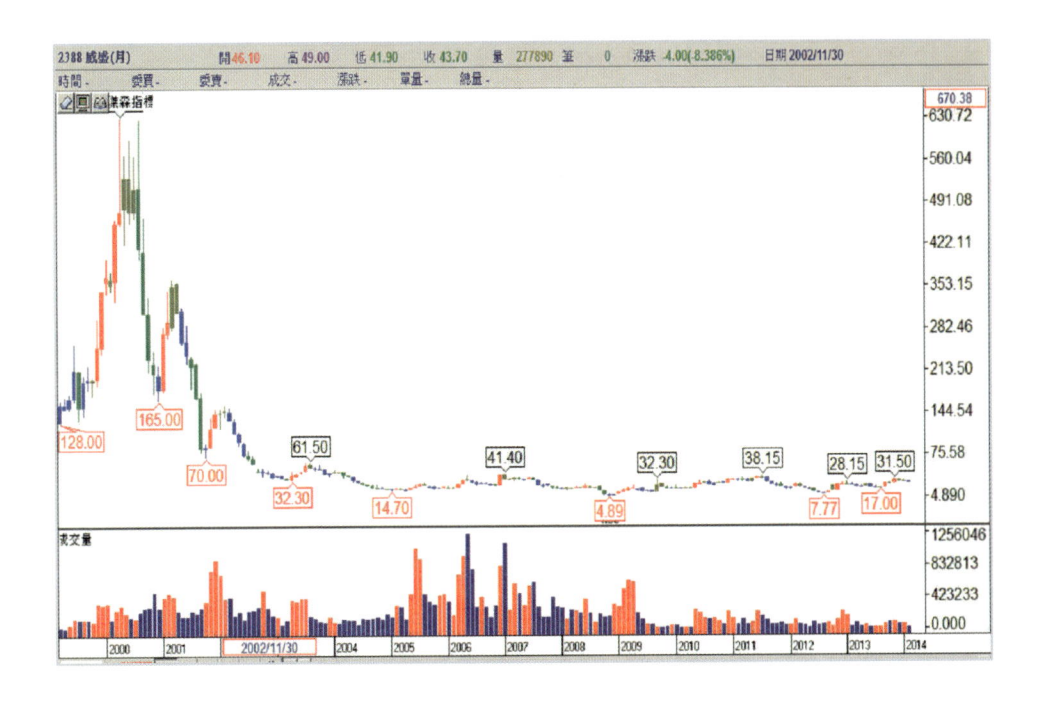

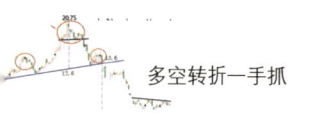

（二十）2010苹果日线

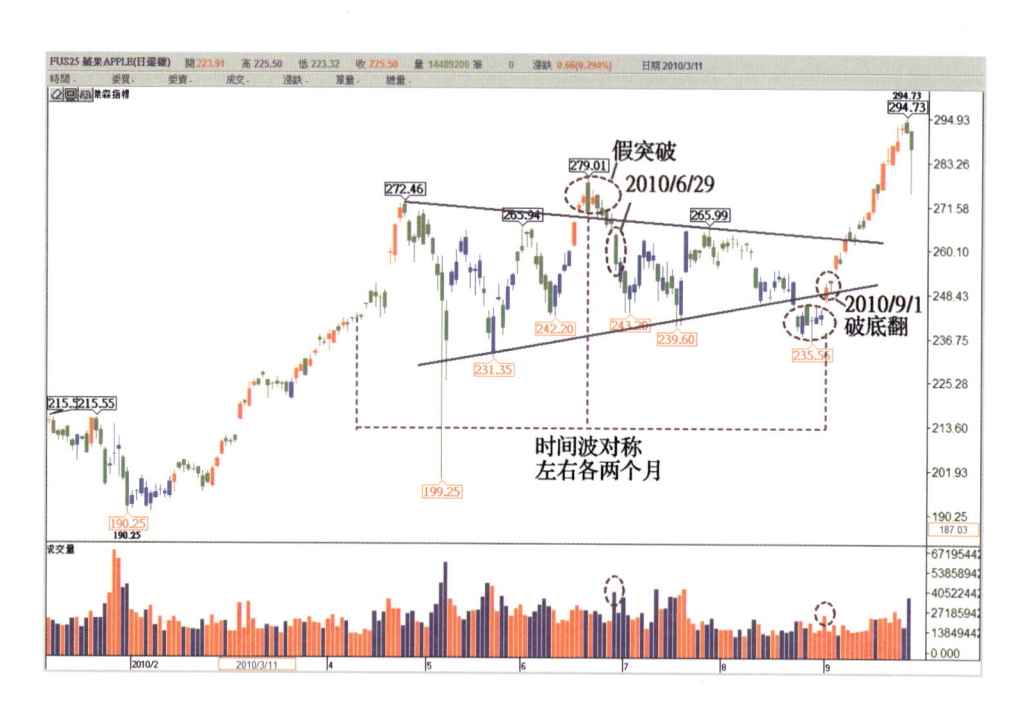

➡ **重点提示**：假突破、破底翻。

如图示，苹果2010年在一波多头走势后于当年6月29日再次出现带量翻黑，假突破确立的卖出信号，也就是非盘即跌。

当卖出信号出现后就会有一段危险期，而危险期可以用对称的时间波来做计算，苹果型态上假突破确立后，高点往左边的整理时间约两个月（图示紫色虚线部分），此时便可以同样高点计算往右约两个月的对称时间为危险期。

◆ **观察重点一**：

同年8月24苹果在接近危险期的末端跌破整理区下缘颈线，但在对称的危险期过后，同年9月1日翻回整理区出现破底翻的企稳确立买进信号，量价结构上这次的破底不带量，但翻回整理区的量较大，表示筹码经过整理后已稳定换手，扭转弱势结构。苹果股价在破底翻企稳买进信号出现后，随之盘涨，突破整理区上缘，再涨一波。

◆ **观察重点二：**

因此，当卖出信号出现后大多是非盘即跌，做空间或时间的修正，盘跌是空间的修正，以盘代跌则是时间的修正。有强劲的基本面，股价才能在涨多后经过一段整理期消化不安定的筹码，再攻一波。以盘代跌这段时间就是市场对公司是否持续成长的观望等待期。苹果2008年的假突破后，走空大跌约43%做空间修正（详见P60～P61），这次2010年的假突破后，拉回修正约15%，才以破底翻扭转盘弱结构做时间修正。

◆ **操作方式：**

操作上出现明显卖出信号时，做必要性的退出才能避开风险（对长期操作者而言则是减码的依据），直到企稳信号出现时才做进场布局动作。苹果2010年6月29日假突破确立卖出信号后，同年9月1日破底翻前第六个交易日，股价破线，为技术面的放空点，可空在239美元附近，停损设在252美元，也就是站回线上时，风险约5.5%。9月1日带量翻红站回线上破底翻企稳确立，刚好也是时间波两个月危险期的末端，表示技术面以时间代替空间的修正的扭转空头翻多信号，空单需果决执行停损进而翻空为多，可买在252美元附近，停损设在低点附近，也就是再度跌落线下时，风险约6%，随后苹果完成时间修正后进入另一波盘涨。

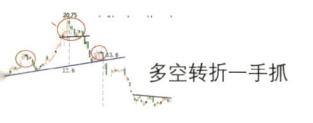

（二十一）2012苹果日线

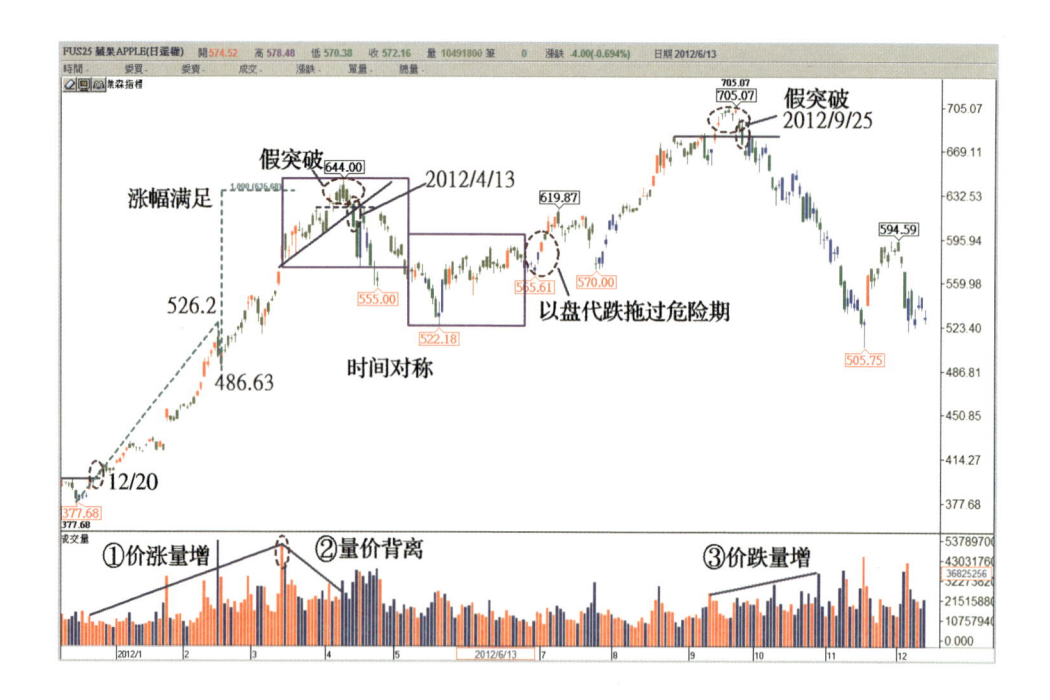

➡ **重点提示**：涨幅满足、假突破、量价背离、价跌量增（时间换取空间）。

如图示，2012年第一季苹果一波多头达涨幅满足附近即635美元附近（最高644美元），涨势告一段落。

◆ **观察重点：**

涨幅满足计算：

❶ 第一波低点377.68美元涨至526.2美元＝涨148.52美元。

❷ 第二波低点486.63美元＋148.52美元＝635.15美元。

苹果价涨量增（数字①）至3月中旬出大量，随后便出现近1个月盘涨的价涨量缩量价背离（数字②）现象，股价盘涨至涨幅满足附近（最高644美元），

4月13日翻黑，假突破确立，股价进入拉回修正约19%。

至6月下旬，时间波对称后，股价维持在颈线附近，量缩整理，以盘代跌，拖过危险期，也就是完成了时间的修正，经过整理后再涨一波。苹果接续股价再涨一波后，同年9月25日翻黑出现假突破卖出信号，而在这次卖出信号后的价跌量增为筹码渐乱的空头走势（数字③），股价随后大跌。

◆ **操作方式：**

苹果2011年12月20日长红突破颈线，为买进信号，多单进场，约可买在396美元，停损设在387美元，也就是跌落线下时，风险约2.5%，达波段涨幅满足附近或2012年4月13日翻黑假突破卖出信号，多单获利了结约55%。

◆ **小叮咛：**

苹果2012年9月25日这次假突破后，为价跌量增的空头结构，空单进场约可空在674美元，停损设在695美元，风险约3.1%，再以波段跌幅满足计算，满足点在395美元，空单获利约41%。苹果自高点705美元大跌至2013年4月19日见波段低点385美元，才筑底反弹，跌幅达45%。科技股的股价动力来自于创新，一旦创新能力不足便会反应在技术面上，反之亦然，微软、思科等皆有前例可循，这说明在股票市场要小心注意风险。

大师语录

投机家的条件：资金、耐心、坚强的神经、独立思考、经验丰富与敏锐眼光。

安德烈·科斯托兰尼（André Kostolany）

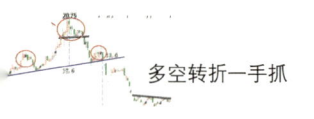

附　　录

一、认识投机股结构——2012普格日线

　　注意量价结构大多可以避开投机股的风险，我操作股票以来，难以避免也接触过投机股，但都因为坚持严设停损而能避开风险。许多投机的结构大多有迹可循，认识投机的结构后当量价出现问题时毅然退出，便能避开该股票随后发生的问题，甚至是退市。

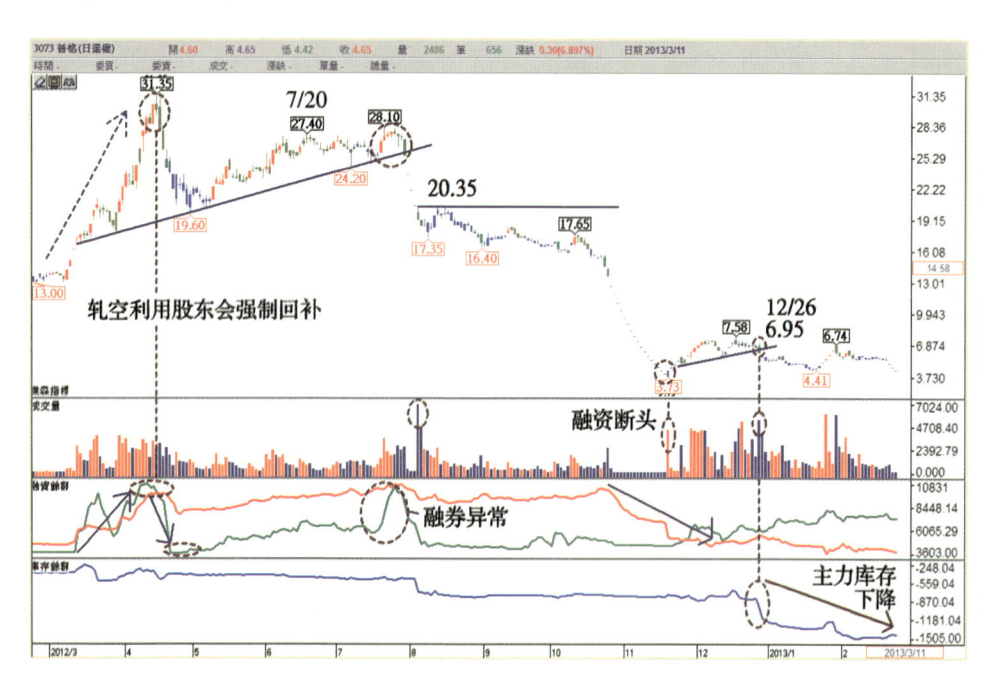

　　普格日线2012年3月中旬开始大涨，融券也开始增加，随后主力利用台股4月陆续开始的密集股东会在4月上旬强拉喷出轧空，迫使空头在高档因股东会强制回补，这已是台湾地区股市几乎每年都会上演的戏码，也突显空头在台湾地区的不公平性，通常轧完空后会跌回起涨点的股票大多属投机性质。

此股最大的问题是在同年7月20日带量突破整理区高点后，出现了融券快速增加但价却不涨的异常现象，融券余额已超过日均量，具备轧空条件，但价不涨反跌便是异常，属主力放空现象。7月30日股价长黑破线，连续超过5根跌停，大跌爆量后融券快速获利回补，这是极为明显的内线交易。（价涨券增通常主力轧散户空，价跌券增通常是主力做空）

大跌爆量后出现了短线低点17.35元，短线反弹又未过爆量高点20.35元，当回跌再破17.35元低点的时候，便是多头最后的停损机会（通常下跌大量后的低点不能再破），也就是持有该股在7月30日跌停之后的连续无量跳空跌停，苦无卖出机会的，应该在此时毅然退出。

普格10月下旬发布重大信息公司疑遭商业集团诈骗，估计最大影响金额4.6亿元，以公司5.79亿元股本计算，最高将损失每股纯益7.9元，股价崩跌连续约20根跌停，11月20日股价最低3.73元爆量打开跌停，融资尤其是券商此时才得以见量执行断头，融资多头损失惨烈。

跌深反弹后又出现了相当大的问题，12月26日爆量破线头部确立，当日高点6.95元成为反弹结束后的反压，重点是当时连续两日的库存余额异常大减，通常都是公司派或大股东积极出脱持股，随后库存余额呈下降趋势，"春江水暖鸭先知"，可见此股长期疑虑在股价崩跌后仍不减反增。盘跌后2013年初，虽然随着大盘跌深反弹，但类股概念反弹也未过6.95元反压，同年3月4日再度跳空跌停又一波崩跌，股价可怜必有其可恨之处。

二、压低出货陷阱——1997-2001 思科日线

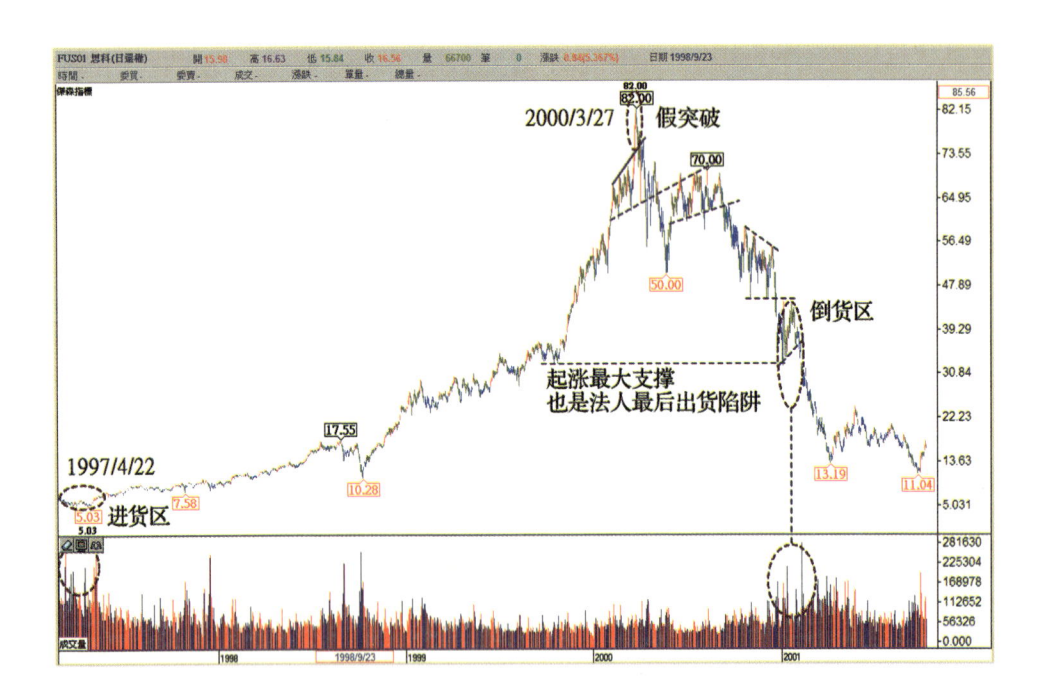

➡ **重点提示**：假突破、颈线支撑区压低出货。

全球领先的网络设备厂商思科2000年网络泡沫破灭前当红，股价自1997年4月22日低点5.03美元，飙涨至2000年3月27日82美元（分割前的股价为146.75美元），累计涨幅约15倍，突破高档整理区创新高后约2周，便又跌回颈线下，是极为明显的假突破长线卖出信号。

股价长期盘跌腰斩，至起涨区企稳反弹，整理约两个月。通常起涨区附近视为一波主力作价成本起点，因此为相当大的支撑区，不过一旦法人长线看空，便是最大的压低出货陷阱。

◆ 观察重点：

❶ 注意量价结构上，红色虚框的前后两个大量区位置，1997年4月前后期间的大量在股价大涨后便视为进货量，当时股价在6美元上下，2000年高点长期盘跌至年底跌回起涨大支撑区的大量，在股价续破底大跌后便视为出货量。

❷ 当时股价即使腰斩，也仍在33美元至44美元区间，法人主力长期的筹码仍是随便卖随便赚，因此除了产业的变化外，需注意量价结构来配合判断，以免以为捡了便宜，却陷入更大的风险之中。思科长空至2001年出现13.19美元及11.04美元两个波段低点。

MEMO

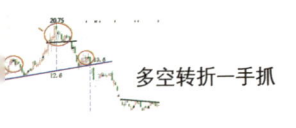

三、崛起的大国——中国大陆股市

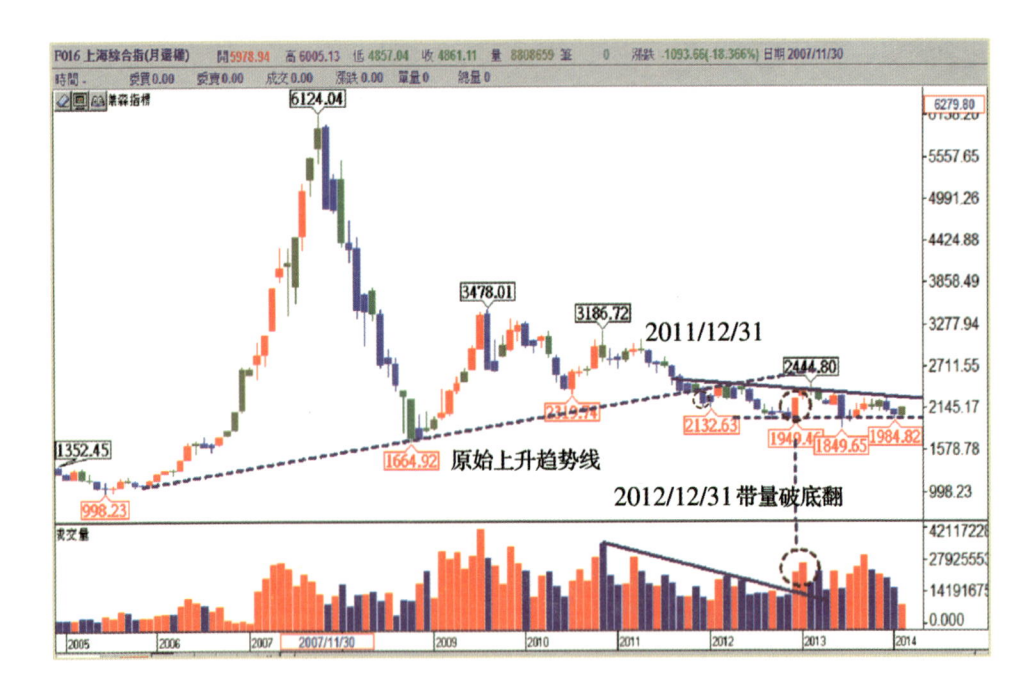

（一）上证月线

上证指数月线2011年12月31日当月跌破原始上升趋势线，这对于一个国家的指数来说是相当罕见的现象，也因此进入长期的低迷。2012年12月31日当月翻红带量破底翻为技术面长线企稳信号，股价也进入一年多来的打底，大量区间1949点至2269点为月线的长线支撑区。

重点在一个新兴国家初期的投机高点大多会在10年内再度突破，主要是因为先走投机，再走基本面高成长的循环，如台湾地区加权指数1990年2月达12682点投机行情高点后崩跌至2485点，七年多后1997年8月达10256高点（这是未填权的指数），上证指数2007年10月达6124点投机高点，拉回至今已进入第七年，配合月线的长线结构来看，仅缺关前整理的量缩动作，第二季以前完成底部的概率颇高，当然这一切都必须在技术面不破底部支撑的前提之下，月线的颈线在2330点附近突破，尤其是前高2444点突破为底部确立信号，两年多的底部便可确立。

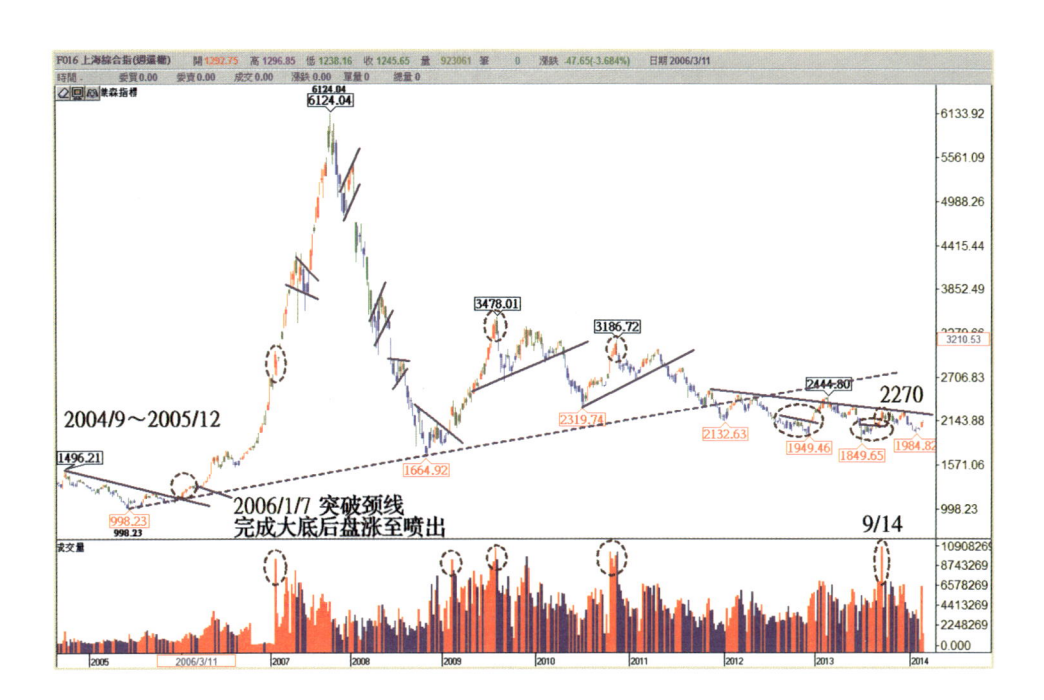

（二）上证周线

如图示，上证周线2004年9月至2005年12月为一年多的底部，在2006年1月7日当周突破出现技术面的买进信号，随后盘涨至喷出进入数倍的投机行情，注意量价结构上大量后的过高都是一波多头行情，反之涨多爆量后的盘头都是一波盘跌空头行情，最近一次的爆量是2013年9月14日当周的高点2270点，表示未来若支撑不破而突破2270点就是一波多头的开始，技术面在稳固的双底支撑下风险有限，注意支撑即可。

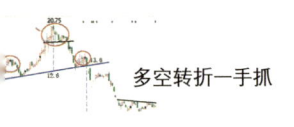

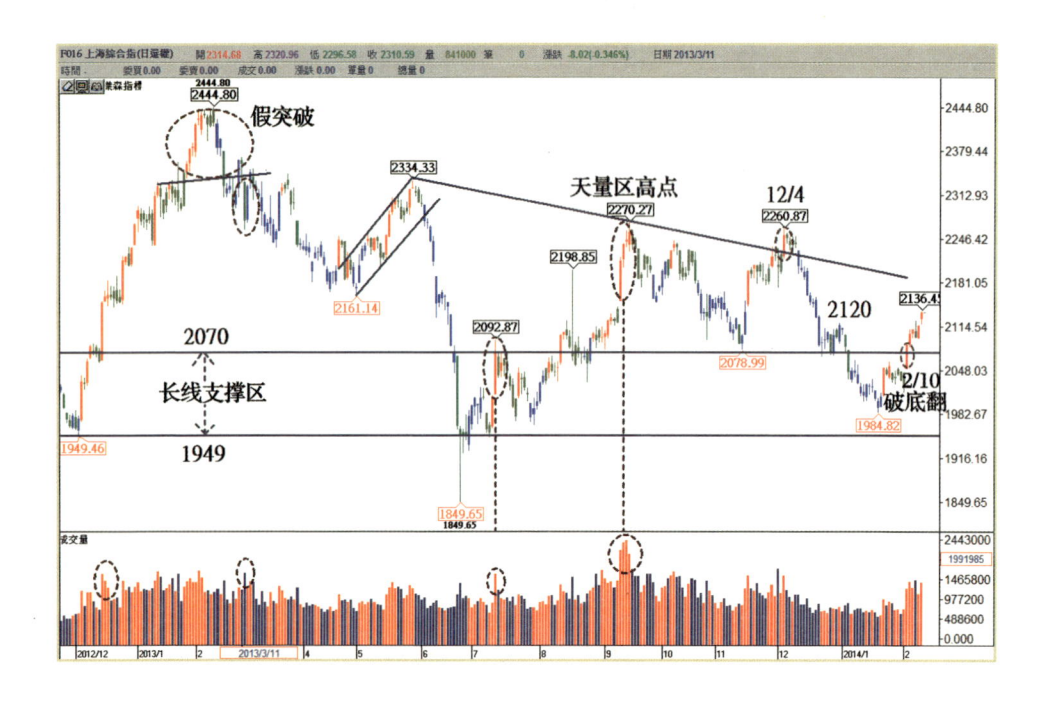

（三）上证日线

上证日线曾在2013年12月14日微幅突破颈线，可惜未突破大量区高点2270点做确立，且在五个交易日后跌落线下，主要是中国大陆钱荒的利空做再度压盘动作，而中国大陆钱荒是官方整顿太过猖獗的地下金融的动作，人为的干预也得以控制技术面不再破1949点低点支撑。由这个支撑及2013年7月低档震荡的相对整理区间，得以画出1949点至2070点为日线支撑区，一旦支撑不破而突破颈线，则中国大陆股市将是各路英雄大显身手的地方。

至于这次上证日线结构在1995年至1996年初的台股也有类似的结构，在1988年9月24日，当时的"财政部长"郭婉容宣布复征证所税，台股无量崩跌19天，但当时是由波段低点2241点飙涨数倍后达8813点涨高的结果，1996年1月4日"立法院"三读通过复征证所税。如图示，台股这次只跌1天且并非无量也未再破底，因为这次与自7180高点长期盘跌后的打底结构完全不同，只是将原来约五个月的双底结构，再次压盘多打底约三个月，延长为约八个月的三重底，这次利空测试的底部完成后，走了一年多的多头直奔10256高点才回头。

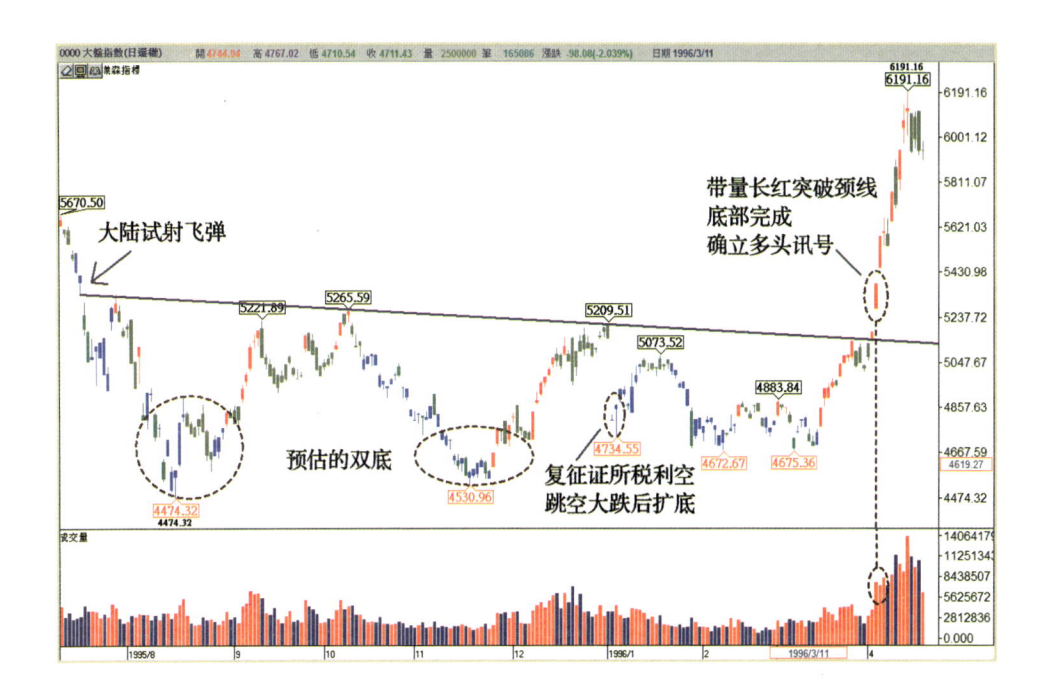

底部都是利空测试出来的，以上证A股的结构而言，无论是否会再破底，都非常适合现金在底部买入长期持有，再定期定额续买至未来喷出为止，若是已熟读技术分析者便可运用所长，预估将来中国大陆股市将是技术分析的天堂。

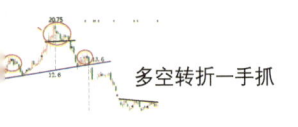

四、关于 A 股的看法

很高兴也很荣幸本书受广东经济出版社的青睐得以在中国大陆发行。记得《多空转折一手抓》2014年3月在台湾地区出版时，我特地赶了一篇"崛起的大国中国"作为结尾，预测A股当年为6124高点反转以来的第七年长线转折，A股也如期在当年喷出。

除了掌握长线喷出转折，2015年4月以后也利用波段涨幅满足掌握高点成功逃顶，而初升段结束大幅回档后，接下来就是主升段的进行，就长线的结构来看，6124的高点十年内会再来一次甚至突破，今年2016年已是第九年，因此A股低档布局风险有限，又一次人弃我取的进场时机，相对至明年底前应会有相当惊人的报酬率，正如书的结尾所提"中国大陆股市将是技术分析的天堂"。

所谓看不懂不做，行情并非随时都能看得懂，必须等待型态完成结构完整才容易做后续的判断，"等待是一种艺术"，大波段行情都是等出来的。当型态完成后，量与价的变化会告诉你进场时机，因为主力作价是真金白银的进场操作，所以量必然会有变化。量的变化就会牵动价的波动，因此研判量价变化的结构便能判读主力动向与意图，配合此书在大陆上市编制陆股的一些案例，由于时间关系仅是信手捻来提供投资人参考。入门者多研读历史K线量价关系多画线便能逐渐了解，已有基础者对本书应不难上手。预祝大家在中国经济发展逐渐成熟后，股市进入难得的黄金十年都能利用最有效用的技术分析掌握多空大波段转折契机。

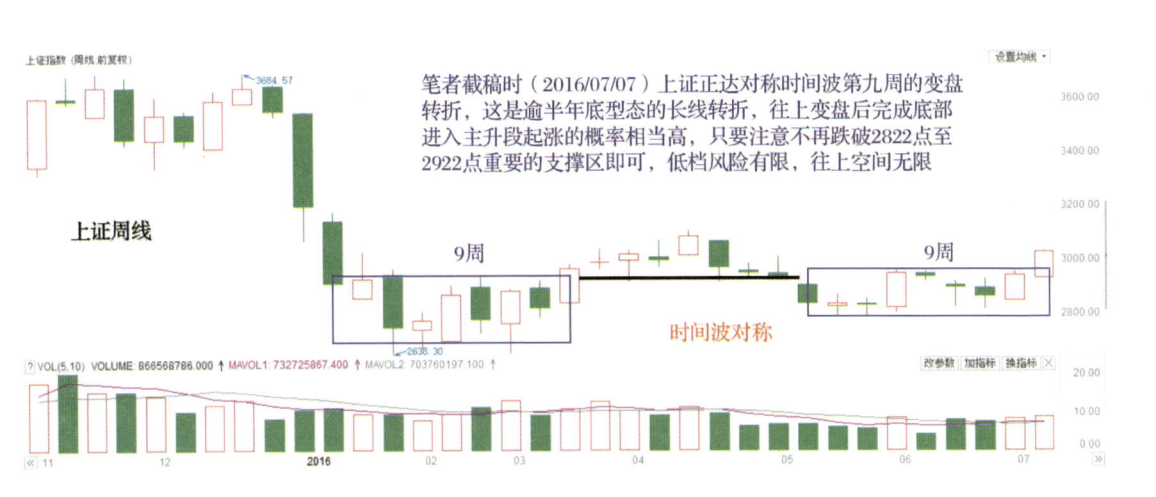

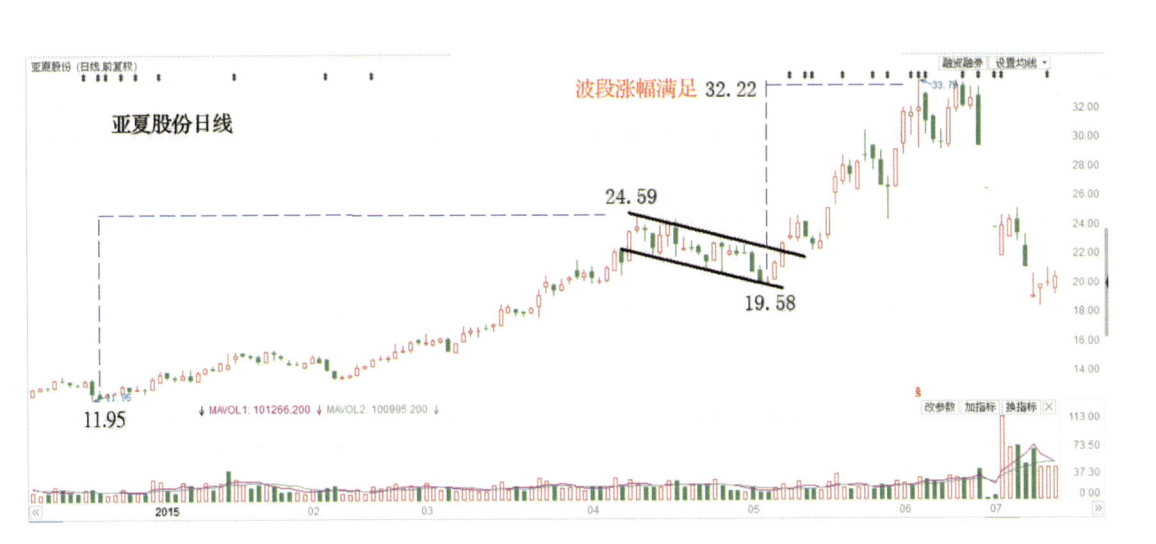

附 录

笔者截稿时（2016/07/07）上证正达对称时间波第九周的变盘转折，这是逾半年底型态的长线转折，往上变盘后完成底部进入主升段起涨的概率相当高，只要注意不再跌破2822点至2922点重要的支撑区即可，低档风险有限，往上空间无限

上证周线　9周　9周　时间波对称

亚夏股份日线

波段涨幅满足 32.22

24.59

19.58

11.95

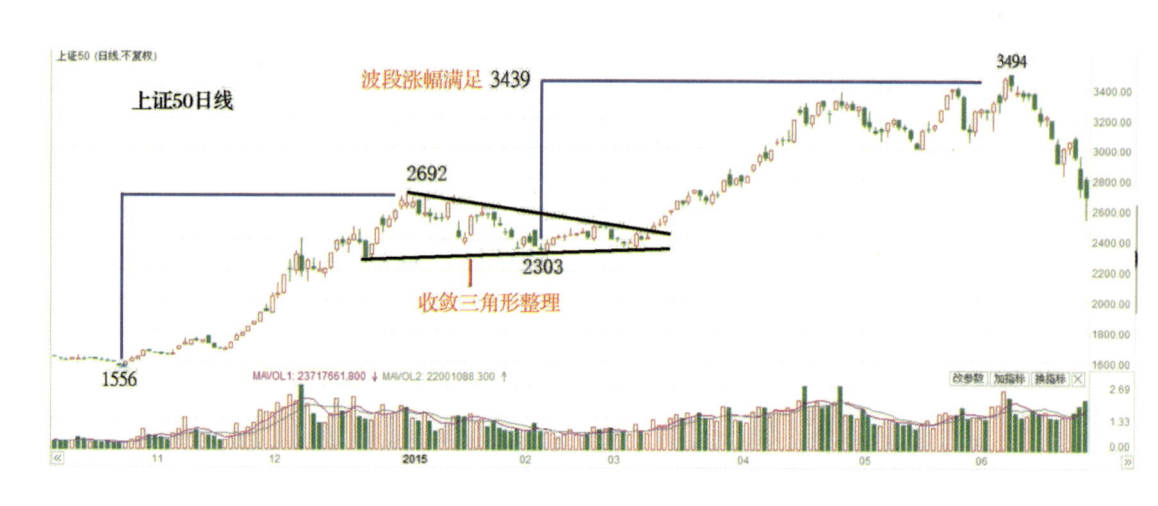

多空转折一手抓

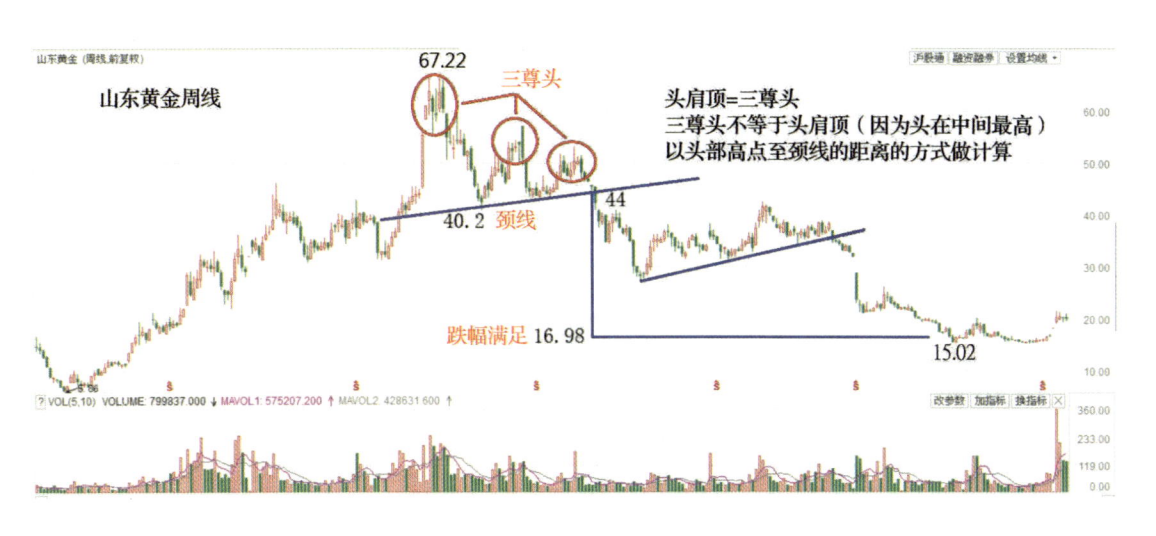

附　录

山东黄金周线

67.22　三尊头

头肩顶=三尊头
三尊头不等于头肩顶（因为头在中间最高）
以头部高点至颈线的距离的方式做计算

40.2　颈线
44
跌幅满足 16.98
15.02

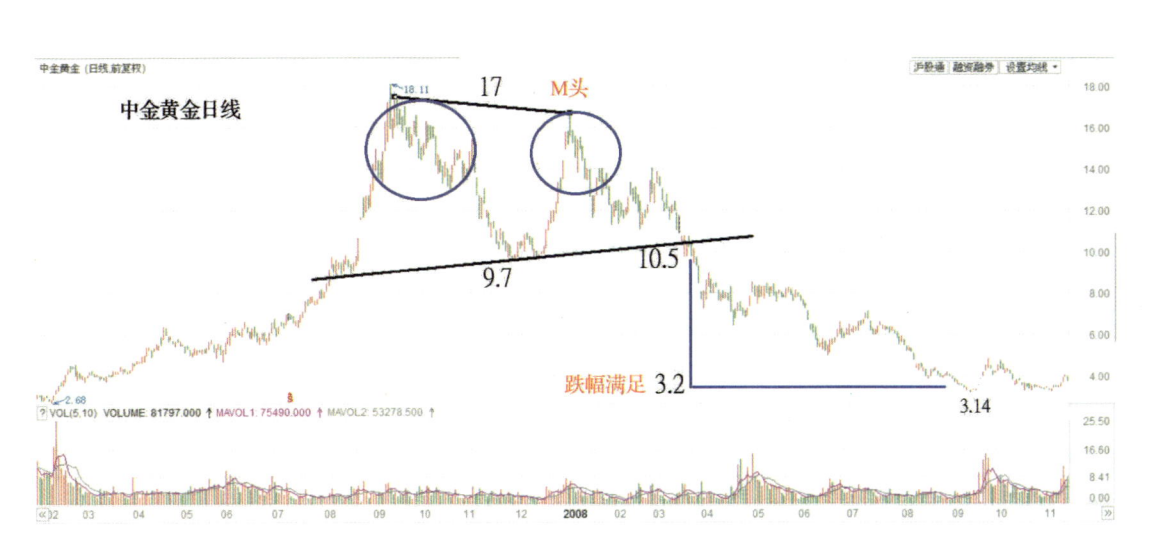

中金黄金日线

18.11　17　M头

9.7　10.5
跌幅满足 3.2
3.14

219

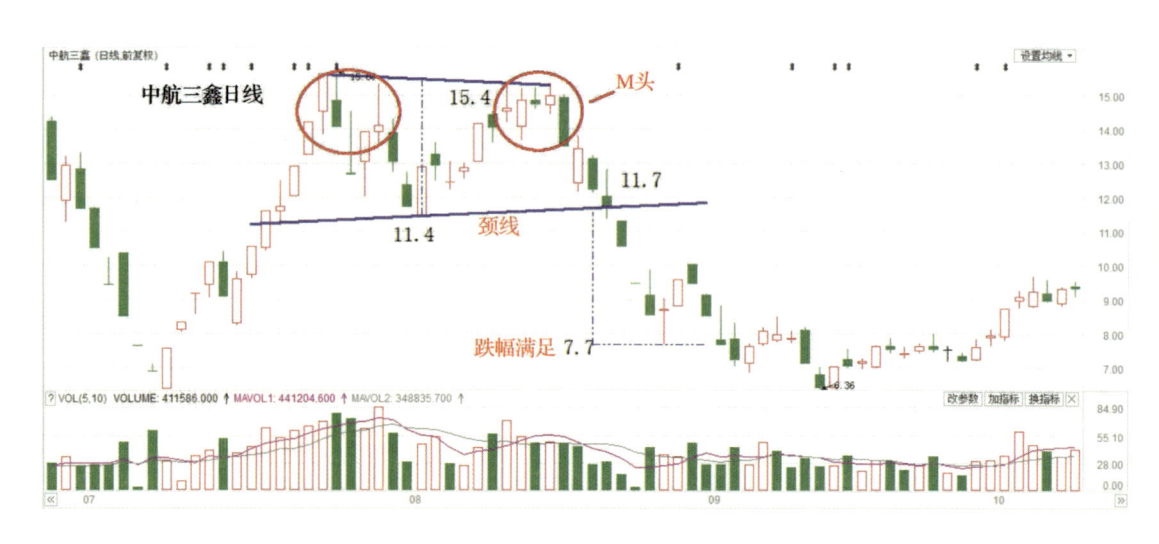

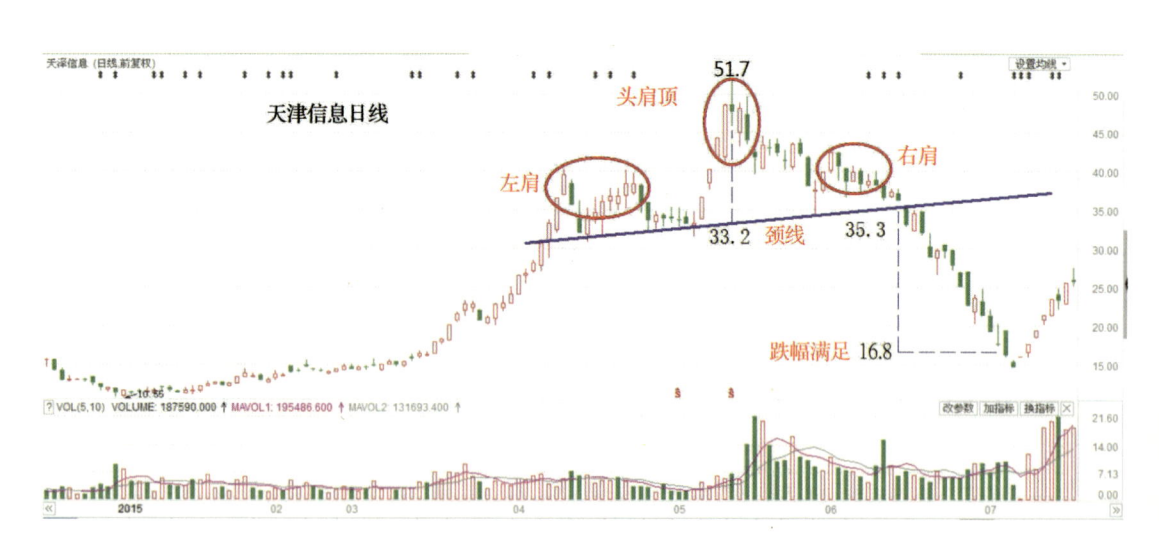

多空转折一手抓

中航三鑫日线

15.4　M头

11.4　颈线　11.7

跌幅满足　7.7

天津信息日线

51.7
头肩顶

左肩　　右肩

33.2　颈线　35.3

跌幅满足　16.8

220

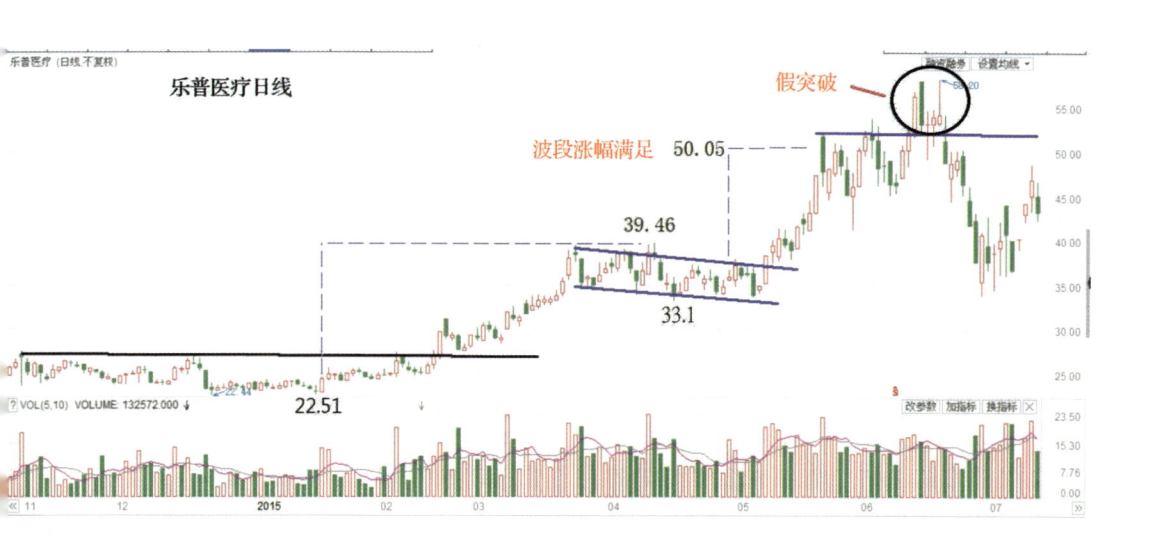

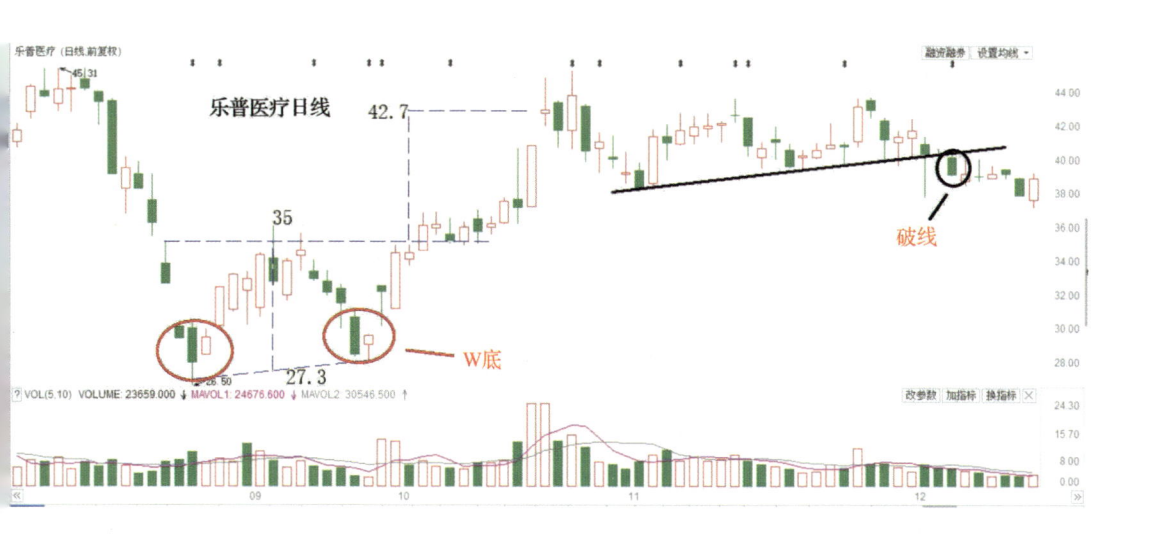

附 录

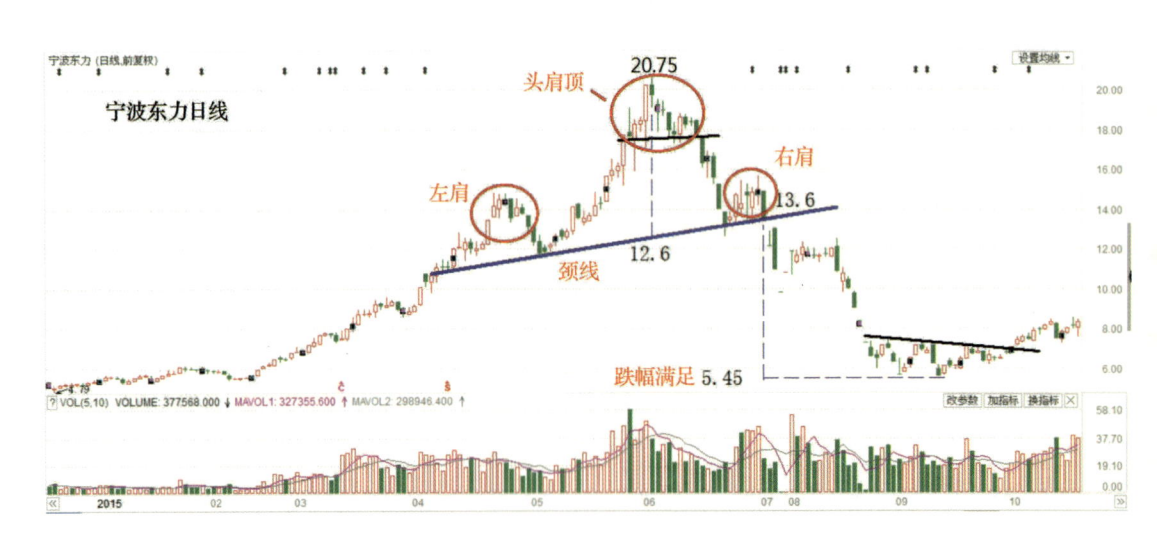

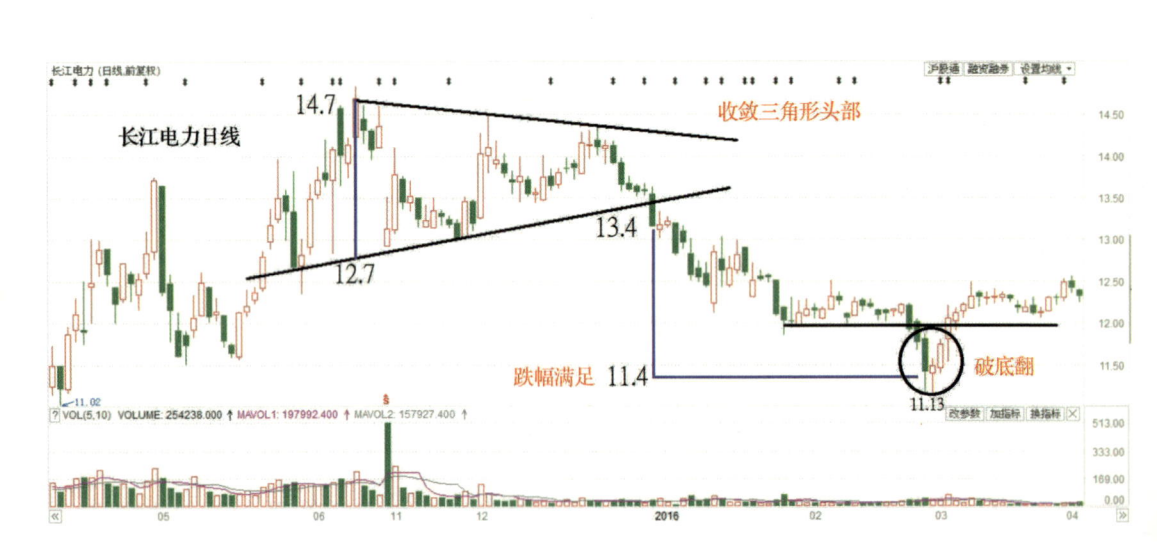

多空转折一手抓

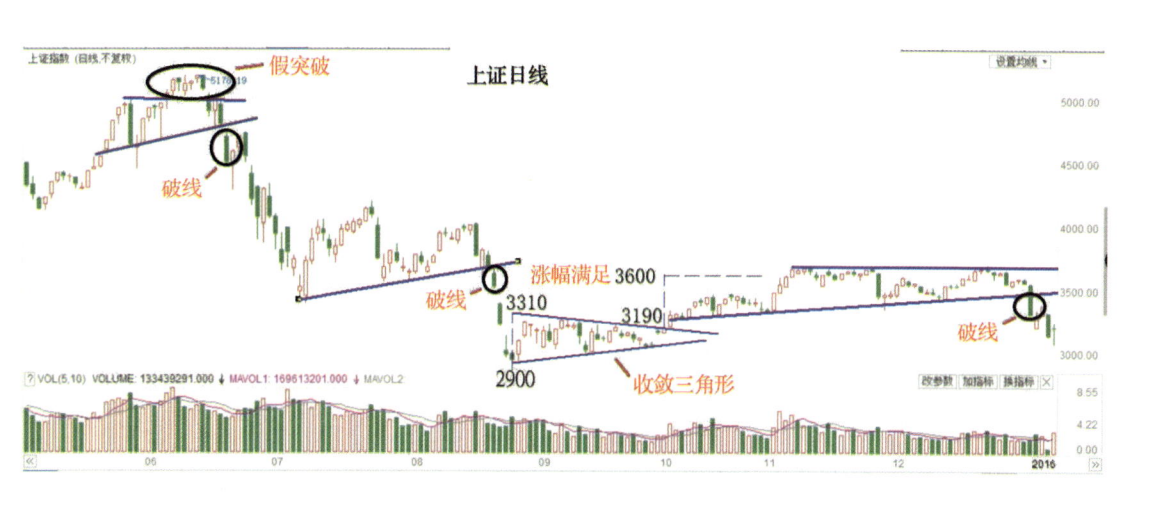

附 录

上证日线

假突破
破线
破线
涨幅满足 3600
3310
3190
2900
收敛三角形
破线

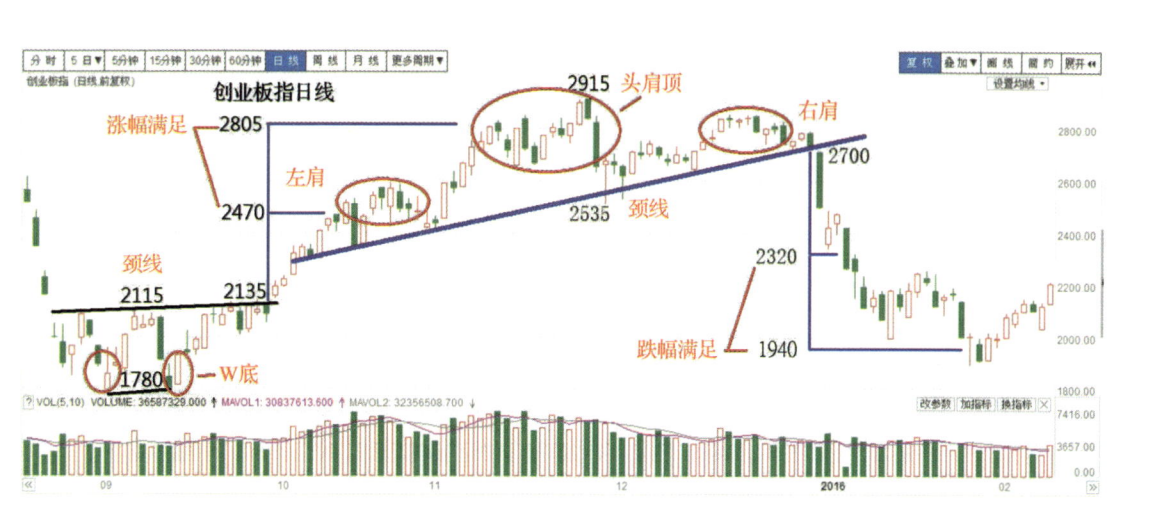

创业板指日线

涨幅满足
2805
2470
2915 头肩顶
右肩
2700
左肩
2535 颈线
颈线
2115   2135
1780 W底
2320
跌幅满足 1940

223

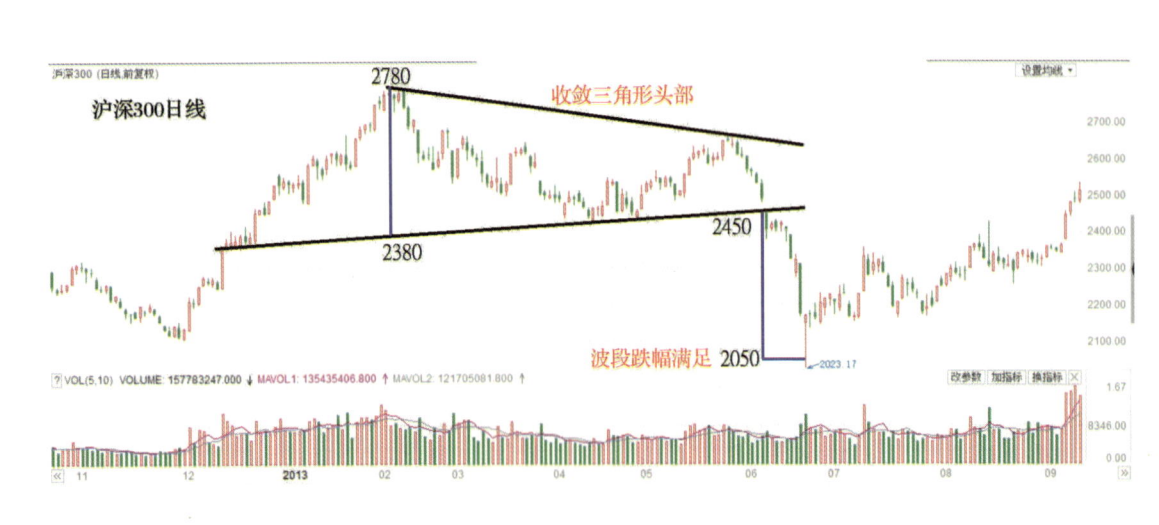

多空转折一手抓

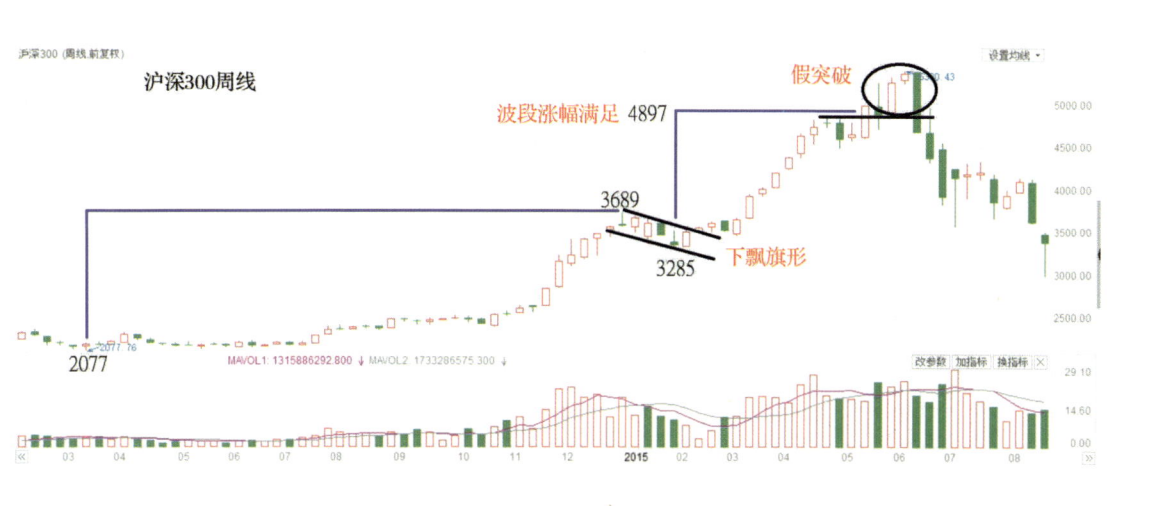

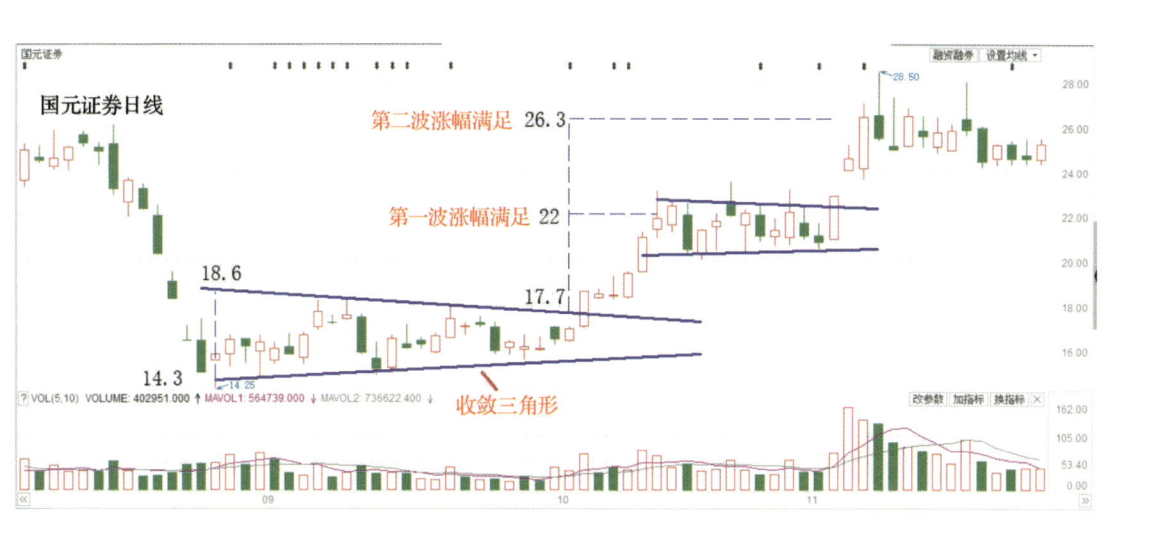

附 录

沪深300周线

假突破
波段涨幅满足 4897
3689
3285
下飘旗形
2077

国元证券日线

第二波涨幅满足 26.3
第一波涨幅满足 22
18.6
17.7
14.3
收敛三角形

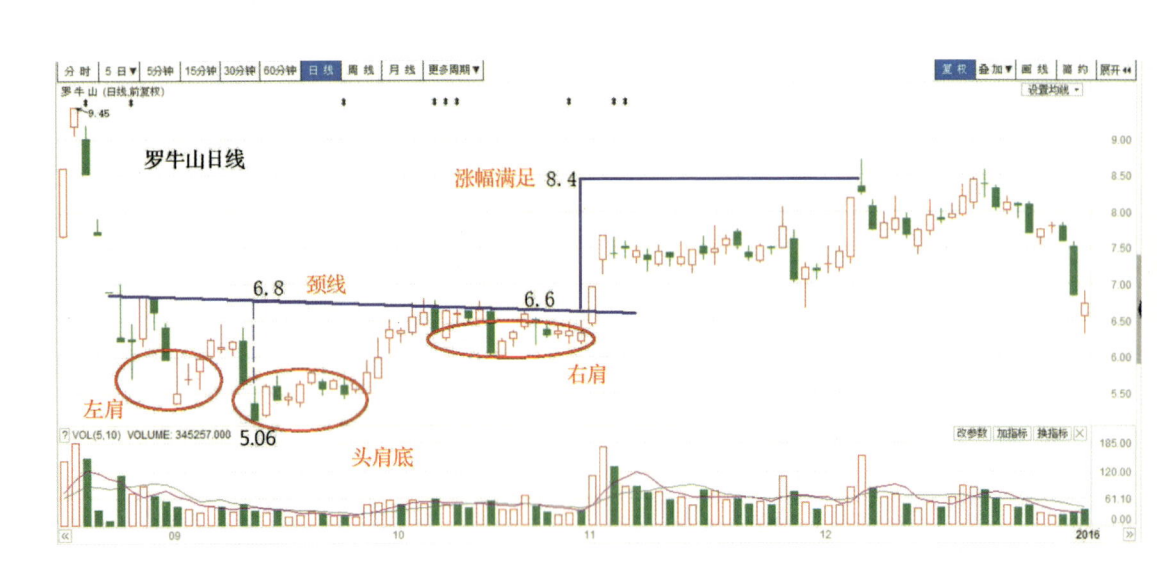

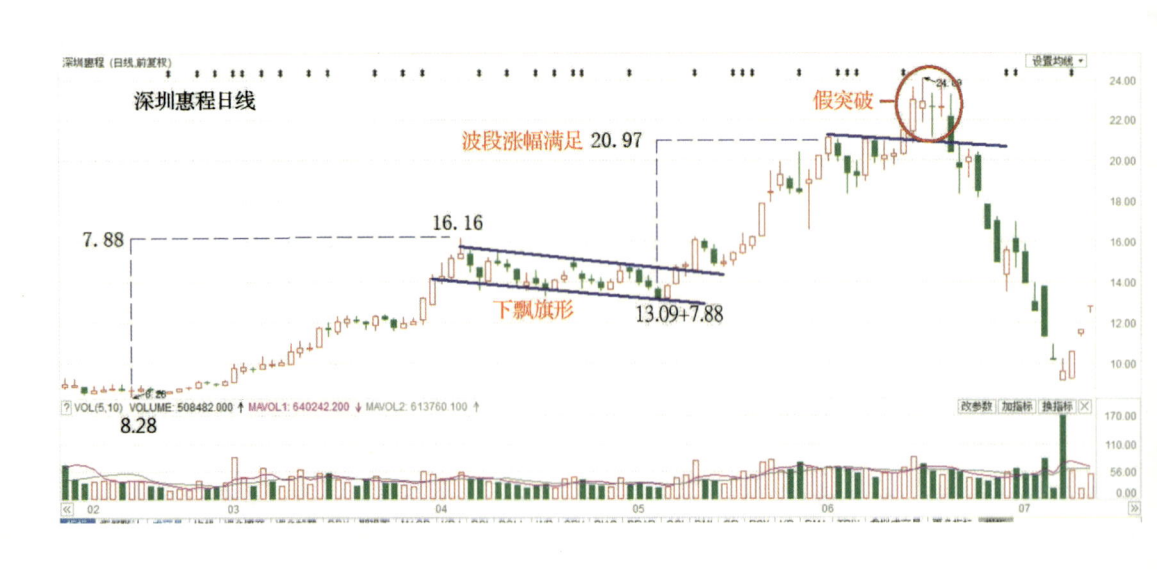

多空转折一手抓

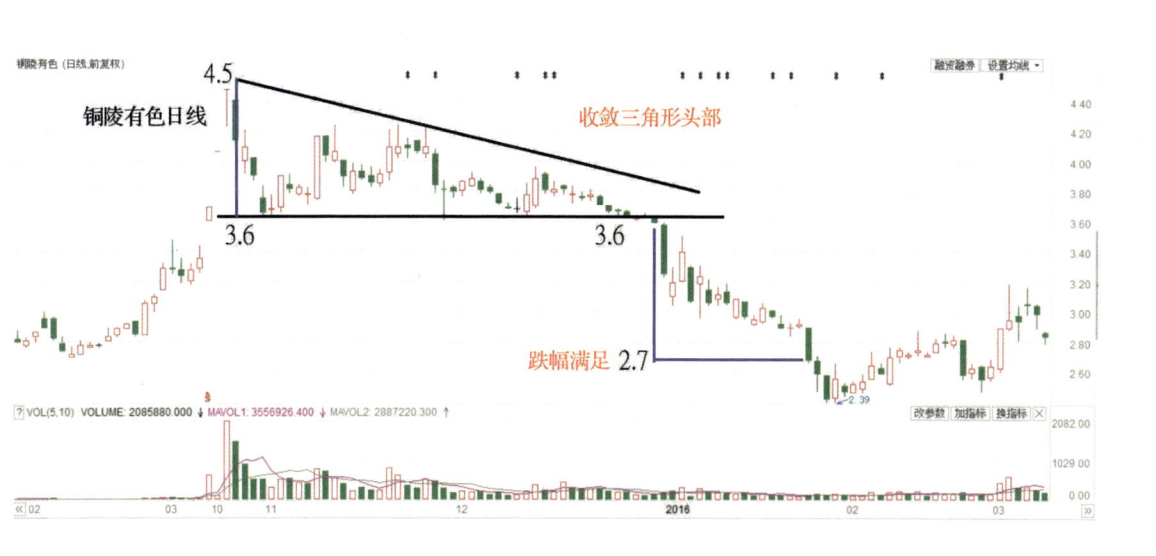

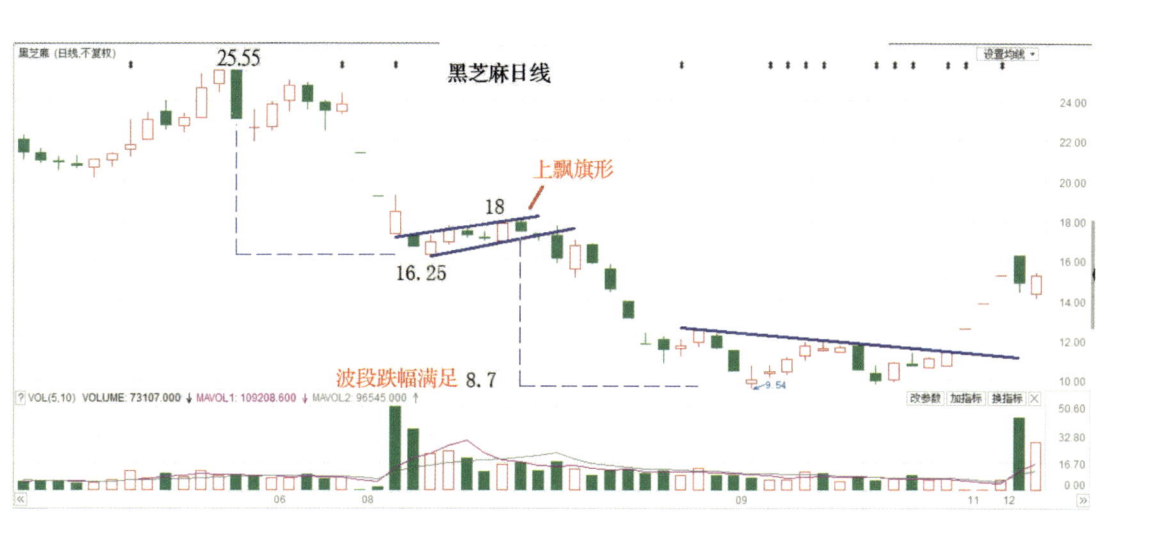

附　录

铜陵有色日线　　　　收敛三角形头部

跌幅满足 2.7

黑芝麻日线

上飘旗形

波段跌幅满足 8.7

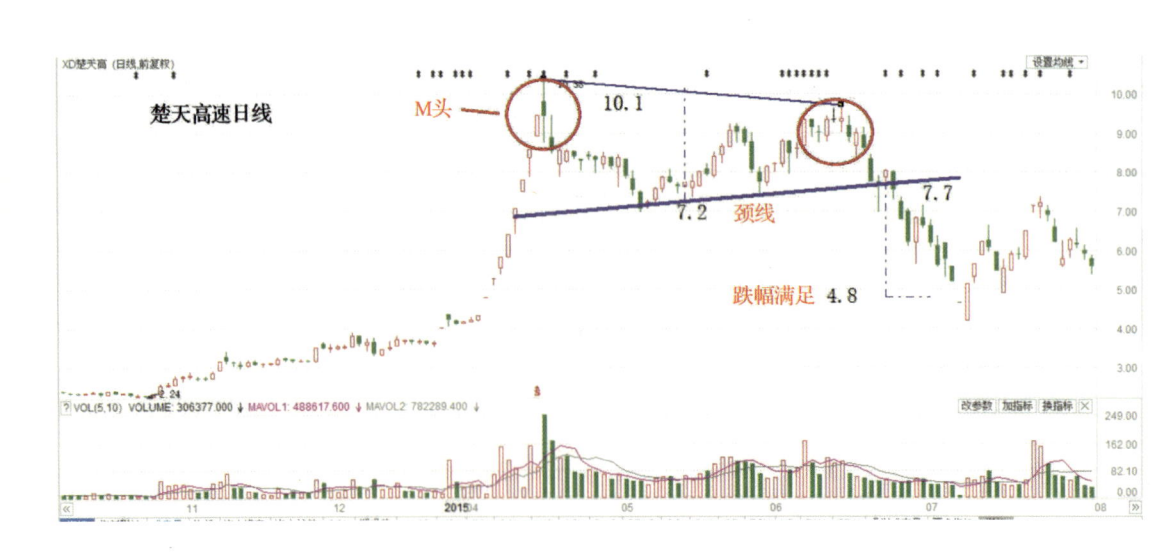

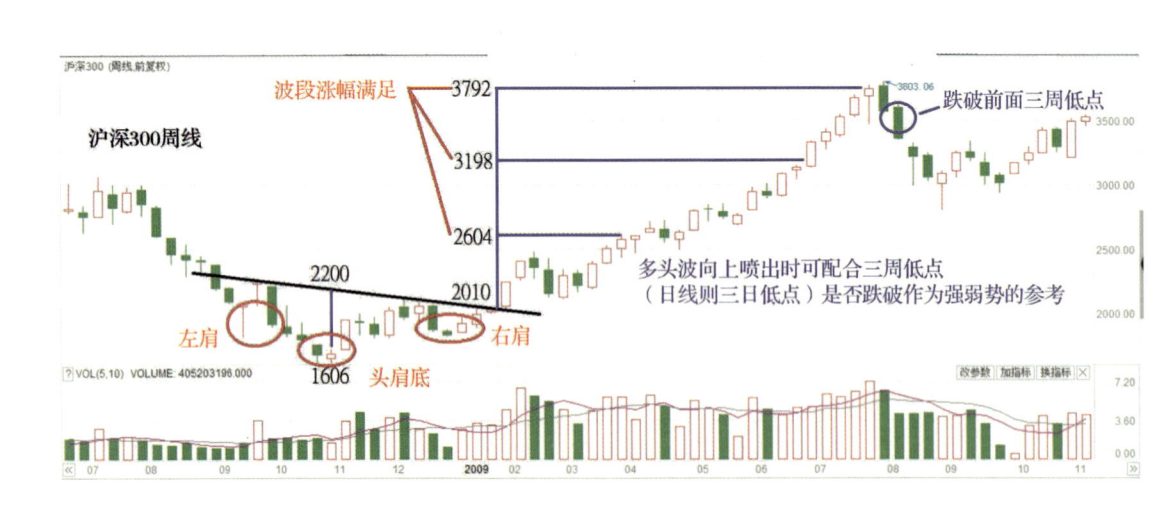

多空转折一手抓

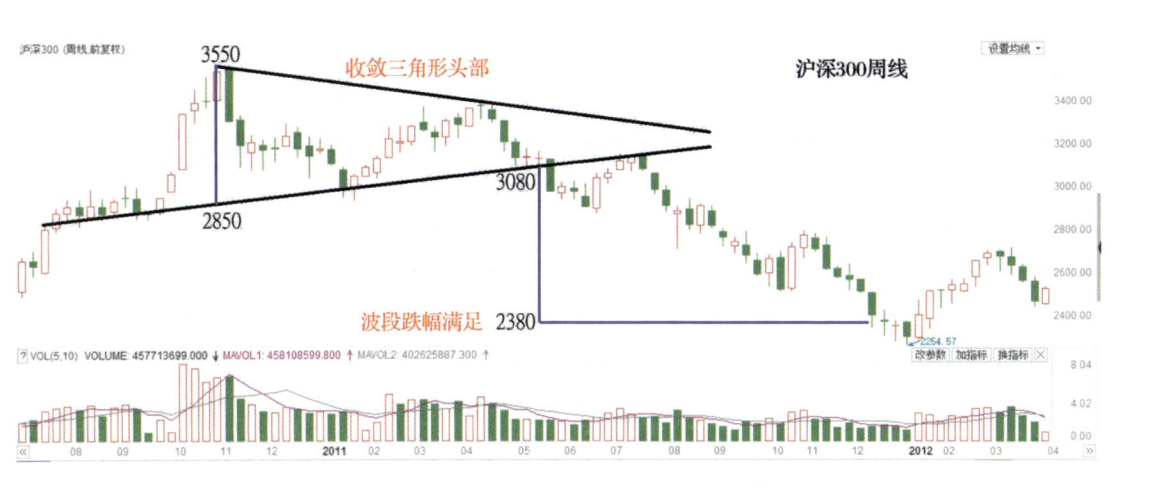

附 录

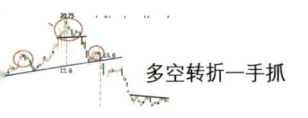

后 记

我40岁退休，两年后生活渐感无聊，在朋友的劝说下又复出两三年，进入一家竞争力颇强的公司，享有千万业绩分析师的光环。随着投顾生态的改变，以及对事业已无企图心，很快地两三年后又再度退休。

2007年开始撰写部落格（部落格名称：蔡森－随势而为－技术分析），当时用意是要让当初信任我的投资人，了解我对盘势的看法。每日点阅人数从开始的一两百人次成长到目前五六千人次以上，其成长主因是电视媒体邀约曝光的关系，这几年每周约一天固定接东森财经"57金钱爆"通告，偶尔也有演讲邀约，加上自己使用的软件程式对外销售，会不定期办说明会及技术分析课程，目前为止非常适应这种半退休式的生活。2014年开始积极介入A股市场，希望未来三五年内能在A股股市再创一次高峰。

以前股票数量不多，每个交易日可从头检视全部个股技术面一遍再挑股票。自1996年，也就是完成4474低点后的底部那波大多头行情，两次到达万点以上之后，股票数量大增。2001年初，不知是股票数量太多，还是一心想退休，第一次发生挑股票到打瞌睡的情况，我便萌生将自己选股逻辑转成软件的念头，而且考量当时股票软件已日渐成熟，遂请一家软件公司按照我的需求，写了一套程式。让我可以利用程式中先做一次多空选股后，再做精选。虽然经过软件程式的帮助确实省却相当多的时间，但还是要靠自己的经验才能做出较正确的判断。本书是我多年的操作心得毫无保留，内容分成两部分，第一部分讲解12招的多空判断方法，第二部分，则是第一部分12招多空判断方法的延伸，包括实战运用及操作策略的说明。企盼透过本书的内容，可以帮助更多的投资者走出股市的迷雾森林，开创一条属于自己的赚钱明路。